Paul Badde

Das Muschelseidentuch

Öffentliche Zeigung des Schleiers der Veronica, circa 1486

Paul Badde

Das Muschelseidentuch

Auf der Suche nach dem wahren Antlitz Jesu

Ullstein

ISBN-13: 978-3-550-07853-8
ISBN-10: 3-550-07853-6

Gesetzt aus der Palatino bei
Franzis print & media GmbH, München
Druck und Bindung:
Bercker, Graphischer Großbetrieb, Kevelaer
Printed in Germany

Für Joseph

Inhalt

Die Rückkehr der Bilder — 12
Sturm auf dem Petersplatz und ein Film rückwärts: über die Scala Regia durch Michelangelos Jüngstes Gericht hindurch – zum Bild der Bilder des Weltalls

Das Heilige Gesicht — 22
Das Antlitz eines verprügelten Mannes auf einem versteckten Hügel über einer schroffen Schlucht im Wald vor Manoppello, einem kleinen Ort der Abruzzen

Eine österliche Schwester — 36
Die Entdeckung Blandina Paschalis Schlömers, einer deutschen Nonne von den schweigenden Trappistinnen, in der Krankenstube des Klosters von Maria Frieden

Der Schleier der Veronika — 50
Das wahre Bild Christi aus Jerusalem auf einem hauchdünnen Schleier in Rom, wo es schon Kaiser Tiberius von einem surrenden Wespennest im Kopf heilte

Verschlossene Türen in mächtigen Mauern — 60
Nutzlose Versuche, die Reliquie zu sehen zu bekommen, und andere hilfreiche Nachforschungen zu einem Bild, das nur noch einmal pro Jahr aus der Ferne gezeigt wird

Von offenen zu geschlossenen Augen — 66
Ein begründeter Verdacht: deutliche Hinweise auf den Raub der wertvollsten Reliquie der Christenheit, Indizien für eine Vertuschung durch vier Jahrhunderte

Der zerbrochene Kristall — 78
Die Schatzkammer des Petersdoms mit einem leeren Rahmen: vom größten Kriminalfall des Barockzeitalters zum Vergessen des wahren Bildes Gottes

Das Gesicht der Gesichter — 86

Ein Festessen in Turin: Aufhellungen, Verdächtigungen und Phantasien von Schriftgelehrten – und immer neue Kapitel von Dantes Göttlicher Komödie

Das schöne Gesicht ihres Sohnes — 98

Eine Reise in den alten Orient: zurück zu den frühesten Auskünften über ein nicht von Menschenhand geschaffenes Bild in Edessa, Kamuliana oder Memphis

Vom Herrn der Bilder zum Bild des Herrn — 124

Zusammengekniffene Lippen in den Museen des Vatikans und eine sprudelnde Quelle bei Pater Pfeiffer, im obersten Stock der Universität der Gesellschaft Jesu

Der Meister des lebendigen Kindes — 136

Das Heilige Gesicht als Sienesische Malerei aus dem 15. Jahrhundert, mit klaren Einflüssen aus der Kunst des Islam: die Expertise einer Expertin aus Amerika

Judas Thaddäus — 148

Der »Patron für aussichtslose Fälle« als Führer in einem Irrgarten neuer Wege und Umwege und wieder heraus: zum »vierfaltigen« Tuchbild des Apostels aus Edessa

Thomas der Zweifler — 170

Ein Muschelessen am Meer und die erste Nachricht von einem verschollenen Gewebe der Antike: Byssus, der geheimnisvolle Stoff von Jasons Goldenem Vlies

Maria Magdalena — 180

Aus Sardinien zu den Abruzzen: Chiara Vigo, die letzte Byssus-Weberin des Mittelmeers, erkennt hinter dem Heiligen Gesicht die heilige Muschelseide wieder

Ein Kämmerer aus Äthiopien und der Kabbalist vom See Genezareth — 192

Kleine Enthüllungsgeschichte zu den Künstlerhänden Gottes: von der Erschaffung der Welt bis zur Fertigstellung der Pietà durch seinen Assistenten Michelangelo

Pater Pio und Pater Domenico 200

Zwei Paten der Offenbarung des Heiligen Gesichts in der Neuzeit: ein Heiliger im Gargano und einer seiner Brüder, der in dem Antlitz seinen Retter wiedererkannte

Heiliges Blut 212

Eine zweite Veronika im keltischen Nebel Asturiens. Kurze Reise zu einem Schweißtuch Christi, das schon seit dem 8. Jahrhundert in Oviedo verwahrt liegt

Regen von Rosen auf dem Berg der Verklärung 230

Die Offenbarung und Verlebendigung des Bildes vom Manoppello im Licht der Sonne, unter Rosenblättern und Feuerzungen – als wahrer Stellvertreter Jesu

Im innersten Verlies des Vatikans 244

Hinter der aufgesprungenen Tür: die erstmalige Ansicht der Veronika des Vatikans durch einen leibhaftigen Berichterstatter und das stolze Ende der alten Legende

Heimkehr und Abschied 262

Ein Briefwechsel mit Johannes Paul II. zum wahren Bild Christi und eine Reise mit Kardinal Meisner nach Manoppello und zurück zur Bahre des toten Papstes

Verwandelte Hände 272

Die wunderbare Verwandlung Kardinal Ratzingers in Papst Benedikt XVI. – vom Christusbild über seinem Kopf zur Stunde der Wahrheit vor dem Jüngsten Gericht

Das entwaffnete Gesicht 284

Von der Verhüllung zur Enthüllung von Gottes Gesicht: unter einem Schleier aus spinnwebenfeiner Muschelseide – mit einem Mund, der alle Sprachen spricht

Anhang 295

Ausgewählte Literatur 296

Bildnachweis 303

Danksagung 305

Das Buch wartete auf sein Bild …
Das Sehen wartete auf sein Bild.
Seit das Wort Fleisch geworden,
wartet das Sehen immerfort.

Johannes Paul II, Römisches Triptychon

Wir könnten Menschen sein.
Einst waren wir schon Kinder.
Wir sahen Schmetterlinge.
Wir standen unterm silbernen Wasserfall.
Wir sahen alles.
Wir hielten die Muschel ans Ohr.
Wir hörten das Meer.
Wir hatten Zeit.

Max Frisch

Die Rückkehr der Bilder

Sankt Peter in Rom am Morgen

Morgensonne lässt den Marmor des Petersdoms rotgolden aufleuchten; ein Palast des himmlischen Jerusalem kann in diesem Moment kaum schöner sein. Das Blau eines neuen Tages spannt sich hinter der Kuppel zum Weltall hoch, als leuchtendes Zelt. Es könnte der erste Sommertag dieses Jahres werden, wie es aussieht, trotz der nachtkühlen Steine des Petersplatzes. An einer Säule lege ich den Kopf in den Nacken und schaue nach oben, zwei segelnden Wolken nach. Aus diesem Blickwinkel öffnet sich der Kreis der Kolonnaden in der Höhe zu einem gewaltigen kosmischen Vulkan, aus dessen Mitte der Obelisk als Peilstab einer jenseitigen Welt zu den Sternen emporragt. Es ist ein kleiner Trick, mit dem ich normalerweise die Besucher Roms beeindrucke. Doch diesmal ist nichts normal. Diesmal liege ich in dem Säulenring wie ein angezählter Boxer in den Seilen.

Ein Flugzeug mit blinkenden Positionslichtern zieht hoch oben durch das helle Morgengrauen. Die Tauben schlafen noch auf den Simsen. Schwalben jagen und stürzen zirpend auf und nieder. Eine Kehrmaschine fegt den schwarzen Basaltplatz mit Getöse. Zermürbende Wochen liegen hinter mir. Ein einziges großes Fest der Bilder, über das ich fast Tag und Nacht zu berichten hatte. Seit der Mondlandung haben nicht mehr so viele Menschen auf einen Ort geschaut wie in dieser Zeit auf diesen Platz vor meinen Augen. Die jüdische Welt feiert heute Pessach: das Fest vom »Vorübergang Gottes«. Vor drei Tagen aber wurde hier das Gemälde eines Übergangs fertig gestellt, wie ihn die Menschen des Medienzeitalters noch nicht gesehen haben. Vom Sterben Papst Johannes Paul II. bis zur Wahl Benedikt XVI. war dieser Platz Bühne eines einzigartigen Welttheaters geworden. Vom Himmel her ist er wieder zum »Platz der Propheten« geworden, wie der »Vatikan« mit einem ägyptischen Fremdwort schon von den alten Römern genannt wurde.

Der Obelisk in der Mitte stand schon hier, als der Apostel Petrus im Circus des Nero gekreuzigt wurde. Jetzt ist er eine himmlische Antenne, die seit Wochen immer neue Bilder einer phantastischen Gemäldegalerie in die Welt hinaus funkt – eine Rückkehr der Bilder.

Den letzten stummen Segen Johannes Paul II. habe ich hier erlebt, da oben an seinem Fenster. Später stand ich in der Love-Parade, die zu seinem Sterben als Mississippi der Menschheit nach Rom strömte. Als sein Lebenslicht erlosch, stand ich wieder unter seinem Fenster – mitten in dem tosenden Applaus, der die Nachricht von seiner »Heimkehr in das Haus des Vaters« spontan beantwortete. Die Allerheiligen-Litanei, in die er auf seinem letzten Geleit über den Petersplatz zum Portal der Basilika gehüllt wurde, habe ich hier mitgesungen. Der Sturm, der Tage später die Gewänder der Kardinäle vor seinem Sarg aufblähte, fuhr auch mir in die Haare, bevor er da vorne auf dem Sarg in den Seiten des Evangelienbuchs blätterte.

Ich stand im Petersdom dabei, als Kardinal Ratzinger in seiner purpurroten Königstoga die letzte Messe vor der Wahl des nächsten Papstes feierte. Am Abend dieses Tages habe ich vor dem Portal den ersten schwarzen Rauch in den Himmel steigen sehen und einen Abend später den weißen Rauch – im Regen in der Menge unter der Loggia, bevor der gleiche Mann plötzlich in Weiß über dem Petersplatz die Arme hochriss. Das Läuten der schweren Glocken habe ich noch im Ohr – und das flatternde goldene Gewand Papst Benedikts XVI. noch vor Augen, mit dem er vor drei Tagen da vorne aus dem Portal in eine neue Epoche hineintrat. Die Figur eines gotischen Gekreuzigten schaute mit offenem Mund auf ihn nieder. Um von diesen Bildern zu berichten, hatte ich manchmal kaum noch gehen und stehen und sitzen und liegen können. Ich habe einen Bericht nach dem anderen geschrieben; die Textmenge könnte ein ganzes Buch füllen. Es war eine Zeitenwende.

Zwei kleine Traktoren sind vorgefahren, mit denen die letzten Stühle der Feiern weggeräumt werden sollen. Der rote Samt über der Loggia ist abgehängt. Der Alltag kehrt zurück. In wenigen Stunden werden wieder Menschen aus aller Welt den Platz und die Basilika bestaunen und zum Grab Johannes Paul II. herbeigeströmt kommen. Noch ist keine Stimme zu hören. Die beiden Brunnen rauschen. Die Lampen verlöschen. Zwei Polizisten schlendern vorne rechts durch den Säulenring. Ich lehne den Kopf noch einmal an die Säule, schaue noch einmal nach oben in den Morgenhimmel und dann den Polizisten nach, die jetzt auf das schwere Bronzeportal zugehen. Gestern war ich dort mit meiner Frau hindurchgeschritten – auf dem Weg zu einem letzten Gemälde, das alle Bilder Roms aus den vergangenen Wochen noch einmal in den Schatten stellen sollte.

Über ein Jahr zuvor hatte ich bei Erzbischof Piero Marini, dem Leiter des »Instituts der liturgischen Feiern des Obersten Brückenbauers«, einen Antrag gestellt, das »älteste Abbild des Antlitzes Jesu Christi« einmal von nahem betrachten zu dürfen, das so genannte »Mandylion von Edessa«, das der Vatikan in diesem Palast in seinem Gewahrsam hat. Dieses »wahre Porträt« Christi sei das Modell, das »offensichtlich zum Archetypus aller späteren Christusbilder« geworden sei, hatte ich gelesen. Es zähle zu den »nicht von Menschenhand geschaffenen« Bildern himmlischen Ursprungs, die noch zu Lebzeiten Jesu entstanden seien. In gewisser Weise müsse es als »die erste Ikone« überhaupt gelten. Sein Anblick habe sich dem Herzen, Verstand und Denken Papst Johannes Paul II. wie ein Siegel eingeprägt. In seiner privaten Kapelle hatte er es stets vor Augen – Edessa war eine bedeutende antike Stadt in der Gegend Ostanatoliens, über deren Ruinen das heutige Urfa erbaut ist. Der Weg dieses uralten Christusporträts von dort nach Rom sei rätselhaft, hatte ich erfahren, doch lasse es sich mindestens bis ins 6. oder gar 3. Jahrhundert zurückverfolgen. Ich hatte darauf gebrannt, es kennen zu lernen. Auf Fotos sah das »Mandylion von Edessa« allerdings fast schwarz aus.

In einer ersten Antwort Erzbischof Marinis musste ich erfahren, das Tuchbild werde gerade in Kalifornien ausgestellt und sei nicht in Rom. Bei späteren Anfragen bekam ich zur Antwort, dass es gerade restauriert würde. Doch plötzlich, einen Tag nach dem Ende der Feiern des großen Übergangs, hatte ich ein Fax aus der »Capella Sistina« erhalten, in dem mir mitgeteilt wurde, dass ich das Bild nun sehen könnte. Bei der »Portone di Bronzo« würde ich mehr erfahren. Natürlich könne ich Ellen, meine Frau, mitbringen, erfuhr ich in einem Anruf. Also legte sie ihre Perlenkette und rote Samtjacke an, und auch ich holte noch einmal meinen Festanzug aus dem Schrank. Beim Bronzeportal salutierten die Schweizergardisten, als hätten sie auf uns gewartet. Wir sollten einfach geradeaus die Treppe hochgehen, sagte ein Offizier. Dort würde uns ein anderer Gardist weiterleiten. Die *Scala Regia* lag vor uns, die »königliche Treppe«: eine Kaskade von Stufen, die hinter dem Portal in den Vatikan hinaufsteigt. Das Meisterwerk Berninis ist normalen Sterblichen üblicherweise versperrt, doch nicht der großartige Sog dieser Himmelsleiter übermannte mich, oder das Privileg, diese

Stufen nun betreten zu dürfen, sondern ein Empfinden, als würde der Film der letzten Wochen urplötzlich noch einmal ablaufen, jedoch rückwärts, dessen Bilder alle Welt davor im Fernsehen verfolgt hatte. Plötzlich sah ich den toten Johannes Paul II. wieder vor mir, der hier vor drei Wochen auf einer Bahre zu seiner letzten Reise hinabgetragen wurde, zum Gesang der lateinischen Allerheiligenlitanei: »*Sancta Maria, ora pro illo*!«, und immer weiter: »*Sancte Petre, Sancte Paule, Sancte Andrea, Sancte Ioannes, Sancte Thoma, Sancte Bartholomae, Sancte Thaddae, Sancta Maria Magdalena: ora pro illo*. Heilige Maria, bitte für ihn, heiliger Petrus bitte für ihn, bitte für ihn, bitte für ihn, bittet für ihn!« – Wir gingen hinauf, wo er hinabgetragen worden war. Am Ende der Scala wurden wir um zwei Ecken geleitet. Atemberaubende Perspektivwechsel. Plötzlich sah ich die Fassade des Petersdoms von oben durch die Fenster, dann den Gianicolohügel, schließlich die Kuppeln Roms dahinter im Morgendunst. Das Fax in meiner Hand war ein Sesam-öffne-dich geworden. Dann standen wir vor der Tür von Erzbischof Marini und schauten auf den Petersplatz hinab.

Plötzlich stand ein junger Mann mit einem Schlüsselbund vor uns, vom Erzbischof geschickt, der Ellen und mich durch das Labyrinth des Palastes zu dem Bild Christi führen sollte. Wir gingen durch die »Sala Ducale«, die »Sala Regia«. Ein riesiges Fresko der Seeschlacht von Lepanto wollte mich festhalten. Ich verdrehte den Hals vor all den Meisterwerken an den Wänden und Decken, es war wie ein Schreiten durch einen Traum. Ich vergaß sogar nach dem Namen unseres jungen Führers zu fragen und vergaß schließlich alles, als er mit einem schweren Schlüssel eine Tür öffnete, hinter der sich Hunderte von Menschen drängten. Wir standen auf der Schwelle der Sixtinischen Kapelle, über die vor Tagen die Kardinäle ins Konklave gegangen waren.

Immer wieder war diese Tür in den letzten Tagen im Fernsehen gezeigt worden, wie sie sich öffnete und schloss. »Ich stehe am Eingang zur Sixtina«, hat Johannes Paul II. vor zwei Jahren noch über dieselbe Schwelle in einem Gedicht geschrieben. »*Extra omnes!*« hatte vor nur wenigen Tagen der Zeremonienmeister des Konklaves vor dieser Tür gerufen, als alle diesen Raum vor der Wahl des Papstes verlassen mussten, außer den Kardinälen: »Alle hinaus!« – »Vielleicht hätte das alles einfacher gesagt werden können / in der Sprache des Buches Genesis, der Schriftrollen vom vom ›Urbeginn‹«, heißt es weiter in dem Gedicht Johannes Paul II., »aber das Buch wartet auf sein Bild. – Zu Recht. / Es wartete auf seinen Michelangelo.«

Mir wurde fast schwindlig. Der normale Museumsbetrieb hatte wieder angefangen und spülte eine Gruppe nach der anderen durch den heiligen Raum. Ich sah zu dem Weltenrichter im Jüngsten Gericht Michelangelos hoch und suchte unseren Führer in der Menschenmenge, die sich uns entgegen- und an uns vorbeidrängte, fasste Ellen bei der Hand und ging gegen den Strom, nach vorne, zur Stirnwand, zum Altar, nach links, wo der junge Mann nun unter den Verdammten – durch das Weltgericht hindurch – die Tür zum »Raum der Tränen« aufschloss. Keine Kamera hatte den Ereignissen mehr folgen dürfen, als Kardinal Ratzinger in diese Kammer eintrat, um sein purpurrotes Kardinalsgewand gegen das Weiß des Papstes zu tauschen. Der Raum ist ein eher kleiner, asymmetrischer Durchgang aus Treppen, Absätzen, Säulen und schlichten Bodenfliesen in sienabraunem Travertin. »Da lagen die Gewänder, und hier standen die Schuhe«, lächelte unser Cicerone, zeigte auf eine kleine Chaiselongue in einer Ecke und führte uns dann weiter, eine kleine Treppe tiefer, hinter der er eine letzte Tür nach links öffnete: zur *Sacrestia della Cappella Sistina*.

Wie eine Sakristei sah der nüchterne Raum kaum aus. Eine junge Frau saß vor einem PC und nickte uns zu. Ein Bücherregal stand an der Wand. Blassrosa blühende Lupinen leuchteten draußen vor dem Fenster. Durch die Ranken konnte ich auf Gemäuer mit alten römischen Ziegeln schauen. Ich suchte das Zimmer vergeblich nach dem schweren Barockrahmen ab, in dem das »Mandylion von Edessa« im Jubiläumsjahr 2000 im Pavillon des Vatikans auf der Weltausstellung von Hannover gezeigt worden war, als unser Begleiter auf einem Tisch einen flachen Karton öffnete und eine Lage Seidenpapier zurückschlug: »*Ecco la!* Das Gesicht Christi.«

Es war das Bild. Das Christusbild des Papstes! Die Mutter der Ikonen. Es war nicht schwarz, doch es verlangte ein drei-, vier-, fünffaches Hinsehen, bis sich die Gesichtszüge erschlossen. Es war anders, als alle Fotos es je gezeigt hatten. Aus dem barocken Rahmen war es herausgelöst. Silbern schimmerndes Goldblech deckte das Antlitz in seinen Konturen wie mit einem alten Fenster ab, durch das es uns anschaute. Alte Nägel hielten das Blech entlang des inneren Saums auf dem Bild selber fest. Unten deutete ein gezackter Ausschnitt in der Mitte eine Bartspitze an und zwei Zacken links und rechts zwei Schulterlocken. Ein Bild aus dem Jenseits schaute durch dieses Fenster, so fern, so nah, so dunkel, so gegenwärtig. Wir beugten uns darüber. »Hol doch einmal die Lampe aus der Tasche!«, bat ich Ellen. Wir waren extra noch einmal zurückgegangen, um die Stablampe aus der Wohnung mitzunehmen, für alle Fälle. Jetzt schaltete Ellen sie an und fragte, ob wir das Bild damit beleuchten dürften. Der junge Mann nickte und nahm die Lampe sogar selber, um für uns das Gesicht auszuleuchten. Wir sollten uns nur auf das Schauen konzentrieren dürfen, auf die lange Nase, den Mund, die Augenbrauen, die Augen. Das Bild leuchtete mild auf, wo immer der Lichtstrahl es erfasste. Unten rechts konnte ich einen winzigen Zipfel unbemaltes Leinen entdecken, sonst war das Tuch gleichmäßig von ein und demselben dunklen Farbton bedeckt.

Gut ein Vierteljahrhundert zuvor hatte ich einmal einen ähnlichen Ton gesehen, im Bild der »schwarzen Jungfrau« auf dem weißen Berg in Tschenstochau in Polen, das wir aufgesucht hatten, als Karol Wojtyla Papst geworden war. »Es sieht aus, als wäre der Farbe Goldstaub beigemischt worden«, sagte Ellen, »oder Bronze.« Ja, es schimmerte merkwürdig, doch das Bild machte mich hilflos. »Lass es uns einmal ausmessen«, sagte ich. Die junge Frau am Schreibtisch reichte uns ein Metermaß. Die ganze Bildplatte maß 33 mal 22,2 Zentimeter, die innere Bildabdeckung 28 mal 17 und der Gesichtsausschnitt selbst 24,5 Zentimeter vom obersten Punkt der Stirn bis zur Spitze des angedeuteten Bartes und 14,3 Zentimeter von der linken bis zur rechten Wange. Ich notierte alles, weil ich sonst nicht wusste, was ich festhalten konnte. Ohren waren nicht zu sehen, auch der Bart selbst war nur zu ahnen. Die Ikone des Papstes! Das Edessa-Mandylion! Ich atmete tief, betete mit Ellen ein Vaterunser vor der Ikone und ein Ave Maria, küsste das Bild auf die Stirn und richtete mich auf. Der Blick wollte mich nicht loslassen. Die Augen schauten mich an, ich schaute sie an.

Ich kannte dieses Augenpaar, diesen Blick. Zuletzt hatte ich ihn nur drei Wochen zuvor gesehen, bei einem Bild, von dem diese Ikone eine dunkle Kopie ist, jedoch nicht hier in Rom im Papstpalast, sondern in einem vergessenen Winkel Italiens. Zweiundzwanzig Tage zuvor hatte ich mit Ellen und Kardinal Joachim Meisner dieses Gesicht zum letzten Mal aufgesucht, auf einem Hügel vor einem kleinen Bergstädtchen. Wir waren von Rom aus frühmorgens nur für diesen Blick 170 Kilometer weit auf die andere Seite der italienischen Halbinsel gefahren. Es war am 4. April 2005.

Zwei Abende vorher war der Papst gestorben. »Heute bin ich dem österlichen Herrn begegnet«, sagte der Kardinal aus Köln noch am gleichen Nachmittag der Reporterin eines amerikanischen Magazins. Die Erinnerung verlieh ihm Löwenkräfte, wie andere Kardinäle in dem stürmischen Konklave bald bemerkten.

Mich aber zieht diese Erinnerung jetzt noch weiter rückwärts, Monate, Jahre, Jahrhunderte zurück – zunächst aber noch einmal über die Berge – wie in einem Film, der noch einmal von vorne beginnt. Fast alle Berichterstatter der Ereignisse um den Epochenwechsel sind schon wieder aus Rom abgereist. Die meisten römischen Kollegen haben sich nach den Strapazen der letzten Wochen inzwischen in den Urlaub verabschiedet oder sind krank geworden oder beides. Ich lehne erschöpft an einer Säule der Kolonnaden des Petersplatzes. Die Gelenke schmerzen, die Glieder brennen. Doch jetzt will, jetzt muss ich die unglaubliche Geschichte der Entdeckung vom Gesicht des unsichtbaren Gottes noch einmal ganz allein, ganz neu und völlig von vorne erzählen. Zuerst ist es eine Entdeckung vieler Entdecker – und verschiedener Entdeckerinnen – aus mehreren Jahrzehnten und Jahrhunderten. Vor allem aber ist es die Entdeckung eines winzigen Ortes an der italienischen Adria, mit einem merkwürdigen Namen: Manoppello.

Das Heilige Gesicht

Das Heiligtum des Heiligen Gesichts auf dem Tarignihügel vor Manoppello

Die halbe Nacht hatten Hunde gebellt, zuerst einer, dann zwei, dann drei und mehr, dann haben sich ihre heiseren Stimmen in den Tälern zwischen den Hügeln der Abruzzen zu einem Chor zusammen gefunden und bis zum Tagesanbruch keine Ruhe mehr gegeben. Bevor die Hunde verstummten, hatten die Hähne eingesetzt. Mit dem ersten Streif der Morgenröte fingen unter dem Fenster die zwitschernden Laudes der Singvögel ein, lieblich wie am siebten Schöpfungstag.

Ich drehte mich um und träumte im Halbschlaf, dass Gott am Anfang da draußen vielleicht auch die verschiedenen Bäume und Büsche eigens für Sträuße verschiedener Vogelvölker gepflanzt haben mochte – vielleicht das Efeu für die Spatzen, Wein für die Meisen, Ölbäume für Nachtigallen, Akazien für Amseln und Mandelbäume und Rosenhecken als Sitz von Wolken von Schmetterlingen. Als neben dem kleinen Pilger-Hotel die Glocke des Campanile um 7.00 Uhr zur Frühmesse rief, muss ich endlich wieder eingeschlafen sein. Um 9.00 ist der Hügel wieder in seine alltägliche Ruhe zurückgesunken. Ein einziges Auto parkt vor der Kaffeebar des Hotels, es ist meins. Der Wind, der über die sanften Hänge streicht, fächelt die Ahnung vom nahen Meer ins Zimmer. Doch neben der Herberge stürzt eine bewaldete schroffe Schlucht in die Tiefe. Die Serpentinenstraße täuscht, die hier hochführt. Hier war einmal Wildnis. Wer einen Schatz hierhin brachte, egal woher, wollte ihn wirklich verstecken. Hier war er sicher.

Der Tarignihügel ist einer der letzten Ausläufer des Majellamassivs, auf dem das Heiligtum des Heiligen Gesichtes liegt, ein wenig abseits des Städtchens, das den Gipfel des nächsten Hügels gegenüber wie eine Krone schmückt. Das Majella sei »heiliges Gebirge«, hat Petrarca im Mittelalter geschrieben; und Manoppello sei ein »kleines Jerusalem«, habe ich in einem schmalen Buch aus den 60er Jahren gelesen. In den klassischen Reiseführern Italiens aber, oder auch nur der Abruzzen, taucht es bisher nicht auf, im Gegensatz zu vielen anderen alten Orten der Gegend.

Es gibt nur dieses Hotel neben dem Heiligtum, dann noch ein Herberge, etwas tiefer, die beide im Winter schließen, das ist es schon, dazu drei einfache Restaurants im Städtchen und außerhalb. Der frische Fisch vom Meer wird von Lieferwagen aus verkauft, deren Fahrer die Hausfrauen mit dröhnendem Megaphon aus den Häusern locken. Bis vor dreißig Jahren war das Städtchen noch ein bedeutender Marktflecken der Umgegend, doch seit es die Autobahn gibt, sind die Käufer und Verkäufer mit dem Auto schneller in Chieti, Pescara oder Sulmona als auf diesem Hügel. Gäbe es das Heilige Gesicht nicht, wäre Manoppello wohl ganz vergessen worden. Nicht weit von hier, hinter dem nächsten Pass, wird das älteste eucharistische Wunder der Welt verehrt, in Lanciano, wo seit dem 9. Jahrhundert in einer Monstranz eine Hostie verwahrt wird, die sich in das Fleisch eines menschlichen Herzmuskels (mit der Blutgruppe AB) verwandelte, als der Mönch, dem das Lesen der Messe aufgetragen war, daran zu zweifeln begann, dass es sich nach der Weihe und Wandlung bei der Hostie plötzlich um den verwandelten Leib Christi handeln sollte. Daneben werden in einem durchsichtigen Kelch aus Bergkristall verschiedene Klumpen geronnenen Blutes aus der gleichen Messe verwahrt; darin hatte sich der Wein während der Wandlungsworte des ungläubigen Priesters verwandelt. Der Planet »Abruzzo« ist übersät mit verlassenen, versteckten Einsiedeleien und uralten Klöstern. Italien ist reicher an Kunstschätzen und Reliquien als jedes andere Land der Welt. Vor allem aber sind die Abruzzen uraltes Erdbebengebiet. In der Tiefe stoßen hier unter dem Apennin-Gebirge die Eurasische und Afrikanische Erdplatte auf einem Ozean brodelnder Magma knirschend gegeneinander, wobei sich die eine unter die andere Kontinentalplatte drückt und in die Glut abtaucht. Kaum ein Haus in Manoppello, das nicht Risse von dem letzten und vorletzten Beben hat. Beim letzten Beben sind noch in der Nacht alle Bewohner des Patrizierstädtchens zum Heiligtum gelaufen, wo sie in und vor der Kirche übernachteten, unter lautem Anflehen des Heiligen Gesichts.

Jetzt ist die Kirche völlig leer, als ich sie durch das rechte Portal betrete. Morgens um sechs schließt der Pater Guardian der Kapuziner sie auf, zu einer Mittagspause, und abends um sechs verschließt er sie wieder, im Sommer um sieben. Von der Hand voll Frauen, die morgens aus dem Städtchen zur Messe kommen, ist schon lange keine mehr da. Die Kapuziner, die die Kirche betreuen, gehen im Konvent hinter der Kirche schon wieder ihrem Tagwerk nach. Ich gehe den Mittelgang entlang, auf den Altar zu, den Blick auf die rechteckige Monstranz geheftet, die über dem Altar in einem Panzerglasschrein ausgestellt ist. Im morgendlichen Gegenlicht leuchtet ein durchsichtiger Schleier milchig in dem Rahmen über dem Tabernakel.

Hier heißt dieser Schleier seit seiner Ankunft nur: »Il Volto Santo« – Das heilige Antlitz. Kein Mensch ist da. Ich gehe links um den Altar herum, dahinter die Treppen hoch und lehne oben meinen Kopf gegen das Glas, wie ich es als Reisender oft in Zugfenstern getan habe, wenn draußen die Erde vorbei flog, oder wie ich es heute noch manchmal beim Starten und Landen eines Flugzeugs tue. Dahinter schaue ich auf das kleinere Fenster der Monstranz, aus dem mich jetzt ein lebendiges Gesicht anblickt – mit dem Schnitt und der Ruhe einer alten Madonnenikone. Ein bärtiger Mann mit Schläfenlocken, dem die schlanke Nase angeschlagen wurde. Die rechte Wange geschwollen, der Bart teilweise ausgerissen.

Er hat den schütteren Knebelbart eines Jünglings, bei dem fast jedes Haar einzeln zu sehen ist, und gerupfte Augenbrauen, wie von einer jungen Frau. Ein zartes Haarbüschel fällt vom Mittelscheitel in die hohe Stirn. An den Lippen, den Schläfen und der Stirn haben mehrere Hautpartien beim nahen Hinsehen das Rosa frisch verheilter Wunden – jedoch irgendwie »im Innern« der Fasern, wie in einer Holografie. Auch unter den Augen finden sich solche Flecken, in den Augenhöhlen, und auf dem Ödem seiner rechten Wange. Vom Hals ist nichts zu sehen. Auch nicht von den Ohren. Sie verschwinden ganz im Haupthaar, das den Kopf umrahmt. Unerklärliche Ruhe liegt in seinen weit geöffneten Augen. Verblüffung, Erstaunen, Verwunderung. Mildes Erbarmen. Kein Schmerz, kein Zorn, kein Fluch liegt auf seinen Lippen. Er gleicht dem Gesicht eines Mannes, der gerade vom Schlaf erwacht. Die Schattierungen um die Augen, die Lichtabstufungen der Lider sind so fein gezeichnet, wie Leonardo da Vinci sie nicht gemalt haben könnte. Die Farbe der Haare und der Haut changiert zwischen Braun und Bronze und Kastanie. Der Mund ist halb geöffnet. Die Unterlinie der Oberlippe könnte von einem Cajal-Stift gezeichnet sein. Sogar die Spitzen der Schneidezähne sind deutlich zu sehen; von der unteren Zahnreihe gibt es nur kleine Lichtpunkte. Müsste der Laut bestimmt werden, der auf den Lippen liegt, dann formen sie gerade ein leises »A«. Ein abgebrochener Kristallsplitter klebt rechts unten im Rahmen an dem Bild. Ein lebendiges Gesicht sieht mich an, und er schaut mir in die Augen wie einem alten Bekannten.

Doch als der Pater Guardian das Hauptportal öffnet, um die Kirche zu lüften, geht von hier oben – durch das Gesicht hindurch! – der Blick auf den Platz vor dem Portal hinaus, zu den nächsten Häusern, und über sie hinweg bis zu der Ebene von Pescara in der Ferne. Das Bild verschwindet vollkommen im Gegenlicht des Morgens. Es hat sich verflüchtigt wie ein Traum; es ist durchsichtig geworden wie ein Fenster. Ich bin nicht zum ersten Mal hier, doch schon wieder allein mit ihm, solange ich will, vor dem früher – wie mir gesagt wurde – der Kaiser von Byzanz einmal im Jahr unter Aufsicht der höchsten Geistlichen knien durfte. Davor musste er sich mit der Beichte und dem Empfang der allerheiligsten Eucharistie auf diesen Anblick vorbereiten.

Ich versuche eine Fliege zu fangen und schaue wieder zu dem Antlitz hin. Seit bald vierhundert Jahren wohnt es schon in dieser Kirche, die bis 1960 jedoch nur halb so groß war. Erst seit 1923 thront es über dem Altar. Davor wurde der Schleier jahrhundertelang ohne jede Beleuchtung in dem schattigen Dunkel einer Seitenkapelle aufbewahrt, als schiefergraue Reliquie. Es scheint zu atmen. Halogenlampen beleuchten das fast immaterielle Tuch. Ein gewaltiger Silberrahmen, der einen verwurmten Holzrahmen birgt, umgibt den Schatz. Zwei Platten aus altem Glas umschließen das Tuchbild von vorne und hinten. Es ist 17 mal 24 Zentimeter groß, das jetzt einem belichteten Film in Braun- und Bronze- und Sepia-Tönen gleicht. Den Rahmen aus Gold und Silber schmücken eine Geißel, Würfel, Nägel, eine Leiter, Hammer und Zange, ein Hahn – Symbole der verschiedenen Marterstationen der Passion Christi – mit vier Smaragden und drei großen und sechs kleinen blassgrünen Amethysten.

Auf der zurück geklappten Tresortür des Schreins ist eine Tafel mit der »Kurzen Geschichte des Heiligen Antlitzes« angebracht. »Man erzählt«, heißt es da, »dass im Jahr 1506 an einem Sonntagnachmittag ein Pilger nach Manoppello gekommen ist«. Vor der Kirche des heiligen Nikolaus habe er Dottore Giacomantonio Leonelli gebeten, mit ihm in das heilige Haus zu gehen, wo er ihm ein Bündel übergeben habe. »Halte diese Gabe immer lieb und teuer. Gott wird es dir mit vielen Geschenken und großem Reichtum lohnen, ob irdisch oder geistig.« Kaum hatte Dottore Leonelli das Paket ausgewickelt, da sah ihn das Gesicht des Herrn von dem hauchdünnen Schleier an. Als er dem Spender danken wollte, war von dem Pilger keine Spur mehr da. Keiner kannte den Fremden im Dorf, keiner hat ihn jemals wiedergesehen.

Für rund hundert Jahre wurde die Reliquie danach von den Nachkommen weitervererbt, heißt es weiter. Im Jahr 1608 machten sich endlich verschiedene Nachkommen den Schleier streitig. Pancrazio Petruzzi, ein Soldat und Ehemann der Marzia Leonelli aus der Familie der Erben, brachte die Reliquie mit Gewalt in seinen Besitz. In Chieti wurde er, man weiß nicht, warum, ins Gefängnis geworfen. Um ihn freizukaufen, habe seine Frau das heilige Tuch wieder verkauft. So kam es in die Hände von Donantonino De Fabritiis.

Der Text ist in wenigen Sätzen die komprimierte Kurzfassung einer wortreichen »*Vera, et breve relazione historica d'una miracolosa figura* ...« – einer »wahren und kurzen historischen Zusammenfassung einer wundersamen Gestalt oder eines wahren Bildes Christi; unseres gepeinigten und gequälten Herrn, das sich zur Zeit im Konvent der

Kapuziner von Manoppello befindet, einem Ort der diesseitigen Abruzzen in der Provinz des Königreichs Neapel«, in der ein Pater Donato da Bomba, »Prediger der Kapuziner aus der mittleren Provinz der Abruzzen« im Jahr 1645 erstmals in gestochen scharfer Schrift auf brüchigem braunen Papier festgehalten hat, wie der Schleier über hundert Jahre zuvor »mit einem Eingriff des Himmels« nach Manoppello kam. Es ist die erste Urkunde, die das einzigartige Bild in Manoppello erwähnt.

Es sei so fein wie von »Spinnweben«, hat Pater da Bomba damals schon beobachtet. Das Original der Schrift wird im Archiv der Kapuziner des Santa-Chiara-Konvents von Aquila verwahrt, doch in Manoppello verstaubt im Turmzimmer der Pfarrkirche San Nicola auch eine handschriftliche Abschrift, in deren vergilbten Seiten ich lange blättern durfte. *Preziosa Memoria* hat ein Pater Eugenio diese Abschrift im Jahr 1865 überschrieben: »Kostbare Erinnerung«. Auch alle anderen alten Bücher und Schriften über das Heilige Gesicht in den wackeligen Regalen und Schränken dieses verlassenen Raumes mit seinem wundervollen Blick in die Abruzzenhügel kommen immer wieder auf die Urkunde von 1645 zurück. Für Jahrhunderte war Donato da Bombas Bericht von der Übergabe des Schleiers »durch die Hand eines Engels« im Jahr 1506 zur entscheidenden Referenz für die Herkunft des Christusbildes von Manoppello geworden.

Weil es sich nicht in gutem Zustand befand, brachte De Fabritiis es den Kapuzinern, erzählt die Chronik aus dem 17. Jahrhundert weiter, »wo Pater Clemente da Castelvecchio den ausgefransten Rand mit der Schere abschnitt und Frater Remigio da Rapino es zwischen zwei Kristallscheiben in einen Rahmen aus Walnussholz spannte«. Dass das Tuch beschnitten ist, sieht man mit dem bloßen Auge: Oben links und rechts sind zwei Ecken von einem anderen

Gewebe eingesetzt worden. Doch wo mögen die Reste abgeblieben sein? Waren sie wirklich »ausgefranst«? Es soll »in schlechtem Zustand« und »in einem Kornspeicher« versteckt gewesen sein. Was übrig geblieben ist, ist jedoch in allerbestem Zustand. Waren die Ränder also wirklich nur ausgefranst? Wie auch immer: Im Jahr 1638 soll endlich dieser Signor De Fabritiis das Tuch den Kapuzinern als Geschenk überlassen haben, die es »im Jahr 1646 dem Volk zur Verehrung ausstellten«.

So historisch das noch klingen mag, so unglaublich geht die Geschichte danach weiter. Im Jahr 1703 wollte ein Pater Bonifacio d'Ascoli die Reliquie aus dem alten Holzrahmen herausnehmen und in Silber fassen. Als er den Schleier jedoch in den neuen Rahmen legte, verschwand das Bild. Es zog sich zurück, wie eine Wolke am Himmel verschwindet. Mehrere Zeugen haben den Untersuchungsbericht darüber unterschrieben. Das Bild blieb verschwunden, bis der Schleier wieder in den alten Holzrahmen zurückgelegt wurde; dann erst kehrte es wieder zurück in das Gewebe. Elf Jahre später wurde der gleiche Versuch noch einmal unternommen, diesmal unter einem Pater Antonio, mit dem gleichen Ergebnis. Erst danach wurde für 63 Dukaten ein großes Reliquia aus Silber geschaffen, in das die Reliquie mitsamt ihrem alten Holzrahmen eingesetzt werden konnte. Es ist der gleiche leicht wurmstichige Holzrahmen, auf den ich hier blicke. Seitdem ist das Bild sichtbar geblieben. – Für vier Scudi soll Marzia Leonelli das lebendige Bild Christi verkauft haben, um ihren Mann aus dem Kerker zu holen.

Ich kenne diese Geschichte schon fast auswendig, mit all ihren fraglichen Begebenheiten und zweifelhaften Wendungen. Im Herbst 1999 stand ich zum ersten Mal davor, aus reiner Neugier, an der Hand Maria Magdalenas, unserer ältesten Tochter, die es eilig hatte – danach noch einmal im Februar 2000, zusammen mit Ellen und Christina, unserer jüngsten Tochter, unterwegs zum Flughafen nach Rom, und wieder in Eile. Irgendetwas wollte ich meiner Frau zeigen, das mich nicht richtig losgelassen hatte seit meinem ersten Besuch. Wahrscheinlich die Augen, die mich anschauten wie die Augen meines ersten und letzten Lieblingslehrers vor rund vierzig Jahren. Dieser Blick. »Er schaut wie ein Lamm«, sagte Ellen, »diese Augen sind ja fast töricht vor Erbarmen«. »Ja«, sagte ich und suchte nach Worten: Demut, Sanftmut, Zärtlichkeit, Gelassenheit, Zurückhaltung, Furchtlosigkeit – und verwarf sie eins nach dem anderen für dieses Lamm, das die Christenheit als Hirt verehrt.

Die Manoppelleser lieben Fotos, auf denen sie eine Zeitung hinter das Tuch halten, die ohne weiteres zu lesen ist. Ohne Beleuchtung ist es dunkelgrau, und das Antlitz Christi ein bleifarbener Schatten auf dem fast schwarzen Gewebe, so »düster und ungefällig«, wie Juliane von Norwich, eine mystisch begabte Nonne aus England, im 14. Jahrhundert klagte, als ihr in Rom ein »wahres Bild« Christi gezeigt wurde. Bescheinen Glühbirnen das zarte Tuch indirekt von hinten, wird es hingegen gold- und honigfarben, gerade so, wie Gertrud von Helfta im 13. Jahrhundert das Antlitz Christi beschrieben hat. Bescheinen die gleichen Lampen es von vorne, wird es eher umbrafarben. Dann tritt auch die Gewebestruktur mehr hervor, als hauchfeines Relief. Unter den polarisierten Strahlen sogenannter Wood-Lampen reagiert es so unempfindlich, »als würde es nicht den üblichen Naturgesetzen« gehorchen. Während das eindringende Licht rings um das Antlitz Farbreaktionen und Helligkeit erzeugt, bleibt das Gesicht selbst in dieser Strahlung völlig unverändert. Das Tuch ist so fein, dass es in eine Walnussschale zu passen scheint. Wie raffiniert gemalt es nur ist! Das aber ist nicht möglich.

Es kann nicht gemalt oder gezeichnet sein. Der Stoff weist nicht die geringsten Farbpartikel auf.

Professor Donato Vittore von der Universität in Bari und ein Professor Gulio Fanti von der Universität Padua haben auf mikroskopischen Aufnahmen entdeckt, dass das gesamte Gewebe keinerlei Farbspuren aufweist. Nichts. Kein Pinselstrich, kein Blei, kein Deckweiß, nichts. Nur im Schwarzen der beiden Pupillen wirken die Fasern angesengt, als hätte Hitze die Fäden hier leicht verschmort. Davon ist mit bloßem Auge jedoch nichts zu sehen. Auch die Wimpern sind kaum wahrnehmbar, die ich erstmals auf Vergrößerungen entdeckt habe. Und wahrscheinlich habe ich das Bild überhaupt zum ersten Mal bewußt über meine eigenen Fotos wahrgenommen – im Vor- und Zurückzoomen, im Blow-up in einem Hotelzimmer in San Giovanni Rotondo im Garganogebirge, nach unserem dritten Wiedersehen – spät am Abend des 8. März 2004.

Davor hatte es in Rom aus Kübeln geregnet. Ein Kollege in Berlin hatte mich gebeten, zur Garganohalbinsel zu fahren, wo ich über die neue Wallfahrtskirche berichten sollte, die in San Giovanni Rotondo von dem Stararchitekten Renzo Piano für den heiligen Pater Pio errichtet wurde. Weil Sonntag war, hatten wir uns vorgenommen, die etwas längere Südroute über Bari zu nehmen, für ein Mittagsmahl in einem einfachen Restaurant am alten Hafen, das ich seit Jahren kenne. Doch dann schüttete es in der Nacht so heftig in die Straßen Roms, dass schon beim Aufwachen klar war, dass wir bei diesem Wetter nie und nimmer losfahren konnten, zumindest nicht sofort. Endlich schien einmal ein Tag gekommen, um mit einem Buch im Bett liegen zu bleiben und dort auf schöneres Wetter zu warten. Doch es goss auch noch um 10 Uhr. Ich stand auf und schaltete den Computer an. »Es hilft nichts«, sagte ich zu Ellen, nachdem ich im Internet die Wettervorhersage für Italien angeschaut hatte, »wir müssen los, und zwar sofort. Das Wetter ändert sich die ganze kommende Woche nicht. Urlaub werde ich deshalb nicht nehmen können.« Die Taschen waren schon gepackt; eine halbe Stunde später saßen wir im Auto, unter den Sturzbächen eines römischen Unwetters, das der Scheibenwischer kaum bewältigt bekam. Durch die Verzögerung nahmen wir jetzt nicht mehr die Südroute über Bari, sondern die kurvenreichere, doch kürzere Ostroute über Pescara. Oben in den Apenninen hörte der Regen endlich auf.

Gegen Mittag kamen wir an Sulmona vorbei, kurz danach wurde die Ausfahrt Alanno/Scafa angezeigt. »Fahr hier doch raus«, bat mich Ellen, »lass uns in Manoppello essen gehen und danach noch einmal das ›Heilige Gesicht‹ anschauen.« In dem Straßenlokal neben der Autobahn waren wir die einzigen Gäste. Und so war es auch im Heiligtum von Manoppello, zu dem wir nach dem Kaffee noch einmal zehn Kilometer weiter die Hügel hinauffuhren. Es war wieder kein Mensch da, wie bei unserem ersten und zweiten Besuch, als ein Kapuziner nach der Mittagspause das rechte Seitenportal öffnete. Doch diesmal – ohne Eile, ohne Hunger und ohne jede andere Ablenkung – ergriff mich das Bild schon beim Betreten der Kirche durch das rechte Portal.

In den oberen Fenstern des Mittelschiffs tragen Engel die Marterwerkzeuge der Passion Christi nach vorn, wie ich sie gestern noch in Rom an den Brüstungen der Engelsbrücke gesehen hatte. Doch jetzt hatte ich von Anfang an nur noch Augen für das kleine leuchtende Viereck über dem Hauptaltar. Erstmals machte ich Fotos von jedem Detail, sobald wir die hinteren Treppen zu dem Antlitz hochgestiegen waren, von vorne und von hinten, von den Augen, dem Bart, der Nase, den Lippen, dem Rahmen, bei denen ich die Linse des Apparats in Ermangelung eines

Stativs gegen das Glas presste, während Ellen hinter mir mit ihrem hochgehaltenen Mantel die Spiegelungen ausschaltete, die das Licht vom Fenster der Apsis auf dem Glas hervorrief. Von hinten erscheint es exakt so wie von vorne, nur seitenverkehrt, mit der geschwollenen rechten Wange auf der linken Seite. Ich konnte mich nicht satt sehen. Erstmals überwältigte mich das Bild. Erstmals, so kam es mir vor, hatte ich es an diesem Tag überhaupt gesehen – und mich von ihm anschauen lassen. Ich fotografierte, bis der Chip voll war. Dann packte ich die Kamera ein, schaute mir das Gesicht noch einmal von Auge zu Auge an, stieg die Treppen hinab und ging durch das Kirchenschiff zurück auf den Ausgang zu. Ellen blieb noch ein wenig am Schriftenstand hängen. Ich ging noch einmal zurück, um sie zum Aufbruch zu drängen. Rund zweihundert Kilometer lagen ja noch vor uns, und es war schon spät geworden. Endlich gingen wir zusammen zum Ausgang, zurück zu unserem Auto. Wir öffneten die Tür des hölzernen Windschutzes vor dem Ausgang, als durch das Außenportal eine Nonne in den Kabuff trat. »Schwester Blandina?«, fragten wir beide wie aus einem Mund auf Deutsch, tief in den italienischen Abruzzen. »Ja, bitte!«, antwortete sie und sah uns staunend an.

Weder meine Frau noch ich hatten Schwester Blandina Paschalis Schlömer O.C.S.O. je gesehen, noch ein Foto von ihr, doch mehrmals von ihr gelesen und gehört, dass sie aus dem deutschen Kloster Maria Frieden in der Eifel stamme und als Einsiedlerin nach Manoppello umgezogen sei. Den Namen Blandina hat sie bei ihrer Taufe erhalten. »Paschalis« hingegen, »die Österliche«, wurde sie bei ihrem Eintritt in den Orden genannt, auch wenn der Name nicht ganz nach ihrem Geschmack war, und O.C.S.O. ist die Abkürzung für das lateinische *»Ordo Cisterciensium Strictioris Observantiae«*. Das heißt, sie gehört den »Zisterzienserinnen der strengeren Observanz« an, einem sogenannten Reformzweig der Zisterzienserinnen aus dem 17. Jahrhundert, die nach ihrem Ursprungskloster im französischen La Trappe auch Trappistinnen genannt werden. Das ist eine asketische Gemeinschaft mit strengen Schweigeregeln und strikten Bußübungen, die gemeinsam und lautstark fast nur das Lob Gottes singen. Sonst schweigen sie. Die Nonne im schwarzweißen Habit ist studierte Pharmazeutin und gelernte Ikonenmalerin. Vor allem aber muss sie in unserer Zeit für die Menschen außerhalb Italiens wohl als die erste Wiederentdeckerin des »Heiligen Gesichtes« gelten.

Denn den Handwerkern, Bauern und Fischern der Adria von Ancona bis Tarent brauchte sie natürlich nicht zu beweisen, dass das Tuchbild echt und authentisch war. Die glauben ohnehin seit 400 Jahren unerschütterlich daran.

Schwester Blandina aber ist diesem Glauben erstmals mit deutscher Gründlichkeit nachgegangen, mit der Apothekerwaage und immer neuen Messungen, bei denen sie – wie sie sagt – entdeckt und nachgewiesen hat, dass das Bild ganz und gar allen Proportionen und Abmessungen des Porträts auf dem Grabtuch von Turin entspricht. Auch das war vorher in Italien seit einiger Zeit schon vielmals behauptet worden, doch keiner hat es je an solch eine große Glocke gehängt wie Schwester Blandina. Ohne sie hätten ich und viele andere wohl auch nie von dem Tuchbild erfahren. Ohne sie gäbe es dieses Buch nicht.

»Das darf doch nicht wahr sein, Sie hier zu treffen, in diesem Moment«, sage ich noch in dem Portalverschlag, während Ellen nach ihrem Arm greift, »wir reisen ja gerade schon wieder ab.« – »Ist aber wahr«, lächelt sie, legt den Kopf zur Seite und schaut uns prüfend an. Wir gehen zusammen ins Freie und stellen uns vor. Das kann kein Zufall sein, sagt sie. Ja, denke ich auch und verspreche, in zwei Tagen, auf der Rückreise aus San Giovanni, wieder vorbeizukommen.

Zwei Tage später ist mein 56. Geburtstag. Ein neuer Lebensabschnitt beginnt. Mein Bruder Wolfgang ruft mich morgens auf dem Handy an und wünscht mir alles Gute von der holländischen Grenze. Unterwegs in San Giovanni habe ich beim Betrachten der Fotos meiner Digitalkamera inzwischen Ausschnitte und Vergrößerungen des Heiligen Gesichts gesehen, die ich noch in keinem Buch gefunden hatte. Und nachts im Hotelzimmer habe ich jenes Buch Schwester Blandinas verschlungen, in dem sie ihre Forschungen an dem heiligen Antlitz bereits fünf Jahre zuvor vorgestellt hatte.

1943 in Karlsbad in Tschechien geboren, kam Blandina Schlömer zwei Jahre später an der Hand ihrer Mutter und vier älteren Schwestern als Flüchtling in das brennende

und ausgebrannte Deutsche Reich, wo sie die Kindheit im Ruhrgebiet verbrachte. Der Vater ist ein frommer Postbeamter, der trotz des Schulgeldes all seinen fünf Töchtern nach dem Krieg eine akademische Ausbildung zuteil werden lässt. Drei der Töchter werden später Nonnen, eine Zahnärztin und eine Künstlerin. Blandina ist beides geworden: Nonne und Künstlerin (und fühlt sich auch immer wieder berufen, manchen Mitmenschen einen Zahn zu ziehen). Anfangs will sie nur Nonne werden, zuerst Missionsschwester »vom Kostbaren Blut«, und tritt zehn Jahre später in den Trappistenorden über. Inzwischen ist sie schon Mosaizistin und hat 1965 das Turiner Grabtuch in einem Buch ausführlich kennen gelernt, von dessen Authentizität sie nach der Faktenlage überzeugt ist. Es wird ihr Christusbild. Als Ikonenmalerin malt sie es immer wieder.

1979 liegt ihr Kloster mit Grippe im Bett und sie kümmert sich von Zelle zu Zelle um die Kranken. Bei einer Mitschwester entdeckt sie dabei auf dem Kreuz über dem Bett das Antlitz aus Turin wieder. »Oh, Sie haben es auch!«, bricht sie da das Schweigegebot. Die andere Schwester nickt nur, vielleicht murmelt sie auch etwas. Doch kaum genesen, legt sie Blandina dann eine Zeitung vor die Tür, die von einem anderen Bild auf »Gaze« in den Abruzzen berichtet, mit einem großen Schwarzweißfoto. Es war das letzte Dezemberheft der Zeitschrift *Das Zeichen Mariens*, in dem ein gewisser Renzo Allegri von »Ähnlichkeiten mit dem Grabtuch von Turin« und von »rätselhaften, unerklärlichen Eigenschaften« dieses anderen Bildes reden.

Im Grunde sagte er damals schon alles, was darüber zu sagen ist, doch bei Schwester Blandina ist er damit an der falschen Adresse. »Ich war so ärgerlich und entsetzt«, erinnert sie sich, »dass ich das Heft einfach nahm und in den nächsten Schrank stopfte. Ein anderes Christusbild, neben Turin? Unmöglich! Das gab es einfach nicht.« Vielleicht ist

sie auch nur eifersüchtig. Doch dann geschieht etwas Merkwürdiges. Während sie im Lauf desselben Tages weiter die vielen langen Flure des Klosters entlangeilt, um ihre kranken Mitschwestern zu betreuen, gehen ihr einfach die Augen nicht mehr aus dem Sinn. Sie wird sie nicht mehr los. Sie sieht sie überall vor sich. Und dabei ist es im Grunde bis heute geblieben, bei ihrem langen »Aufstieg auf den Berg Tabor«, wie sie sagt: der Aufstieg zu jenem Berg, auf dem Jesus seinen engsten Aposteln zu seinen Lebzeiten schon einmal »verklärt« erschienen ist. Es ist der Beginn einer Liebesgeschichte, die nicht mehr enden will.

Am gleichen Abend holt sie das Heft wieder aus dem Schrank und studiert den Artikel kritisch in aller Ruhe. Plötzlich erkennt auch sie Entsprechungen zu dem Turiner Bild, doch das Bild bleibt ihr fremd – bis sie entdeckt, dass es aus irgendeinem Grund in der Zeitung spiegelverkehrt abgebildet worden sein muss. Dann entdeckt sie, dass es nicht nur dem Grabtuch ähnelt, sondern ebenso den Christusikonen, mit denen sie sich seit Jahren befasst. Es wird danach noch sechzehn Jahre dauern, bis sie das Tuchbild erstmals mit eigenen Augen sieht, doch diese Jahre sind angefüllt mit Studien an dem Bild, zuerst nur in den frühen Morgen- und späten Abendstunden, schließlich in jeder freien Minute. Sie lebt in dieser Zeit in dem Kloster Maria Frieden in der Eifel und zu Ausbildungszwecken in einem Kloster in der Provence, wo man noch heute im Klosterladen ein Elixier namens »Blandinin« verkauft, das sie dort nach der Inspiration eines Familienrezeptes aus dem Egerland aus Rosskastanienessenz, Lavendelöl und einem Tropfen Glyzerin zusammengemixt hat – gegen alle möglichen Gelenk- und Muskelschmerzen. Schließlich verbringt sie noch drei Jahre in einer Neugründung des Klosters Helfta in Sachsen-Anhalt, wo ihr Orden nach dem Mauerfall die Tradition der heiligen Gertrud und der heili-

gen Mechthild wieder aufnehmen will, die dort im 13. Jahrhundert gelebt haben, beide mit leuchtenden Christusvisionen.

Die Überzeugung, dass das Bild in Manoppello echt und nicht ganz von dieser Welt ist, begleitet sie dabei Tag für Tag, obwohl sie es noch gar nicht gesehen hat. Und Tag für Tag lebt sie immer mehr gegen den Widerstand an, den ihre wunderliche Liebe bei anderen auslöst, zuerst bei ihren Mitschwestern, schließlich auch bei Gelehrten quer durch Europa. Es ist eine *Amour fou*, wie es in Frankreich heißt. Manche halten sie für eine heilige Närrin, an denen Russland lange so reich war, andere finden nicht, dass sie heilig ist. Vor allem ist sie für viele Jahre völlig allein mit dieser Entdeckung, die sie nicht mehr loslassen will. Sie studiert, sie fotokopiert, sie bastelt Folien, die übereinander passen, sie wird besessen von der »Sopraposition« der beiden Bilder, wie sie diese Technik nennt; doch als das Experiment dann publiziert wird, erscheint das »Beweisfoto« geradezu lächerlich verschoben in der Öffentlichkeit. Erst 1999 werden ihre Erkenntnisse ansprechend gedruckt. Professor Andreas Resch, ein bekannter Experte für Paranormologie aus Innsbruck, der von ihren Forschungen erfahren hat, hat sie zu der Veröffentlichung des Werkes gedrängt. Nun passen auf zwei beiliegenden Folien nicht nur das Bild von Manoppello und Turin detailgenau übereinander, sondern der Schleier – über eine Vielzahl von Christusbildern und alten Ikonen gelegt – scheint das wahre Antlitz der Person Christi immer von neuem zu entschleiern und zu offenbaren, gerade so, als öffne der Schleier ein Fenster durch die Kunstwerke hindurch.

Das gelingt ihr bei dem Auferstandenen aus dem Hohenfurter Altar in Prag, bei dem Heiligen Antlitz von Novgorod, bei der Christusikone des Katharinen-Klosters im Sinai bis hin zu dem Mosaikbild des Allherrschers in der

Pudentiana-Basilika aus dem 4. Jahrhundert in Rom. Es scheint unglaublich: ein Schleier, der das Gesicht Christi entschleiert und offenbart, anstatt es zu verbergen und zu verstecken. Ein Tuch, das enthüllt und nicht verhüllt – als würde er jedem Menschen und Kunstwerk, dem er vorgehalten wird, zu seinem wahren Gesicht verhelfen. Es ist unglaublich. Genau auf diesen Unglauben stößt sie auch bei den Fachgelehrten, denen sie ihre Kenntnisse zuerst unterbreitet, besonders bei dem zu seiner Zeit vielleicht wichtigsten. Das ist Werner Bulst, ein Jesuitenpater in Darmstadt, der sich – seiner umfassenden Studien an dem Turiner Grabtuch wegen – für den deutschen Sprachraum den Ruf eines »Grabtuchpapstes« erworben hat.

1983 schickt die Nonne dem berühmten Gelehrten ein dickes Couvert mit den Ergebnissen ihrer »Forschungen« (an dem Objekt, das sie bis dahin noch nie gesehen hat). Pater Bulst lässt sich Zeit mit der Antwort. Schließlich schickt er eine kurze Nachricht, er habe die Sache an einen interessierten Kunsthistoriker in Rom weitergegeben, an Pater Heinrich Pfeiffer, der ebenfalls Mitglied der Gesellschaft Jesu sei und an der päpstlichen Gregoriana-Universität lehre. Wenige Wochen danach bekommt Schwester Blandina Post aus Rom. Pater Pfeiffer bedankt sich für das bemerkenswerte Christusantlitz, von dem er sich – nach dem, was sie ihm dazu mitgeteilt hat – vorstellen könne, dass es vielleicht ähnlich rätselhaft entstanden sein könne wie das berühmte Gnadenbild der Madonna von Guadalupe in Mexiko. Nur mit dem Grabtuch von Turin habe es gewiss nichts zu tun. Danach setzt sich Schwester Blandina wieder an ihre Hausaufgaben: Über ein halbes Jahr lang fertigt sie noch einmal Vergrößerungen, Kopien und noch sorgfältigere Übereinanderprojektionen an, bis die Bildspuren in zahllosen Entsprechungen ineinander greifen und beide Bilder in gegenseitiger Ergänzung »zu einem einzigen

neuen Gesicht zusammenwachsen«. Pfeiffer ist beeindruckt, doch nicht überzeugt.

Wohl aber bewegt ihn die letzte Post Blandinas, zum ersten Mal selbst von Rom nach Manoppello zu fahren. Als er die Kirche durch das Portal betritt und das Heilige Antlitz über dem Altar in der Monstranz erblickt, sieht er gar nichts. Licht fällt von hinten durch das Gewebe, schneeweiß leuchtet es vor ihm in das Kirchenschiff hinein. »Es sieht aus wie eine Hostie«, ist das erste, was dem Priester durch den Kopf geht, »wie eine rechteckige Hostie«. Von der Stunde an ist auch Pater Pfeiffer dem Antlitz verfallen wie ein Kreuzritter seiner Sehnsucht nach Jerusalem. Seitdem gilt er in Rom als »Apostolo del Volto Santo« – und bei anderen bald als Narr und Phantast.

Und vielleicht stimmt ja auch beides. Vielleicht brauchte es ja wirklich die überschießende Phantasie eines Phantasten, um sich das Unvorstellbare vorstellen zu können, von dem hier berichtet wird. Jedenfalls markiert der Anblick der »rechteckigen Hostie« den Anfang vom letzten großen Kapitel seines Forscherlebens – und den Beginn eines heillosen Zerwürfnisses. Denn Pater Bulst in Darmstadt ist nicht erfreut darüber, wie sein gelehrter Mitbruder auf die zweifelhaften Erkenntnisse einer unbekannten Nonne hereinfallen konnte – und sie von nun an Jahr für Jahr von Rom aus in ihrem Konvent in der Eifel besucht. Werner Bulst hatte mit Heinrich Pfeiffer gemeinsam ein Buch über »Das Turiner Grabtuch und das Christusbild« verfasst, das rasch ein Standardwerk wurde. Werner Bulst war hier der eigentliche Autor und Heinrich Pfeiffer der kritische Gegenleser. Ein nächstes Buch ist gerade in Vorbereitung, bei dem es umgekehrt sein soll, mit Pfeiffer als Hauptautor und Bulst als Gegenleser. Das Bild in Manoppello bleibt für Werner Bulst neben dem majestätischen Abdruck von Turin so unbedeutend, dass er nicht daran denkt, es auch nur

aufzusuchen. Verschiedene Expertisen, die er für sich anfertigt, genügen ihm. So endet die kollegiale alte Freundschaft der beiden Priester und Wissenschaftler in einem mal bitteren, mal bösen Briefwechsel, mit gesalzenen Vorwürfen und allen höflichen Verunglimpfungen, die solch ein Streit von seiner Natur her mit sich bringt. Sogar der Jesuiten-General wird eingeschaltet, der den Frieden zwischen den beiden aber auch nicht mehr herstellen kann. Vom letzten gemeinsamen Buch, das zwar noch unter dem Namen der beiden erscheint, distanziert sich Professor Bulst aufgrund »absurder Abwegigkeiten«. Bis zu seinem Tod lässt sich der alte Friede oder auch nur das kollegiale Achten und Hinhören nicht wieder herstellen. Schwester Blandina, die dem »starrsinnigen alten Mann«, wie sie ihn damals sah, keine Ruhe lassen wollte, bescheidet er kategorisch, die von ihr entdeckte Deckungsgleichheit sei »Illusion«. Doch als Werner Bulst im Dezember 1995 mit 83 Jahren in Darmstadt stirbt, ist sein Schreibtisch übersät mit Manoppello-Bildern.

1995 hat aber auch Schwester Blandina das Tuchbild selbst noch immer nicht gesehen. Der Trappistenorden ist keine Gemeinschaft, in der man sich nach Gutdünken kurz ein Ticket kauft und nach Italien düst. Erst im Oktober dieses Jahres macht sie sich »unvorhergesehen und überraschend« mit Pater Pfeiffer und zwei Schwestern nach Manoppello auf – weil eine leibliche Schwester, die ebenfalls Trappistin ist, in Italien erkrankt ist. Das Foto am Morgen vor der Abfahrt aus dem Raum des Trappistenkonvents von Vitorchiano bei Viterbo zeigt sie schwebend vor Glück. »Die ›lebendige‹ Begegnung mit dem Schleier machte auf mich einen überaus tiefen Eindruck«, vertraut sie danach ihren Aufzeichnungen an: »Wir sind nämlich normalerweise nicht mit Gegenständen konfrontiert, die aus unserer Erfahrungsebene herausfallen … Etwas Unscheinbareres als

dieses kleine, weiße Tuch kann es fast nicht geben.« Dennoch enthalte es eine unglaubliche Botschaft. Sie ist da schon völlig überzeugt, dass sich Kaiser und Künstler seit dem 4. Jahrhundert dieses Bildes zusammen mit dem Turiner Grabtuch als »ungeschriebener Dokumente« des christlichen Glaubens bedient hätten: eines das Bild eines Toten und das andere das Bild eines Lebenden. Es gebe zwei Quellen der authentischen Bilder Christi und nicht nur eines. Bei ihren Forschungen habe sie deshalb auch immer an den mathematischen Lehrsatz denken müssen, nach dem zwei Größen, die einer dritten gleich sind, auch untereinander gleich sein müssen. Es sei darum »der Herr«, der uns in beiden Bildern anschaue und begegne. Deshalb ist ihr aber auch die schroffe Ablehnung des Manoppello-Bildes gut verständlich. Denn gegen den erhabenen, geheimnisvollen Bildschatten von Turin störe das konkrete »nur menschliche« und durch und durch individuelle Bild aus den Abruzzen. So konkret wolle ihn keiner. Und vielleicht störe ja auch überhaupt die Vorstellung eines lebenden Gottes mehr als das Antlitz Christi in der Totenruhe.

Hundert Jahre hat es gedauert, weiß sie, bis sich die wissenschaftliche Erkenntnis durchgesetzt habe, dass jedes Detail auf dem Turiner Grabtuch den Schilderungen der Passion Christi in den Evangelien aufs genaueste entspricht, sogar unsichtbare Details wie herbeigeflogene Pollen aus der Frühlingsflora der Hügel ringsum Jerusalem. Gerade Pater Bulst habe sich immense Verdienste an diesen Forschungen erworben. Da dürfe es keinen wundern, wenn die Anerkennung des schwierigeren Bildes von Manoppello noch einmal hundert Jahre dauere. Das schmälere nicht ihre Zuversicht. Schwester Blandina Paschalis Schlömer O.C.S.O. hat eine Mission – und es sind nicht wenige, denen sie damit auf die Nerven gegangen ist. In Deutschland ist sie die treibende Kraft eines rührigen Vereins mit dem hebräischen Namen *Penuel* um das Heilige Gesicht von Manoppello geworden, dem sie inzwischen auch ein wenig regelmäßige Unterstützung außerhalb der Klostermauern verdankt. Mit der gleichen Unbekümmertheit, mit der sie im Revier vor den Elfenbeintürmen approbierter Schriftgelehrter der verschiedensten Disziplinen wilderte, steckt sie aber auch in den Abruzzen ihre Nase in viele Angelegenheiten, die nicht ihr *business* sind, wie man in England sagt. Einmal sind ihr die fehlenden Toiletten für künftige Pilger vor dem Heiligtum ein besonderes Anliegen. Auch dass die Glocken im Turm nicht schlagen, wie sie sollen, ist ein Fall für sie. 2003 hatte sie mit dieser besonderen Gabe von ihrer Äbtissin die seltene Sondererlaubnis erwirkt, in voller Treue zu all ihren Gelübden aus der Gemeinschaft des Ordens auszutreten, um als Einsiedlerin ein kleines Haus an einem Hang über dem Heiligtum von Manoppello zu beziehen. Sie fuhr ins Blaue hierhin, mitten im Sommer kam sie mit ihren Umzugskisten vor dem Heiligtum an. Mit sechzig Jahren hat sie nun Italienisch gelernt. Jetzt kniet und sitzt sie täglich vor dem Bild, in völlig leeren Kirchlein der Kapuziner. Wer verfolgt, mit welcher Selbstvergessenheit sie immer noch jeder neuen Spur nachgeht, die sie im immer neuen Licht des Bildes entdeckt, muss um ihren Lebensunterhalt fürchten, den sie mit dem Malen und dem Verkauf von Ikonen eher schlecht als recht verdient. »Schlecht hören kannst du gut, hat schon mein Vater zu mir gesagt«, antwortet sie einmal auf einen Widerspruch von mir. Verzetteln kann sie sich auch gut. Zur Messe kommt sie fast regelmäßig zu spät. Das war schon im Kloster so, als Kantorin – natürlich zur hellen Freude ihrer Mitschwestern. Wenn sie schon fix und fertig in der Tür steht, um den kleinen Abhang zur Kirche hinunterzugehen, fällt ihr ein, dass sie vielleicht noch schnell ihren Schleier bügeln sollte oder das Honigglas vom Tisch zurück in den Schrank stellen könnte oder eigentlich in einem Buch noch rasch eine wichtige Stelle nachschlagen müsste, bevor sie es vergisst. Ihre Gelenke schmerzen. Für die Wege hinauf und hinab von der Kirche zu ihrer Einsiedelei benutzt sie zwei Stöcke. Und dann geschieht es immer wieder, dass sie auf dem Weg hinab stehen bleibt und alles andere vergisst, weil sie das majestätische Panorama des schneebedeckten Gran Sasso in der Ferne in den Bann schlägt. Manchmal lacht sie wie ein junges Mädchen. Manchmal regen Fliegen an der Wand sie auf. Manchmal ist ihr Gesicht wie ein offenes Fenster, hinter dem Nebelbänke vorbeiziehen. Mit flinken Fingern versendet sie ganze Briefe per SMS, mit Groß- und Kleinschreibung und perfekter Zeichensetzung. »Das Christentum ist nicht einfach eine Art Kultur oder eine Ideologie, auch kein System von noch so erhabenen Grundsätzen und Werten. Das Christentum ist eine Person. Das Christentum ist eine Gegenwart. Das Christentum ist ein Gesicht: Jesus Christus! Johannes Paul II. am 5. 6.«, heißt die erste ihrer immer langen *short messages* an mich, die sie mir am 8. Juni 2004 schickt. »Ist das nicht eine Antwort? Lieben Gruß! Blandina.« Papst Johannes Paul II. hat diese Botschaft den Jugendlichen Europas vier Tage zuvor auf dem Expo-Gelände in Bern als seine letzte Botschaft entgegengekeucht. – »Sagen sie einmal, Schwester Blandina, Sie sind doch Trappistin«, frage ich einmal, »ist das nicht einer der strengsten Schweigeorden?« Sie lacht. »Ja, und schweigen kann ich auch immer noch.« Man mag das kaum glauben. Wenn das Gespräch auf das Antlitz kommt, sprudelt sie vor allem wie eine Quelle. Sie lacht laut: »Und sie haben ja keine Ahnung, wie sehr man auch im Schweigen reden kann: mit den Augen, der Stirn, der Nase, den Zähnen, den Händen, den Füßen.«

Als wir sie im Juni 2004 besuchen, duftet Manoppello nach Jasmin. Der Garten des Hotels »Pardi« ist nachts wie mit Spinnfäden von einem Leuchtspurennetz der Glühwürmchen durchzogen. Sogar durch das Schlafzimmer zog eins seine Spur zum Fenster hin. Am Morgen sitzen wir zusammen vor dem Bild. Danach singt Blandina »*Salve Regina*« zum Abschied, das klassische lateinische Marienlied an die Himmelskönigin, mit hoher klarer Stimme, der man jetzt noch die Stimmführerschaft des Chores im Kloster anhört. »Was ist das?«, frage ich sie danach, »wenn sie jetzt – hier! vor diesen Augen! – singen: *›et Jesum post hoc exilium ostende‹*? Wenn sie Maria bitten: Zeig uns *nach* diesem Exil Jesus! Soll das für sie – vor diesen Augen – heißen, dass ihr Exil jetzt vorbei ist?« Sie lacht wieder: »Das habe ich mich in letzter Zeit bei dieser Zeile auch schon oft gefragt.« Es ist keine Frage, dass sie glücklich ist wie wenige Menschen – bei allem Ärger, den sie schon verursacht hat.

Nachdem sie schon viele Male Folien des Schleiers von Manoppello über Kopien des Grabtuchs aus Turin gelegt hatte, als sie schon aus ihrer Ordensgemeinschaft in Deutschland in ihr kleines Einzelhaus in die Abruzzen umgezogen war, da brachte ihr eines Tages eine ihrer neuen Nachbarinnen den Band X der Privatoffenbarungen einer gewissen Maria Valtorta mit und schlug ihr die Seite 352 auf. Maria Valtorta war eine italienische Seherin, die sich in Deutschland vielleicht mit Katharina von Emmerick vergleichen lässt oder mit Therese Neumann (»der Resl«) von Konnersreuth oder in Frankreich mit Marthe Robin. Papst Pius XII. habe die Seherin sehr geschätzt, erfuhr Blandina, und er habe angeordnet, dass nach ihrem Tod alles gedruckt werden sollte, was sie in ihren Einsprechungen als Stimme Jesu vernommen habe. Das Heilige Antlitz aus Manoppello war damals in großen Teilen Italiens noch so gut wie unbekannt. Schwester Blandina begann nun, Wort für Wort mühsam aus dem Italienischen ins Deutsche zu übersetzen, was Maria Valtorta in Isola del Liri am 22. Februar 1944 als Worte Jesu aufgezeichnet hatte:

»Meine letzten Wunder habe ich zum Trost Marias in Jerusalem gewirkt: Das war die Eucharistie und der Schleier der Veronika … Der Schleier der Veronika ist auch ein Stachel für eure skeptischen Seelen. Vergleicht einmal das Gesicht des Schweißtuchs mit dem auf dem Grabtuch. Das eine ist das Gesicht eines Lebenden, das andere das Gesicht eines Toten. Aber Länge, Breite, die physischen Eigenheiten, die Form, alle charakteristischen Merkmale sind gleich. Legt die Bilder übereinander. Seht, wie sie sich entsprechen. Ich bin es. Ich, der euch daran erinnern wollte, wer ich war und aus Liebe zu euch geworden bin.«

Der Schleier der Veronika

Bildstock der VI. Station eines Kreuzweges
in Manoppello, Majolika um 1960

Der so genannte Schleier der Veronika jedoch wird nicht in Manoppello, sondern im Petersdom in Rom verwahrt und verehrt, im mächtigsten Dom der Christenheit, anders als das »Heilige Gesicht« der kleinen Kapuzinerkirche von Manoppello. Seit dem 6. Jahrhundert wird von diesem geheimnisvollen Bild berichtet: von einem Porträt Christi auf einem zarten Schleier, das »nicht von Menschenhand gemalt« sei. Es sei »aus dem Wasser gezogen« worden, sagt die früheste syrische Quelle. Keiner vermochte je zu erklären, wie es in die Welt kam. Spätestens seit dem 8. Jahrhundert ist es unter den Schätzen Roms bezeugt. Lange wurde die Bildreliquie in der alten Konstantinischen Petersbasilika in einer eigenen Veronika-Kapelle aufbewahrt, die im Jahr 705 von Papst Johannes VII. errichtet worden war, einem der letzten Päpste der »byzantinischen Periode« des Papsttums. Und hier in Rom war es auch, wo sich an dieses uralte *»vera eikon«* – das heißt dieses »wahre Bild« Christi – seit dem Mittelalter die Legende einer Frau geschmiegt hat, mit der sich die Menschen einen schlüssigen Reim auf die unergründliche Natur, Entstehung und Herkunft des Tuches machen wollten – auch wenn sich später nicht jeder von dieser Erklärung überzeugen ließ. Mit der »Veroniken thun und geben sie für, es sei unseres Herrn Angesicht in ein Schweißtüchlein gedruckt«, schrieb Dr. Martin Luther ein Jahr vor seinem Tod über die »teuflischen« Machenschaften der Päpste in Rom. »Und ist nichts denn ein schwartz Bretlin, viereckt. Da henget ein klaret lin für, darüber ein anderes klaret lin, welches sie auffzihen, wenn sie die Veronica weisen. Da kann der arm Hans von Jene nicht mehr sehen denn ein klaret lin für einem schwarzen bretlin.« Erklären konnte Doktor Luther »bey solchen ungeschwungenen Lügen« jedoch weder die Reliquie noch ihre starke Anziehung; wahrscheinlich wollte er es damals auch nicht.

Seit dem Mittelalter jedenfalls wird Veronika als eine Frau vorgestellt, die Jesus auf seinem Weg zum Golgatha begegnet ist, wo sie dem Geschundenen aus Erbarmen das blutüberströmte Gesicht abwischte – der ihr dabei zum Dank seine Züge in dem Tuch hinterlassen hat. Kardinal Ratzinger schrieb zum Karfreitag 2005, dass sich in der Vorstellung dieser Frau die Sehnsucht der Frommen des alten Israel – und überhaupt die Sehnsucht aller glaubenden Menschen – verkörpert habe, das Antlitz Gottes zu sehen, wie der 27. Psalm den uralten Wunsch besingt: »Dein Angesicht, Herr, suche ich. Verbirg nicht dein Gesicht vor mir.« Nach einer anderen – viel älteren – Legende hat Veronika das Bild jedoch von Jesus erbeten, weil sie ihm nicht überallhin habe folgen können. Nach Christi Tod in Jerusalem habe der kranke Kaiser Tiberius in Rom von dem wunderbaren Bild erfahren und Veronika in die Hauptstadt kommen lassen, damit sie ihn mit dem Schleier »von dem Wespennest im Kopf« heile. Veronika kam nach Rom, der Kaiser wurde gesund, sobald er das Bild erblickte. Vor ihrem eigenen Tod vermachte Veronika das kostbare Schmuckstück Papst Clemens, dem dritten Nachfolger des Petrus. So sei das Bild nach Rom gekommen.

Andere Quellen nennen Veronika Berenike. Welcher Name auch immer; die Evangelien berichten nichts von ihr. Die »Kreuzwege«, vor denen die Christen seit dem Mittelalter innerhalb oder außerhalb ihrer Gotteshäuser die einzelnen Leiden der Passion und Hinrichtung Christi jeden

Freitag vor vierzehn »Stationen« beweinten, hielt ihre ergreifende Begegnung mit dem todeswunden Messias dennoch in Abertausenden von Bildern und Bildstöcken in ganz Europa fest. Weltweit gibt es kaum eine katholische Kirche, deren Kreuzweg nicht in einem alten oder modernen Bild die Geschichte der Veronika weitererzählt: einer Frau, die sich inmitten grauenhafter Gewalt und vor allen Augen furchtlos auf die Seite des Opfers geschlagen hat. Dieser Mitleidenden aus Jerusalem hat Jesus sein wahres Bild geschenkt, wurde darüber eine feste Überzeugung in der Kirche: »Die wahre Ikone«, oder, als lateinisch-griechische Verballhornung: *La vera Eikon*. So ist es zum Namen der Veronika gekommen.

Um 1350 sollen Niccolò und Matteo Polo – nach den persönlichen Aufzeichnungen ihres Sohnes und Neffen Marco – von einer Reise aus dem fernen Orient das erste europäische Stück Asbest als Geschenk des Mongolenherrschers Kublai Khan für den Papst mitgebracht haben, damit er die Veronika gegen jedes eventuelle Feuer besser schützen könne. *»Tu es Petrus et super hanc petram edificabo ecclesiam meam«*, waren in Gold die Worte Jesu auf die kostbare Hülle geschrieben worden: »Du bist Petrus und auf diesen Felsen will ich meine Kirche bauen.« Das kostbare Stück Asbest selbst ist verschollen. Der Grundstein des neuen Petersdoms sollte im Jahr 1506 aber zugleich das Fundament für einen gewaltigen neuen Tresor dieser kostbarsten Reliquie der Christenheit werden. Gut hundert Jahre wurde daran gebaut. Dort, im Pfeiler der Veronika, liegt sie seitdem hinter dicken Mauern und fünf Schlössern verschlossen.

Den Altar umstehen vier kolossale Pfeiler, auf denen die Kuppel des Doms ruht. Ihnen entsprechen nach innen hin vier herrliche gewundene frei stehende Bronzesäulen, die den Baldachin über den zentralen Altar in der Mitte tragen, unter dem das Grab des Petrus ruht. Alle Bronze des antiken Pantheons musste für diese inneren Säulen eingeschmolzen werden. Die Genies des alten Europa hatten gewetteifert, um diesen Gottespalast mit zu gestalten. Die Modelle der vier umrankten Säulen um den Altar finden wir jedoch – jeweils zweimal – oben in den Fassaden der Vierungspfeiler wieder, die die Kuppel tragen. Denn vier Balkone schmücken diese Pfeiler da oben, über denen acht viel kleinere ähnlich gewundene Marmorsäulen zu erkennen sind. »Säulen Salomons« wurden sie früher genannt. Denn es sind antike Stücke, die aus dem Tempel in Jerusalem selber stammen sollen, elegant gedreht und gewunden. Weinranken mit vollen Reben wachsen um den orientalischen Marmor. Kaiser Titus, so erzählten die Römer lange Zeit, hat sie zusammen mit dem Gold und dem siebenarmigen Leuchter des jüdischen Tempelschatzes nach Rom verschleppt, nachdem er die rebellische Hauptstadt der Hebräer unterworfen und zerstört hatte. Es sind die Säulen, an denen Jesus lehnte, als er noch auf dem Tempelplatz die Menge belehrte. Sie sind die Vorbilder der Bronzeträger Berninis unter dem Baldachin.

Neben dem Grab des Apostels Petrus rahmen sie darum die größten Schätze ein, die die Päpste in Rom außer den Gebeinen der Apostel verwalten durften. Rechts hinter dem Altar hält eine Frau aus weißem Marmor an einem der vier Pfeiler ein Kreuz in die Höhe. Eine frische Rose liegt zu ihren Füßen. Es ist Helena, die Mutter Kaiser Konstantins des Großen, die im Jahr 324 in Jerusalem das Kreuz Christi wiedergefunden hatte und mit anderen kostbaren Reliquien der Passion nach Europa brachte. Helena hatte aus Jerusalem auch die Dornenkrone mitgebracht, die Nägel, den Tisch des letzten Abendmahls, sogar die ganze steinerne Treppe aus dem Palast des Prokurators Pontius Pilatus, über die der von ihm zum Tod verurteilte Jesus von Nazareth seiner Hinrichtung entgegenwankte – und eben das »wahre Kreuz« Christi. In das Kupferkreuz über dem Obelisken auf dem Petersplatz ist immer noch eine große Partikel von diesem Original eingelassen. Ein anderer Teil wird in Poitiers verehrt, wieder ein anderer in Jerusalem. Der wichtigste und größte Teil aber blieb hier in Sankt Peter verwahrt.

Der heiligen Helena gegenüber hat Bernini im zweiten Pfeiler einen römischen Hauptmann mit Lanze und wehenden Gewändern so lebendig aus dem Carrara-Marmor gemeißelt, als hätte er ihn aus Wachs herausgeholt. Es ist Longinus, der römische Offizier, der mit einem Speer die Seite Christi öffnete, um dessen frühen Tod festzustellen. Blut und Wasser schossen ihm entgegen. Alten Schriften zufolge ist der Besatzungsoffizier danach einer der ersten Christen geworden, bevor er später seines neuen Glaubens wegen selber hingerichtet wurde. Seine Lanze, der »heilige Speer«, spielte im Mittelalter eine enorme Rolle als Kleinod und Reichs-Insignie. Der Apostel Judas Thaddäus soll sie schon in der Frühzeit von Jerusalem über die alte Königsstadt Edessa nach Armenien in einen kleinen Ort gebracht haben, wo heute das Kloster »Geghardavank« liegt, hinter Eriwan. Papst Innozenz VIII. hat sie schließlich von Sultan Bajasid 1492 zum Geschenk bekommen. Die Spitze der Lanze befindet sich in Paris. Doch in Rom ist der eigentliche Tresor des Stahls, der Christus durchbohrte.

Links von dem Longinus-Pfeiler erinnert der Andreas-Pfeiler an die dritte der Kronreliquien des Vatikans. Andreas war ein leiblicher Bruder des Petrus, Fischer wie er am See Genezareth, wie auch die Apostel Jakobus und Philippus. Doch Andreas wurde als Allererster von Jesus in seine Nachfolge gerufen. Die Gebeine des Apostels kamen 1208 nach Amalfi, sein Schädel im Jahr 1462 nach Rom. Hier blieb er, bis Papst Paul VI. ihn genau vierhundert Jahre später den Griechen zurückgab, in die Hafenstadt

Patras, wo Andreas um das Jahr 60 hingerichtet worden war.

Doch Knochen lassen sich vertauschen, ebenso eine Lanze, ganz oder teilweise, oder gar Stücke von altem Holz, von denen es heißt, sie stammten vom Kreuz Christi. Die großartigsten dieser Reliquien stehen von ihrer Natur her immer unter Fälschungsverdacht. All diese Vorbehalte jedoch sind inhaltsleer bei der vierten oder besser, bei der allerersten Reliquie des Petersdoms und der Christenheit. Das ist der Schleier der Veronika. Das »wahre Antlitz« Christi ließ sich nie fälschen. Dem Rang des Bildes entsprechend wurde der Grundstein des neuen und heftig umstrittenen Petersdoms von Papst Julius II. am 18. April 1506 deshalb genau unter dem vierten Pfeiler in den Grund gelegt – dessen Inneres Donato Bramante als den sichersten Tresor Roms für die kostbarste aller Reliquien ausbaute. Die alte Basilika aus der Zeit Kaiser Konstantins war noch nicht abgerissen, als dieser Pfeiler als erster der vier errichtet wurde. Alle vier Reliquien sollten hier verwahrt werden. Ein weniger prächtiges Gotteshaus kam in der »Hauptstadt des Erdkreises« für das wahre Bild Christi nicht in Frage, nachdem die Muselmanen doch schon für ein einziges Barthaar des Propheten die Al-Hussain-Moschee zu Kairo errichtet hatten.

»Sancta Veronica Ierosolymitana« ist dem Sockel des mächtigen Pfeilers eingemeißelt: Die heilige Veronika aus Jerusalem. Aus der Höhe leuchtet das Bild des Evangelisten Matthäus herab, der das Begräbnis Christi so ergreifend geschildert hat – und wie Maria von Magdala »dem Grab gegenübersaß«, als Joseph von Arimathäa den toten Jesus in die Erde zurückgab, aus der er wie jeder andere Mensch genommen war. Über der Inschrift hält eine Frau in Marmor einen Schleier mit den Gesichtszügen Christi in die Höhe. Jeder hat sie am 18. April 2005 gesehen, der am Fernseher die letzte heilige Messe verfolgte, die Joseph Ratzinger vor dem Einzug der Kardinäle ins Konklave gelesen hat. Francesco Mochi hat sie im Jahr 1646 gemeißelt, doch so wie nun, aus diesem Anlass, war sie noch nie bekannt geworden. Jetzt war die Figur plötzlich wie ein Menetekel in Marmor über dem besorgten Kardinal. Sturmwind fährt der Frau in die Kleider und in das Tuch in ihren Händen, als sei es der Heilige Geist, der hier noch einmal in die Kirche einbreche wie damals am ersten Pfingsttag. Als bringe er noch einmal eine Sprache, die alle verstehen, in die Welt. Darüber verkündet eine Inschrift in Latein: SALVATORIS IMAGINEM VERONICAE SVDARIO EXCEPTAM VT LOCI MAIESTAS DECENTER CVSTODIRET VRBANVS VIII PONT MAX CONDITORIVM EXTRVXIT ET ORNAVIT ANNO IVBILEI MDCXXV. Das heißt auf Deutsch: »Damit die Majestät des Ortes das im Schweißtuch der Veronika empfangene Bild des Erlösers geziemend bewahre, hat Papst Urban VIII. diesen Aufbewahrungsort erbaut und geschmückt im Jubeljahr 1625.« Urban VIII. war der ehemalige Kardinal Maffeo Barberini, der Schöpfer des barocken Rom und spendable Auftraggeber Berninis. Die Inschrift wird von einer Loggia gekrönt. Darüber tragen Engel den Schleier mit dem Antlitz Christi noch eine Etage höher, wieder in Marmor. Den Abschluss des Kunstwerks bilden vier Putten in der goldenen Apsis, die ein Spruchband tragen, dessen Schrift sich von unten her nur mühsam mit dem Fernglas in all seinen Windungen und Verschlingungen entziffern lässt: »VULTUM TUUM DEPRECABUNTUR.« Es ist eine Stelle aus dem 45. Psalm: »Dein Antlitz flehen sie an!«

Dieses Bild zog bis zum Bau des neuen Petersdomes Millionen Pilger nach Rom. Die Reliquie war auch eine enorme Einkommensquelle. Während der so genannten Jubeljahre wurde es jeden Freitag und an allen Feiertagen, später sogar an jedem Sonntag und in der Karwoche täglich, vor der Kirche den Menschen gezeigt. Im Jahr 1450 war das Drängen der Pilger so gewaltig, dass es auf der Engelsbrücke zu einer Katastrophe mit 172 Toten kam. Nach Rom kam man damals nicht der Päpste wegen, nach Rom pilgerten die Menschen, um das Gesicht des unsichtbaren Gottes zu sehen. Mit einer Palme schmückten sich zu jener Zeit die Heimkehrer aus Jerusalem. Erkennungszeichen der Santiagopilger ist bis heute eine Muschel geblieben. Pilger nach Rom aber hefteten sich bei ihrer Rückkehr aus Italien kleine Bilder ebenjenes Christusbildes an ihre Pelerine, der »Sancta Veronica Ierosolymitana«: der heiligen Veronika aus Jerusalem. Veronika-Maler bildeten eine eigene Berufsgruppe in Rom, die so groß und bedeutend war, dass sie sich in einer eigenen Gilde organisierten. Seit dem Neubau des Petersdoms aber ist es, als hätte ebendieser Pfeiler die kostbarste Reliquie der Christenheit in seinem Inneren verschluckt.

Verschlossene Türen in mächtigen Mauern

Inschrift im Fundament des Veronika-Pfeilers des Petersdoms von Rom, erste Hälfte des 17. Jahrhunderts

Es gibt bis heute kein einziges brauchbares Foto der Reliquie. Das ist – im Vergleich – fast so, als gäbe es bis heute auch vom Grabtuch in Turin kein einziges Lichtbild, das jedoch seit 1898 mehrmals von den besten Fachleuten fotografiert werden durfte. Genau genommen fängt die moderne Geschichte des Grabtuchs sogar mit Fotos an – auf denen erstmals zu erkennen war, dass es sich bei diesem »Bild« um ein ebenso sensationelles wie unerklärliches Foto-Negativ handelte. Die Veronika hingegen bekommt überhaupt kein gewöhnlicher Sterblicher bei Licht und von nahem zu sehen. Nur Domherren dürfen sie überhaupt je in die Hände nehmen. Im Frühjahr 2004 fragte ich deshalb Kardinal Francesco Marchisano, den Erzpriester des Doms, in einem Brief, ob ich nicht für einen Bericht in meiner Zeitung die Veronika in der Säule einmal selbst sehen und näher betrachten könne. Die Antwort kam rasch und sehr freundlich. »Gerne würde ich Ihnen eine positive Antwort geben«, schrieb der Hausherr des Petersdoms am 31. Mai 2004, doch er müsse mir leider auch mitteilen, »dass das Bild im Laufe der Zeit sehr verblasst ist.« Dazu legte er mir einen aufschlussreichen Zeitungsartikel Dario Rezzas, eines Kanonikers von Sankt Peter, der die Geschichte der Veronika im Jahr 2000 nacherzählte und beiläufig erwähnte, wie sicher das Bild seit langem im oberen Rumpf des Veronika-Pfeilers verwahrt werde. In dem Artikel wurde der »sichtbare« Teil des Bildes auch noch in allen Details beschrieben, die er für berichtenswert hielt: »die

Umrisse eines menschlichen Gesichts von 13 mal 25 cm. Hier kann man auf einem dunklen Untergrund einige braune Flecken auf dem oberen Teil unterscheiden, der für die Stirn gehalten werden kann, und die als Zeichen der Haare interpretiert werden können. Desgleichen finden sich unten drei spitze Flecken der gleichen Farbe, die mit dem Bart identifiziert werden könnten.« Es bleibe ein Geheimnis um die Natur und Herkunft dieser »Ikone«, staunt der Verfasser, obwohl es sicherlich mit der Tradition »der nicht von Menschenhand gemachten« Bilder verbunden werden müsse.

Ich war auf die Zurückhaltung nicht unvorbereitet. In dem von Johannes Paul II. ausgerufenen Jubiläumsjahr 2000 war in Rom in einer Ausstellung über »Das Antlitz Christi« im Auftrag der Apostolischen Bibliothek des Vatikans alles zusammengetragen worden, was es dazu zu zeigen gab. Das wichtigste Christusbild des Vatikans im Tresor des Veronika-Pfeilers wurde dabei jedoch wie selbstverständlich nicht gezeigt. Es wurde auch nicht groß danach gefragt. Eine lange Tradition des dezenten Verschweigens war schließlich von einem gleichgültigen Vergessen belohnt worden. Denn auch als Königin Konstanze von Polen Papst Paul V. kurz vor dem Ausbruch des Dreißigjährigen Krieges um eine Kopie des Bildes gebeten hatte, wurde sie über ein Jahr lang hingehalten, bis sie 1617 endlich ein Bild mit der Entschuldigung für die Verzögerung erhielt, »weil wir lange gezweifelt haben, wie wir Deinen frommen Wunsch erfüllen könnten. Denn Du musst wissen, dass wir keinen gewöhnlichen Maler beauftragen konnten. Denn nur Kanoniker der ehrwürdigen Basilika dürfen sich dem Tresor nähern, wo der kostbare Schatz verwahrt wird.« Schließlich habe man aber einen passenden Kleriker gefunden, der mit dem, was er ihr hier endlich senden könne, sehr zufrieden sei, vertraute er ihr in dem

Begleitschreiben an. Das Bild sei fast identisch mit dem Original – es lässt sich heute in der Schatzkammer der Wiener Hofburg bewundern. Der englische Bestseller-Autor Ian Wilson hat es dort entdeckt und identifiziert, zusammen mit dem Namen des Künstlers: Pietro Strozzi, einem Florentiner Adligen. In einem kostbaren schweren Goldrahmen – und mit Goldblech noch einmal verkleidet wie eine Ikone – zeigt es den Schatten von zwei Augen, einer langen Nase und einem Mund. Man muss aber schon sehr genau hinsehen. Eins ist jedoch deutlich: Die Augen sind geschlossen! Es war das Zeitalter der Genies, sollte man hier vielleicht noch kurz erwähnen, das da begonnen hatte. Im 17. Jahrhundert tummelten sich in Europa Künstler und Köpfe wie Rembrandt und Rubens, Bernini und Cervantes, Descartes und Shakespeare, Galilei oder Newton. Eine vernünftige und gute Kopie war das wenigste, das sich aus diesem Zeitraum erwarten ließ.

Kurz danach ließ Papst Urban VIII. Kopien der Veronika überhaupt verbieten. Das hieß allerdings nicht, dass das Original nicht weiter im Vatikan verehrt wurde. Es bekam sie nur keiner mehr wirklich zu sehen. 1849 soll dennoch noch einmal ein Wunder geschehen sein. Da soll sich das Schleierbild von selbst für drei Stunden gefärbt und das »göttliche Antlitz« Christi schemenhaft gezeigt haben: »es war leichenblass, die Augen eingesunken, mit einem tiefen Ausdruck von Strenge belebt.« Vor 150 Jahren ließ Papst Pius IX. die verborgene Reliquie zur Vorbereitung seiner Verkündigung des Dogmas von der Unbefleckten Empfängnis Mariens fünf Tage lang auf dem Hauptaltar von Sankt Peter ausstellen, vom 3. bis zum 7. Dezember 1854. Fotos oder Beschreibungen dieser Ausstellung sind nicht überliefert, doch im Jahr 1892 beschrieb der flämische Kunsthistoriker Andreas de Waal die Veronika folgendermaßen, nachdem er die Sondererlaubnis erhalten hatte, sie persönlich zu begutachten: »Eine Goldplatte (31 mal 20 cm) deckt die Tafel und lässt nur das Antlitz frei. Man erkennt darauf von Augen, Nase und Mund aber nichts mehr. Nur oben sieht man braune Farbe, die Haar andeutet. Der Bart läuft in zwei Spitzen von derselben Farbe aus, und auch auf der Wange findet sich ein brauner Fleck.«

Gleichwohl hat die deutsche Dichterin Gertrud von LeFort vor etwa achtzig Jahren dem Moment des jährlichen Segens mit der Bildreliquie noch einen kompletten Seelenroman gewidmet: »Das Schweißtuch der Veronika«. Auf Seite 199 schildert sie das Ereignis mit nur zwei Zeilen und einem einzigen Satz: »Ich hörte von dem Balkon über uns Geläut und sah dort oben das weiße Leuchten priesterlicher Gewänder; ein geheimnisvoller Gegenstand wurde erhoben: ich erkannte nichts.« – »Steh auf!«, ermahnt danach die Großmutter streng ihre Enkelin, »selbst die Ehrfurcht erlaubt nicht zu knien, wenn sie nicht weiß, wovor.«

Ich weiß nicht, wie oft ich nach der Lektüre dieses etwas anstrengend zu lesenden Romans vor dem Veronika-Pfeiler des Petersdoms gestanden habe. Die Basilika liegt in unserer Nachbarschaft, ich höre die Glocken an meinem Schreibtisch. Wo Gertrud von LeFort 1920 »nichts« erkannte, ist inzwischen doch sehr deutlich zu erkennen, dass es im Vatikan offensichtlich eine Tradition gibt, die den Pilgermagneten, der das »wahre Antlitz« Christi bis zur Mitte des letzten Jahrtausends für Rom noch war, seit ebenjener Zeit mehr verbirgt als herzeigt.

»Warum wird die Veronika des Vatikans nie jemandem von nahem gezeigt«, habe ich an einem Abend Professor Brandmüller in seinem Büro gefragt, mit einem wundervollen Blick aus seinem Fenster über den Vatikan. Der vornehme Monsignore und Kanonikus des Petersdoms hebt die Schultern und streicht mit dem Zeigefinger über seine Nasenspitze, fährt dann zur Spitze des Kinns und hebt eine

Augenbraue. Die gleiche Antwort gibt er, als ich frage, warum es kein einziges brauchbares Foto gibt. Er weiß es nicht. Der Präsident der historischen Kommission des Papstes ist hilfreich und überaus zuvorkommend. Von dem Schleier in Manoppello hat er mir schon im Frühjahr gesagt, dass er unmöglich die wahre Veronika sein könne. Warum? »Ich habe es selbst gesehen«, sagte er da, »und habe gesehen, dass es eine Zeichnung ist.« Als ich frage, wann die Veronika denn gezeigt wird, greift er zum Telefonhörer – »damit ich Ihnen erst gar nicht etwas Falsches sage« – und ruft in dem Labyrinth der Paläste auf der anderen Straßenseite gleich die richtige Nummer an. An seinen Antworten höre ich schon, dass die Reliquie auch jetzt noch jedes Jahr einmal am fünften Sonntag der Fastenzeit zur Nachmittags-Vesper von der Loggia des Veronika-Pfeilers gezeigt wird, bevor danach zwei Wochen lang, bis Ostern, täglich in der Liturgie an die Passionszeit Christi erinnert wird. In den Vatikanführern, die ich kannte, hatte es nicht den geringsten Hinweis darauf gegeben. Wird die Veronika mit einer eigenen Liturgie gezeigt? Ja, aber er kommt im Moment nicht mehr auf die Lieder, die dazu gesungen werden. Er selbst habe sie schon hochgehalten, hatte ich vor Jahren gehört, lange bevor ich überhaupt wusste, worum es da ging. Und im April hatte Professor Brandmüller mir schon einmal in einem ersten Gespräch erklärt, dass ich an das Bild »auf gar keinen Fall« herankäme – und es lohne auch nicht. Es seien fast nur Schatten zu erkennen. Man müsste einen ungeheuren Apparat in Bewegung setzen, um da heranzukommen. Und nein, »es ist nicht auf Holz, es ist auf Leinwand. Und Farbe kann man da nicht erkennen.«

»Haben Sie es gesehen?«

»Natürlich. Oft!«, sagt er mit seiner feinen leisen Stimme.

»Wie sieht es denn aus?«

»Es ist einfach nur ein dunkler Fleck!«

Von offenen zu geschlossenen Augen

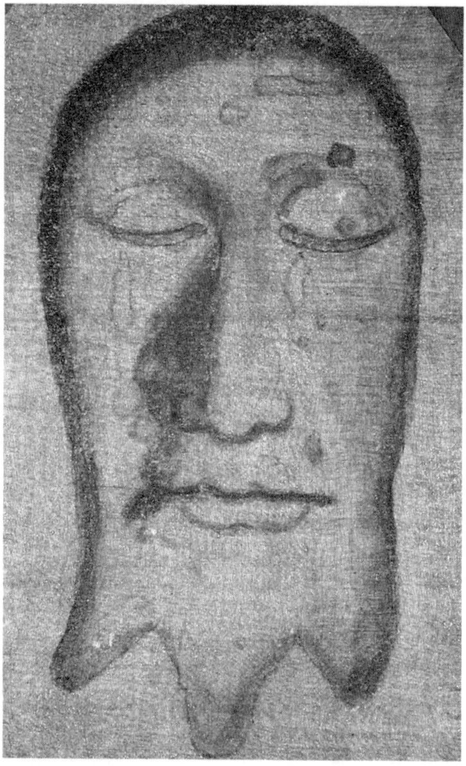

Von Papst Gregor XV. zwischen 1621 und 1623 autorisierte Kopie der »neuen« Veronika des Vatikans für die Duchessa Sforza, heute in der Sakristei der Kirche »Il Gesù« in Roms historischem Zentrum

Von einem »einzigen dunklen Fleck« aber kann bei alten Beschreibungen der Veronika nicht die Rede sein, und erst recht nicht bei frühen Abbildungen – oder bei den vornehmen Christusbildern Roms, die ja wohl auch an dem Original Maß genommen haben müssen oder aber an Kopien des Originals. In Stapeln von Fachliteratur, die neben meinem Tisch und in den Ecken liegen, habe ich in endlosem Vor- und Zurückblättern Folgendes erfahren: Die vielleicht älteste Darstellung, in der die Veronika eindeutig als Tuch oder Schleierbild in einem Rahmen gezeigt wird, entstammt einer illustrierten Prachthandschrift aus dem 13. Jahrhundert, wo Papst Innozenz III. sie den Gläubigen zusammen mit der Bibel zeigt. Da sehen wir – sehr deutlich und sehr genau – das freundliche Gesicht eines bärtigen Mannes mit Schläfenlocken, markanter langer schlanker Nase, dessen Haar in der Mitte gescheitelt ist und von dem Hals und Ohren nicht zu sehen sind: mit offenen Augen. Hinter dem Bild fällt ein schwarzes Tuch herab (als sei das Gesicht vor diesem Hintergrund besser zu erkennen). Buch und Bild hält der Papst gleichermaßen hoch. Ebenso eindeutig ist das Porträt später auf römischen Holzschnitten etwa der Jahre 1475, 1489 oder 1494 zu erkennen. Es ist stets dasselbe leicht zu identifizierende Gesicht: mit weit offenen Augen. Nicht anders ist es bei offiziellen Kopien, die im 15. Jahrhundert in Rom gefertigt wurden und über verschlungene Wege nach Spanien kamen, wo sie seit damals bei Alicante in einem Kloster an der Mittelmeerküste als

»Santa Faz« und in der Kathedrale von Jaén nördlich der Sierra Morena als »Santo Rostro« verehrt und gehütet werden, als »heiliges Gesicht oder Antlitz«. Es sind eindringliche Porträts mit den gleichen inneren Maßen und Proportionen – und einem durchdringenden Blick auf jeden Betrachter.

In Russland wird in der christlichen Akademie Sankt Petersburgs eine alte Vorlage aufbewahrt, an der Ikonenmaler lernen sollten, wie sie das wahre Antlitz Christi verbindlich malen sollen: Es ist die Frontalansicht eines vom Haupthaar umrahmten Gesichts mit schütterem Bart und Schnurrbart, markanter Nase und durchdringendem Blick – und mit einem kleinen Haarbüschel, das vom Mittelscheitel in die Stirn fällt. In der Jerusalemer Altstadt habe ich am 11. September 2001 auf der Via Dolorosa eine wundervolle alte russische Ikone gekauft, die genau nach diesem Modell gefertigt scheint. Ich schaue gerade auf sie, während ich diese Zeilen schreibe. Zwei Engel halten das orientalische Tuch an zwei Knoten links und rechts oben vor mich hin. Gerade hat sich ein Marienkäfer durch das Fenster ins Zimmer verirrt und krabbelt an der Ikone entlang.

Eine mehr westliche – doch keineswegs weniger sprechende Variante – habe ich an einem verregneten Nachmittag in der Nähe meiner alten Schillerschule in der Dürerstraße in Frankfurt am Main gefunden und rasch fotografiert, im Städel-Museum – von Robert Campin, dem »Meister von Flémalle«, der im 14. und 15. Jahrhundert lebte. Das Gemälde auf Eichenholz zeigt eine verhärmte höfische Frau in schwelgerisch rot-grünem Gewand mit blauen Ärmeln, die das Schleierbild Christi anstelle der Engel mit Fingerspitzen an den oberen beiden Zipfeln dem Zuschauer entgegenhält. Jeder Fingernagel, jede Linie der Hand ist mit betörender Meisterschaft ins Bild gesetzt. Die feine Ausgestaltung des Gesichts auf dem Schleier folgt weitgehend den allgemeinen Regeln des wahren Christus-Porträts: in der Haar- und Barttracht, in der Darstellung ohne Ohren, ohne Hals, mit der markanten Nase. Haut und Haare sind kastanienfarben wie altes orientalisches Gewebe. Vier scharfe Falten gliedern den hauchdünnen Stoff. Vor allem aber hat der Meister von Flémalle hier eine technische Unmöglichkeit gemalt – als hätte er zwei Seinsweisen verknüpfen und verbinden wollen. Der Schleier nämlich, auf dem das dunkle Antlitz ruht, ist völlig durchsichtig. Noch sensationeller, noch delikater als der minutiös gemalte Brokat im Hintergrund ist deshalb das Gewebe des Schleiers selbst. Es ist durchscheinend wie ein Fenster. Außerhalb des Gesichts Christi ist es vollkommen transparent. Es ist ein Meisterwerk und nicht das einzige dieser Art. Denn auch Jan van Eyck, Hans Memling, Roger von Weyden, Mantegna, Dirk Bouts, Israhel von Meckenhem oder der anonyme »Meister der Veronika« haben die Veronika gemalt. Es gibt kaum einen Großen des späten Hochmittelalters, der sich nicht an dem Motiv versucht hat – und keiner von ihnen hat das Gesicht Christi je als einen »großen braunen Fleck« gemalt. Allen gemein sind stattdessen immer die offenen Augen.

Es sind immer die Augen, die ein lebendiges Gesicht ausmachen. Ganz besonders prägen immer die Augen das Gesicht jedes Lebenden. »Kommen Sie«, sagte Schwester Blandina bei einem meiner Besuche, »ich muss Sie einmal in mein Weltmuseum führen. Hier können Sie die Augen Christi studieren wie an vielleicht keinem anderen Ort.« Sie ging zu ihrem Bücherregal und holte einen prachtvollen italienischen Bildband aus dem obersten Fach: *Un Volto da contemplare* (Ein Gesicht zum Betrachten). – »Und hier können Sie auch sehen, dass bis zum Anfang des 17. Jahrhunderts die größten Maler Europas bei ihren Christusporträts immer wieder an einem einzigen Vorbild Maß genommen haben. Doch alle haben sie jeweils nur je einen Ausdruck dieses Gesichts festzuhalten und zu bannen vermocht, oder zwei, aber nie das ganze Bild. Kein Meister hat geschafft, es wirklich abzumalen.« Sie öffnete das Buch wie die Tür zu einem Haus mit vielen Räumen. »Da, schauen Sie: Cimabue im 13. Jahrhundert, schauen Sie die Stirnhaare, die Locken und den Bart, die Haarfarbe, das In-sich-Gekehrte! Oder sehen Sie hier den alles beherrschenden Blick bei Masaccio, gut zweihundert Jahre später, die Farbe der Augen, das betonte Weiß, die Haartracht.« Sie blätterte vor, blätterte zurück. »Oder hier, Bellini aus Venedig, noch einmal vierzig Jahre später. Es ist, als hätte er versucht, das ›Heilige Gesicht‹ wirklich abzumalen, mit diesem Blick der Unschuld, des Staunens, mit diesem halb offenen Mund, der oberen Zahnreihe, dem schütteren Bart eines Jünglings. Es ist, als hätte Bellini mit dem Pinsel das Jesaja-Wort darstellen wollen: ›Nach der Trübsal seiner Seele wird er Licht erblicken.‹ Oder dieses Porträt Antonello da Messinas aus London, fast gleichzeitig. Ist es nicht eine wundervolle Interpretation des gleichen Bildes: mit der Stirnlocke, der zarten Zeichnung der Haare, des Bartes, der Farbe der Augen und diesem gütigen, friedvollen und Frieden und Segen spendenden Blick!? Oder schauen Sie hier Tizian, von 1516, und da Raffael, bei seinem letzten Bild, über dessen Vollendung er am Karfreitag 1520 starb. Sehen Sie, dass es immer der gleiche ist? Sehen Sie die Farbe der Augen bei Tizian und die femininen Augenbrauen, den lichten Bart – und diesen prüfenden, nachdenklichen und stillen Blick? Daneben dann wieder der verklärte Ausdruck bei Raffael, mit allen identischen Details des Heiligen Gesichts und seines Schauens? Oder das Veronikabild des Hieronymus Bosch aus Gent in Flandern: Schauen Sie sich das an! Jesus trägt hier das Kreuz mit einer geschwollenen Wange und geschlossenen Augen den Kalvarienberg durch die Horde seiner Verfolger hoch (erkennen Sie ihn wieder?), während sich gerade eine Frau durch die Menge von ihm wegbewegt, die ein Porträt des gleichen Jesus mit offenen Augen auf einem Schleier mit sich führt wie einen Schatz! Oder hier, noch einmal hundert Jahre später, das asymmetrische Gesicht bei El Greco aus der Kathedrale von Toledo! Diese Traurigkeit, diese *mestizia* seines Blicks in großer Stille. Das ganze Auge scheint Pupille. Oder diese Majestät im Blick Christi aus der Hand Andrej Rublévs in Moskau. Diese alles wissenden, erbarmenden Augen! Diese Bilder sind alle vor 1610 entstanden.«

Ich nahm ihr das Buch aus der Hand und fing selbst an zu blättern. »Ja, ich muss aufhören, weil ich Ihnen bis morgen früh immer neue Bilder zeigen könnte. Es sind allesamt bestürzende Meisterwerke, und doch kommt keins an die Fülle des Originals heran. Jeder erfasst immer nur einen Ausschnitt des Ausdrucks. Alle zaubern immer nur einen Teilaspekt des immer gleichen Bildes auf die Leinwand, der eine den, der andere diesen. ›Mittelmäßige Künstler imitieren Details‹, hat Pater Pfeiffer mir einmal gesagt, ›die großen imitieren die Seele.‹ Beim Bild Christi können aber auch die Großen nur immer von neuem Details herausfiltern und imitieren. Dennoch kann man sehen, dass diese Meister alle von diesem nicht darstellbaren Blick am meisten fasziniert zu sein scheinen. In keinem Bild, das ich kenne, prägen so sehr die Augen das Gesicht des Lebendigen.«

Tief im Gassengewirr von Trastevere in Rom findet sich eine uralte Kirche, wo sich der Vortrag Schwester Blandinas in einer einzigen Darstellung wie unter einem Brennglas wiederfinden lässt – falls es einem gelingt, die Äbtissin von Santa Cecilia zu überreden, dass sie einen auf die meist verschlossene Empore lässt. In ihrer Nachbarschaft finden sich

Häuser, die seit 1600 Jahren ununterbrochen bewohnt sind. In ihrem Kloster werden die Lämmer großgezogen, aus deren Wolle der Papst das Pallium weben lässt, die päpstliche Stola, die ihn an die verlorenen Schafe erinnern soll, die der gute Hirt auf seinen Schultern aus der Wüste trägt. Auf der Empore ihrer kleinen Basilika aber hütet die Mutter Äbtissin mit ihren Nonnen einen besonderen Schatz. Aus aller Welt sind Besucher da gewesen, um auf einer alten Mauer allein schon das Gefieder der Engel zu bewundern, das Pietro Cavallini hier im 13. Jahrhundert als schillerndes Fresko an die Wand gezaubert hat. Noch bewegender aber ist das königliche Bild Christi vor karminrotem Hintergrund in ihrer Mitte: mit femininen Augenbrauen, die Ohren im Rahmen der Haare verschwunden, mit schütterem Bart, langer markanter Nase, einer geschwollenen rechten Wange, großen ausdrucksvollen Augen – mit dem Weiß des Augapfels unterhalb der Pupillen –, einem winzigen Haarbüschel unter dem Mittelscheitel und einem halb geöffneten Mund. Es ist der Mann von Manoppello, der gleiche Mann, der nahezu identisch in unzähligen Christusbildern seit der frühesten Zeit der Christenheit erscheint, vom 8., 9., oder 10. bis hin zum 17. Jahrhundert.

Auf der Titelseite eines Buches aus dem Jahr 1618 sehen wir Christus deshalb noch einmal genau so: als kleine Veronika in Medaillongröße, wie sie durch die Jahrhunderte hindurch immer treu weiter- und wiedergegeben wurde. *Opusculum de Sacrosancto Veronicae Sudario,* beginnt der Titel der Schrift: »Kleines Werk des allerheiligsten Schweißtuches der Veronika«. Es ist ein pedantisch genaues Inventar des Notars Jacopo Grimaldi aus Rom. Im Auftrag des Papstes sollte Dottore Grimaldi vor dem Neubau des Petersdoms noch einmal den Bestand und die originale Position aller Schätze der Basilika festhalten. Dieses »Opusculum« und andere Schriften Grimaldis sind darum mit ihren Aufzeichnungen und sehr genauen Skizzen eine unersetzliche Quelle über den Zustand und die Beschaffenheit von Alt-Sankt Peter geworden. Es wundert nicht, dass schon bald Kopien davon gefertigt wurden. Aus dem Jahr 1620 etwa gibt es noch eine sehr schöne Kopie in der Nationalbibliothek von Florenz, die das alte Gesicht fast noch feiner zeichnet: die offenen Augen, die offenen Haare, der alte offene Ausdruck. Im Jahr 1635 jedoch wird eine dieser Kopien des »Opusculums« zum Dokument eines außergewöhnlichen und radikalen Bruchs. Inzwischen, am 18. November 1626, war die neue Peterskirche von Papst Urban VIII. eingeweiht worden. Doch nicht der Bau der neuen Basilika, sondern ein neues Christus- und Gottesbild ist die wohl gewaltigste Revolution jener Jahre. Für die Christenheit muss der Einschnitt in gewisser Weise größer gewesen sein als die Reformation – auch wenn er in unserer Zeit erst wirklich offenbar wird. Denn im Jahr 1635 zeigt das Titelblatt einer Abschrift des »Opusculums« von 1618 – in dem gleichen alten Rahmen der Veronika – plötzlich einen anderen Menschen als Sohn Gottes!

Sonst ist alles gleich geblieben in der Abschrift, die ein gewisser Francesco Speroni damals von dem Original gefertigt hat: der Text, die Symbole: Hahn, Säule, Geißel, Kreuz, Nägel, Sonne, die Kreuzestafel, Schwamm, Dornenkrone, Würfel, Mond, Rock, Lanze, Leiter, Zange, Hammer. Links und rechts des Christusbildes flattern in beiden Ausgaben winzige Seraphim mit sechs Flügeln wie Kolibris. Doch die Gesichter könnten hier und da nicht verschiedener sein. Beide Texte sprechen vom »heiligen Schweißtuch der Veronika«. Doch offensichtlich muss sich das Modell geändert haben, das Jacopo Grimaldi im Jahr 1618 und Francesco Speroni im Jahr 1635 für die verschiedenen Ausgaben desselben Handbuchs kopierten. Denn plötzlich ist dieser Mann ein Leichnam geworden. 1635 skizziert Francesco Speroni mit Rötel das grobe und unproportionierte Gesicht eines Toten: mit breiter Nase, wulstigem Mund, Wunden auf der Stirn und geschlossenen Augen. Es ist die gleiche kartoffelschalenfarbene lange Nase, es sind die gleichen geschlossenen Augen, der gleiche zugekniffene Mund, von denen auch Papst Paul V. für Königin Konstanze von Polen 1617 eine Kopie hatte anfertigen lassen. Irgendwie muss also auch Jacopo Grimaldi im Jahr 1618 für sein Inventar schon aus der Erinnerung gezeichnet haben, oder sein Titelblatt war schon früher fertig. Denn 1617/18 können beide, Grimaldi und der vatikanische Kopist für Königin Konstanze schon nicht mehr das gleiche Modell benutzt haben. Schon damals malte der eine einen Lebenden, der andere einen Toten.

Nach diesem Scheidepunkt aber werden fast alle Kopien nur noch auf diese Weise gefertigt – bevor sie überhaupt verboten werden: als das Gesicht eines Toten mit geschlossenen Augen. Eine Mutter all dieser weiteren Kopien haben wir uns in der Jesuitenkirche *Il Gesù* in Roms *Centro Storico* angesehen, wo ein freundlicher Jesuit sie uns an einem sonnigen Nachmittag in der Sakristei aus dem Panzerschrank holte. *Il Gesù* ist ein Juwel unter den Kirchen Roms, Vorbild unzähliger Barockkirchen quer durch Europa. Ignatius von Loyola liegt hier begraben, der baskische Gründer des Jesuitenordens. Sein Grabmal in der linken Seitenkapelle ist prächtiger als das manches Pharaonen. In einem Nebenbau wird noch sein Zimmer in Rom im Urzustand gezeigt, wie er es verlassen hat: karg wie die Zelle eines japanischen Zen-Mönchs. Über dem Hauptaltar leuchten golden die drei Buchstaben IHS in einem Strahlenkranz, das Monogramm Jesu, das Ignatius – unter dem Argwohn der älteren Orden – auch zum Siegel seiner »Gesellschaft Jesu« gemacht hat. Es ist kein Wunder, dass ein besonders kostbares und genaues Bild Jesu ausgerechnet in diese Kirche gelangte, auch wenn es nicht öffentlich ausgestellt, sondern in der Sakristei in einem Panzerschrank verwahrt wird.

Ich schaue ratlos, als Pater Daniel das Bild aus einem großen Couvert herausgenommen und unter dem Fenster auf den mit Resopal beschichteten Tisch gelegt hat. Für die Fotos, die ich machen will, hat er ein Metermaß längs dazugelegt. Ich sehe die grobe Zeichnung eines haar- und bartlosen männlichen Gesichts mit geschlossenen Augen auf Seide über Holz gespannt, 20 mal 31 cm groß, die Ecken abgeschnitten. Die aufliegenden Lider hat der Kopist – ohne Wimpern – links und rechts mit dünnem Stift als zwei leicht geschwungene Schleifen auf das Tuch gezeichnet, die er links noch einmal leicht rot umrahmt hat. Mit älteren Abbildungen der Veronika hat es rein gar nichts gemein. Der Mund ist breit und geschlossen. Unter beiden Augen sind mit Rotstift zwei blutige Tränen angedeutet. Der Nase hat der Künstler einen starken seitlichen Schatten nach links hin verpasst. Das ganze Gesicht ist merkwürdig konturlos, ohne alle Haare, obwohl es mit einem dicken Stift in Form eines nach unten gedrehten Granatapfels umrahmt ist, mit drei Ausbuchtungen, wo frühere Christusbilder den Bart und die links und rechts herabfallenden Haare und Schläfenlocken zeigen. Doch mit den früheren Christusbildern hat Michelangelos toter Sohn im Arm seiner Mutter in der Pietà – mit halboffenem Mund, mit Zähnen, dem schütteren Knebelbart, der Nase, der Frisur seiner Haare – aus dem Jahr 1498 hundertmal mehr gemein als mit diesem befremdlichen Rätsel. Die Stirn zieren hier noch zwei Flecken, als Wunden, die mir auch schon bei der Abschrift von Grimaldis »Opusculum« durch Francesco Speroni aufgefallen waren.

Dieses Bild sei eine von zwei Kopien, sagt eine gestochen scharfe Schrift in altem Italienisch auf der Rückseite, die

Papst Gregor XV. »vom Original des Heiligen Antlitzes in der Sankt Peter Kirche« habe fertigen lassen, eine für die Duchessa Cognata, eine andere für die Duchessa Sforza, was diejenige sei, die der Betrachter gerade vor sich habe. Es sei ferner die älteste ausdrücklich autorisierte Kopie, die es von der Veronika gebe. – Papst Gregor XV. regierte nur zwei Jahre, von 1621 bis 1623. Sein Nachfolger hingegen, Urban VIII., ließ nicht nur den Tresor im Veronika-Pfeiler im Petersdom ausgestalten, sondern verbot auch jede weitere Kopie des ehrwürdigen Bildes und ließ unter Androhung der Ex-Kommunikation sogar alle bisherigen Kopien der Veronika im Kirchenstaat wieder einsammeln, um sie zu verbrennen. Die Sache war ihm wichtig. Ein Blick auf diese Kopie aus *Il Gesù* lässt ihn vielleicht ein bisschen besser verstehen. Denn stammt sie wirklich von dem wohl offensichtlich neuen »Original« in Sankt Peter, dann lässt sie auch erkennen, wie damals auch innerhalb der Kirche das Vertrauen in Reliquien plötzlich dramatisch verdampft sein muss. Mit einer solchen Kopie mussten die Päpste selbst anfangen, das ganze Reliquienwesen für Schwindel zu halten. »Nein«, lächelt Pater Daniel, als er die Kopie wieder wegschließt. »Von der Veronika im Vatikan wissen doch alle, dass es eine Fälschung ist.« Er lacht ein letztes Mal freundlich, als er uns die Tür zum Abschied öffnet.

Alle wissen es wohl doch nicht; aber vielleicht meint Pater Daniel ja auch nur alle Römer. Wir sind jedenfalls sprachlos, als wir vor dem Seitenportal von *Il Gesù* wieder im Freien stehen, geblendet vom Licht des Nachmittags und betäubt, diesmal jedoch nicht von den Abgasen des Corso Vittorio Emmanuele, der an der Kirche vorbei als eine der Hauptverkehrsadern der Innenstadt entlangläuft. Durch den Lärm gehen wir zu Fuß nach Hause zurück, als hörten wir ihn nicht, zu aufgeregt, um auf einen Bus zu warten. Denn offensichtlich gab es zwischen 1610 und 1620 eine Wasserscheide in der christlichen Kunst. Muss diese Scheidelinie dann nicht aber auch zu einer Scheidung in der Theologie und Geistesgeschichte geführt haben, fragten wir uns unterwegs. Kann der Verlust der wahren Veronika anders begriffen werden als eine Entkernung der christlichen Bilderwelt? Mitten im Zeitalter des Barock hat das »wahre Antlitz« Christi unbemerkt seine Augen geschlossen, als die Kunst der Jesuiten zu blühen begann wie nie zuvor und Europa seinen letzten großen gemeinsamen Bilderrausch erlebte, von Wilna bis Lissabon. Verblüffend stillschweigend wurde in jenen Jahren das innerste Gottesbild der Christenheit ausgewechselt. Auch die Augen auf dem marmornen Schleier in den Händen der fünf Meter hohen Veronika-Figur im Pfeiler des Petersdoms, die Francesco Mochi 1646 gemeißelt hat, sind geschlossen.

Dass ein Gesicht auf einem Bild plötzlich die Augen schließt, die jahrhundertelang geöffnet waren, gibt zu Fragen Anlass. Es gab also einen Bruch in der Geschichte, über den bisher nur schwer zu sprechen war. Die alte Veronika muss aus Rom verschwunden sein, seit mindestens 400 Jahren schon. Die neue Veronika im Petersdom aber kann seit ebenfalls 400 Jahren nur eine mehr oder weniger kostbare oder billige Attrappe sein. Das Barockzeitalter war an Schurkereien nicht arm. Wurde damals aber das »wahre Bild« ausgewechselt, dann muss sich dahinter der größte ungelöste Kriminalfall jener Tage verbergen. »Und seine geniale Vertuschung«, sagt Ellen. Da bin ich mir nicht so sicher. Vielleicht konnte sich Papst Urban VIII. ja auch einfach nicht vorstellen, dass ihm das kostbarste Schmuckstück der Christenheit einfach abhanden gekommen sein soll, als gerade der mächtige Tresor für diesen Schatz fertig gestellt worden war.

Der zerbrochene Kristall

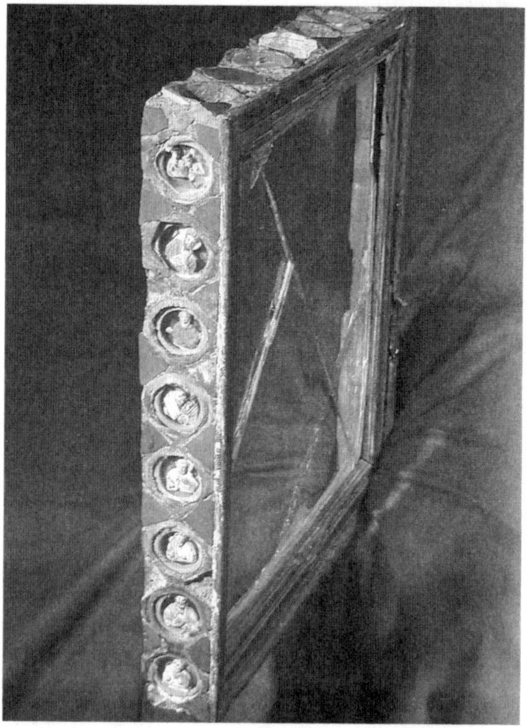

Venezianischer alter Rahmen in der Schatzkammer des Petersdoms. In ihm wurde bis zum 17. Jahrhundert der Schleier der Veronika zwischen zwei Kristallscheiben aufbewahrt

In der Schatzkammer des Petersdoms zu fotografieren ist so verboten wie in jedem besseren Museum der Welt. Doch wenn man den Blitz ausschaltet, drücken die Wärter leicht einmal ein Auge zu. Fünf Euro kostet mich der Eintritt. Nicht zum ersten Mal. Denn ich kann mich nicht satt sehen an diesen Schätzen der alten Christenheit. Mit den von Spinnweben und Sagen umwobenen »Verliesen des Vatikans« haben die fensterlosen Räume nichts zu tun. Es sind keine gotischen Kellergewölbe. Nüchternes Museumsdesign haben sie neu in das barocke Haus eingefügt. Gleich hinter der Kasse treffe ich in einem schwarz ausgekleideten Raum als Erstes auf die letzte vorhandene der zwölf Säulen des Jerusalemer Tempels, die Titus nach Rom verschleppen ließ. Es ist diejenige, wissen die Römer, an der Jesus lehnte, als man die Ehebrecherin vor ihn brachte, bevor er sich hinhockte und mit dem Finger in den Staub *das* eine Schriftstück niederschrieb, von dem die Evangelien berichten. Im nächsten Raum bekreuzigt sich eine koreanische Nonne neben einer lärmenden Schulklasse und schaut rat- und fassungslos in eine Kristallvitrine. Da halten zwei goldene Engel ein aufs kostbarste verziertes goldenes Doppelkreuz, in das sechs große Holzteile eingelassen sind: Teile des heiligen Kreuzes aus Jerusalem. Zwei Schritte weiter ist ein uraltes Kreuz Kaiser Justins II. aufgerichtet, mit einem Jesusmedaillon im Fuß und einem Jesusmedaillon im Kopf (beide mit offenen Augen, Mittelscheitel, und sogar mit einem winzigen Haarbüschel in der Stirn).

Dieses Schatzhaus ist ein offenes Buch mit Geschichten, die kaum noch jemand liest. Im übernächsten Raum wird das ehemalige silberne Reliquiar für die Schädeldecke des Andreas aufbewahrt, daneben ein apfelrunder schimmernder Bergkristall, der einmal die Spitze der Lanze des Longinus barg. Doch gleich links hinter dem Eingang findet sich, hinter einem eisernen Marterwerkzeug, mit dem Christen früher einmal in die Zange genommen wurden, das größte Rätsel dieser Räume. Ich warte, bis der letzte Besucher den Saal verlassen hat, bis ich in dem Dunkel ein paar Fotos versuche, ohne Stativ, mit angehaltenem Atem. Im Sucher sehe ich unter dem Oberlicht einen quer zum Betrachter justierten quadratischen Rahmen von unten, von oben, von links und von rechts, der in einem grauen Filzblock mit einer Ecke aufgekantet ist. »Rahmen der Veronika« gibt ein kleines Schild daneben lakonisch über das Objekt Auskunft: »Spätromanisch. In ihm wurde bis zum 17. Jahrhundert die berühmte Reliquie zwischen zwei Kristallscheiben aufbewahrt. Beachten Sie bitte die Kunstfertigkeit der Modellierung der vielfarbigen Figuren der Heiligen im Außenrand des Rahmens, dessen Entstehung vielleicht ins 14. Jahrhundert zurück reicht.«

Die Figuren sind wirklich beachtenswert: Allein in der mir zugewandten Seite des Außenrahmens sind es acht kleine Fenster, aus denen delikat geschnitzte und bemalte Apostel, Heilige und Engel schauen, mitten unter ihnen die fast lachende Gottesmutter in blauem Gewand, mit ausgebreiteten Armen. Beachtenswerter als die Kunstfertigkeit ist jedoch der ramponierte Zustand des Kleinods. Einige der karminroten Einlegearbeiten sind herausgefallen, vielleicht auch gebrochen. Ist der Rahmen gestürzt? Gefallen? Wo? Aus dem Tabernakel der ehemaligen Veronikakapelle, in der er damals aufbewahrt wurde, bevor sie dem Umbau weichen musste? Ist das Malheur vielleicht bei dem Umbau passiert? In der vorderen Innenfassung blättert hier und da die Farbe ab. Es ist der gleiche Rahmen, der auf alten Holzschnitten sehr deutlich in Darstellungen der Darbietung des »wahren Bildes« Christi vor Pilgern zu erkennen ist. Wer konnte ihn jemals fallen lassen? Warum wurde er überhaupt ausgewechselt? Noch verwahrloster sieht die Rückseite aus. Das hintere Holzfutter ist herausgerissen, von der hinteren Scheibe fehlt überhaupt jede Spur, und der vordere – immer noch fest im Rahmen sitzende – Kristall, durch den früher das Gesicht Christi auf Millionen Pilger schaute, hat einen groben Riss quer von links oben über die ganze Fläche nach rechts unten. Durch die untere rechte Ecke kreuzt den Riss eine weitere Bruchlinie, und ein dritter Riss läuft vom linken Rand noch einmal quer hoch auf die geteilte Scheibe zu. Was einmal eins war, ist in fünf Teilstücke zerbrochen. Eine zerbrochene chinesische Vase der Ming-Dynastie könnte keinem Liebhaber von Schmuckstücken mehr ans Herz gehen. Ich suche angestrengt den Rahmen durch die Vitrinenscheiben mit und ohne Fernglas nach Stoffspuren und Fasern ab. Doch da ist nichts.

Bald darauf habe ich den leeren Rahmen mit dem zerbrochenen Glas als bestürzenden Titel für ein gelehrtes Buch gefunden, dessen Autor Gerhard Wolf auf einer Internetseite mit dem Satz zitiert wird, die Suche der Kunst nach dem wahren Bild reiche bis zum »Schnitt, dem Durchstreichen des Bild-Gesichts, der leeren Leinwand«. Wahrscheinlich habe ich da etwas nicht richtig verstanden. Denn derselbe Gerhard Wolf hat auch eine Ausstellung über »das Gesicht Christi« in Rom im Jubeljahr 2000 mit verantwortet, ein wahres Meisterstück der Ausstellungskunst, zu der zahllose Bilder und Gemälde vom Antlitz Christi herbeigetragen wurden – jedoch weder ein Foto noch ein Druck von jenem »Heiligen Gesicht«, das doch schon mindestens vierhundert ehrwürdige Jahre lang in Manoppello bezeugt ist. Würde es vielleicht nicht in den zerbrochenen Kristall in diesem Rahmen passen, den ich mir hier so ratlos anschaue? Die Umstände, wie das kostbare Stück in diesen Zustand und hierhin kam, liegen im Dunkel. Nimmt man die wunderbarste Reliquie der Christenheit derart grob oder schusselig aus dem Rahmen, wenn man sie vielleicht in einen anderen – womöglich noch kostbareren Rahmen umquartieren will? Zerbricht man dann einfach das Glas und reißt die hintere Scheibe mit der Holzjustierung und der Reliquie gleichzeitig heraus? Wie hastig darf man sich solch eine Zeremonie vorstellen, wenn es dabei um den erklärten Augapfel der Päpste geht – und eine nicht unbedeutende Einnahmequelle?

Ich stecke die Kamera ein, gehe in die Knie und messe – durch die Scheiben hindurch – mit einem Metermaß den Rahmen aus. Die Seitenlänge beträgt 33 Zentimeter. Die Breitseite des Holzes mit den kleinen Heiligenfenstern ist 4,4 Zentimeter dick. Von jeder Seite her ragt der Rahmen etwa 4 Zentimeter nach innen zum Bild hin. 33 minus 8 ergibt 25. Das heißt, das alte Sichtfeld des Glases in dem Rahmen muss rund 25 mal 25 Zentimeter betragen haben. Als die nächste Besucherin den Raum betritt, stehe ich schon wieder aufrecht vor der Marterzange. Im Weggehen werfe ich noch einen letzten Blick auf den geborstenen Kristall, der mir jetzt wie ein blinder zerbrochener Spiegel erscheint.

Im Freien, vor dem Hauptportal des Petersdoms, rufe ich Schwester Blandina an. Hier schweift der Blick nach Osten auf die Berge zu. Über dem säulenumstandenen Platzoval jagt eine Möwe einer Taube hinterher, rechts oben auf dem Gianicolohügel nimmt eine Reihe von Pinien noch einmal den Rhythmus der Säulenreihen Berninis auf.

Es dauert ein wenig, bis Blandina ans Telefon kommt. Sie war gerade vor dem Heiligtum und ist nun vor die Tür getreten. Kann sie mir sagen, wie die Maße des Schleierbildes in Manoppello sind? Ich habe es gerade vergessen. »Natürlich, es misst 24 Zentimeter in der Höhe, 16 in der Breite, mit zwei angesetzten kleinen Dreiecken links und rechts oben, die vielleicht mit den Seitenrändern abgeschnitten worden sind.« – »24 Zentimeter Höhe?« »Ja.«

Ich versuche mir das Schleierbild auf der anderen Seite der Berge – da hinten, im Osten, vor dem Adriatischen Meer – wieder vorzustellen, das so perfekt in den zerbrochenen Rahmen passt. Denn eins ist ja klar wie geschliffener Kristall: für diesen Rahmen mit ursprünglich zwei Glasscheiben gibt es nur ein Gegenstück, das ich kenne. Das steht in Manoppello über dem Tabernakel. Auch in dem römischen Rahmen *muss* also einmal ein durchsichtiges Bild gesteckt haben, auf jeden Fall aber ein Bild, das man von zwei Seiten betrachten konnte – wie eine Hostie in einer Monstranz. Wofür sonst sollte ein Rahmen vorne und hinten eine Kristallscheibe haben und nicht vorne Glas und hinten Holz, wie jeder andere normale Bilderrahmen? Wahrscheinlich kommt deshalb auch überhaupt die Idee der Monstranz hierher – und die eucharistische Anbetung: die katholische Vorstellung, dass sich Gott als ein Stück schneeweißes Brot zwischen zwei Kristallscheiben durch die Straßen tragen lässt. Die Beobachtung schließt ein altes Geheimnis wie mit einem Schlüssel auf. Ich muss auch an den merkwürdigen dicken Kristallsplitter im Rahmen von Manoppello denken, rechts unter dem Gesicht. Westwind treibt vom Tyrrhennischen Meer große Wolkengebirge über Rom hinweg.

»Ist es nicht merkwürdig«, sage ich nachher zu Ellen bei Tisch, »dass das sagenhafte Atlantis nur ein einziges Mal in ein paar Zeilen bei Plato in der Antike erwähnt wird –

und dass die Wissenschaft seitdem nicht aufhört, immer von neuem nach der verschollenen Stadt zu suchen und entsprechende Sonden ins Meer zu senken? Taucht Atlantis nicht spätestens alle fünf Jahre neu in den Nachrichten auf, nachdem es einmal vor Cadiz im Atlantik gefunden wurde, dann vor Kreta, dann vor der Libyschen Küste und so fort? Und ist es nicht noch merkwürdiger, dass die Veronika nicht nur von Schriftstellern wie Petrarca und Dante und natürlich einer Reihe von Päpsten erwähnt wird, dass auch die Elite der Maler und Künstler Europas sie in einem Reigen von Meisterwerken bezeugt, dass sie im Osten auf unzähligen Ikonen dargestellt wird – und man heute dennoch so tut, als wäre das Ganze nur ein Phantasma gewesen?! Dass heute die Wissenschaft vorweg diese Geschichte vernachlässigt, als wäre dieses so gut bezeugte Dokument nur eine Spinnerei des Mittelalters gewesen, oder mehr noch: als hätte es dieses Tuch einfach nie gegeben! Dass keine Fernsehanstalt und keine Forschungsabteilung – auch innerhalb der Kirche nicht! – auch nur ernsthaft danach fragt, wo dieses Gewebe geblieben und zu sehen ist. Es muss doch kostbarer sein als das verschollene Bernsteinzimmer. Oder als das Goldene Vlies. Oder als das versunkene Atlantis – wenn es die Stadt denn überhaupt jemals gab. Welches Kulturerbe soll für Europa eigentlich wichtiger sein als *dieses* eine Gesicht?

Nach diesem Modell hat sich Albrecht Dürer um 1500 herum als erster Maler der christlichen Welt in einem Selbstbildnis in Frontalansicht dargestellt. Es war ein revolutionärer Akt der Moderne: Der Künstler im Fuchspelz als Gottes Ebenbild! Ein Nürnberger als junger Gott! Sogar das Haarbüschel hat Dürer von der Vorlage des ›wahren Bildes‹ übernommen – das bisher nur Christusbildern zur Nachbildung vorbehalten war. Die Veronika ist das Urmeter des christlichen Menschenbildes.« – Meine Frau reicht mir den Brotkorb und stellt den Wein zur Seite: »Es wird Zeit, dass du Pater Pfeiffer triffst.«

Das Gesicht der Gesichter

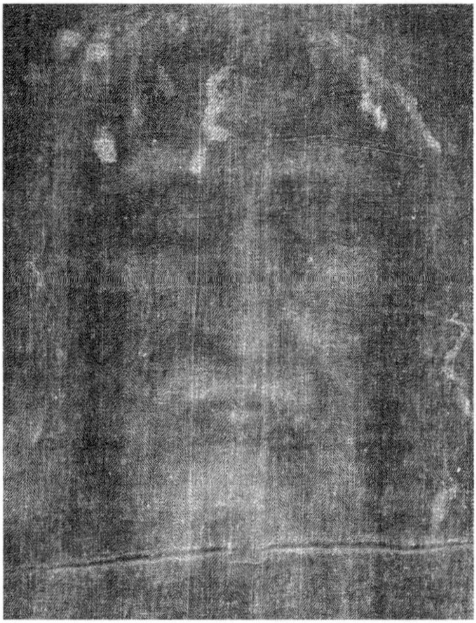

Negativumkehrung vom Detail des Gesichtes auf dem Turiner Grabtuch

Pater Pfeiffer hatte ich schon Jahre zuvor kennen gelernt und mehrmals gesehen, dennoch war ich mir nicht sicher, ob er sich an mich erinnern würde. Denn das erste Mal saß ich an jenem Tag mit ihm in Turin an einem Tisch, als ich gerade zum ersten Mal das Grabtuch gesehen hatte: die »Santa Sindone«. Hundert Jahre zuvor, am 28. Mai 1898, war das berühmte Tuch erstmals – zu Archivzwecken – fotografiert worden. Danach sollte es vor der modernen Welt als überholtes Relikt der Vergangenheit weggeschlossen werden. Im kommenden 20. Jahrhundert wollte sich das Domkapitel von Turin nicht länger mit dem altertümlichen fleckigen Tuch vor den modernen Zeitgenossen lächerlich machen. Die Neuzeit sollte endlich auch in Italien beginnen dürfen! Doch es waren dann genau diese Fotografien, die erstmals den Negativcharakter der Abbildung auf der riesigen Leinwand zutage gefördert hatten. Cavaliere Secondo Pia, der Fotograf, bekam in der Dunkelkammer fast einen Herzinfarkt, als er die Platten aus der Lösungswanne hob. Es waren Bilder eines vielfach verletzten Toten von revolutionärem Realismus, die ihm da aus dem Schatten entgegentraten.

In dem Jahrhundert danach hat sich dann die so genannte Sindonologie zu einer komplexen Wissenschaft entwickelt, die das Grabtuch zu dem am besten erforschten Gewebe der Welt gemacht hatte – mit allen inneren Feindschaften, Fraktionen und Eifersüchteleien, die zu solch einem akademischen Großprojekt wohl immer dazugehören. Das Grabtuch strahlt Frieden aus wie kein anderes Gemälde im großen Bildersaal der letzten zwei Jahrtausende. Doch Streit und Unfrieden umflattern es auch wie Raben und Geier einen alten Galgen – und eine einzigartige Kultur des Verdachts, der Unterstellungen, Diffamierungen und Verdrehungen. Das zarte Bild aus Blut, Wasserflecken und leichten Schatten hält die Geister nun seit mindestens hundert Jahren in Aufruhr. Turin ist darüber auch ein Zentrum der schwarzen und weißen Magie geworden, ein Wallfahrtsort der Satanisten, Zauberer und Hexen von San Francisco bis Sankt Petersburg. Gibt es hier deshalb nicht auch die meisten ordentlich bestellten Teufelsaustreiber von allen Bistümern Italiens, hatte ich Guiseppe Ghiberti, den Generalbevollmächigten des Turiner Kardinals für das Grabtuch, gefragt, nachdem ein verheerender Brand in der Kathedrale wieder wilde Gerüchte über die Brandursachen angefacht hatte. »Es gibt hier sechs Exorzisten«, schränkte Don Ghiberti mit freundlichem Augenzwinkern ein. »Finden Sie das viel?«

Die Brandursache war jedenfalls unbekannt geblieben. Ich hatte Monsignore Ghiberti mit seinen eisgrauen kurzen Haaren auch an dem Abend wieder gesehen, als ich zum ersten Mal Pater Pfeiffer traf. Es war ein Bankett in einem alten Jagdschloss der Savoyer für Sindonologen aus aller Welt, die sich aus Anlass des Jubiläums zu einem Kongress in Turin versammelt hatten. Ich hatte mich da hineinschmuggeln können, weil ich vorher einen Artikel über das Grabtuch und Professor Karlheinz Dietz geschrieben hatte, der den wissenschaftlichen Nachlass von Professor Werner Bulst geerbt hatte. Doch wie gesagt, an diesem Tag hatte ich das Tuch selbst zum ersten Mal im Johannesdom leibhaftig vor mir gesehen, vorher nicht, weder von nahem noch von weitem, sondern nur auf Fotos.

Johannes Paul II. war eine Woche vorher da gewesen, Kardinal Ratzinger hatte danach davor gekniet, vor und nach vielen anderen Bischöfen und Kardinälen. Zwei Millionen Menschen würden in diesen Tagen an dem Tuch vorbeipilgern. Vor mir in der Warteschlange stand geduldig Ernst Fuchs, der Malerfürst aus Wien, mit einem seiner vielen Söhne und seinem jüdisch-marokkanischen Käppi. Die Begegnung mit dem Grabtuch hat schon viele Leben verändert. Und wahrscheinlich auch meines. Denn ich hatte mir das Bild so zart und blass vorgestellt, das nun so deutlich vor mir an der Wand ausgespannt war. Der Schatten des Lammes! Abdruck eines vor seinem Tod schwer Verletzten, mit vielen Wunden, ohne jeden Verband. »Genau hier ist Christus auferstanden«, hatte Nicolas Mesarites im Jahr 1201 noch in der Pharos-Kapelle in Konstantinopel über diese Reliquie bezeugt, bevor sie wenige Jahre später von Kreuzfahrern geraubt und nach Frankreich geschafft wurde. »Die Grabtücher verströmen immer noch Myrrhe, weil sie den Unaussprechlichen, Toten, Nackten und Einbalsamierten nach seiner Passion umhüllt haben.«

»Es ist die ›Mutter aller Ikonen‹«, hatte ich mir am Abend zuvor noch in meinem Hotelzimmer notiert: »Das Tuch zeigt das ›Gesicht der Gesichter‹. Und es ist älter als die ältesten Handschriften der Evangelien, wo Matthäus beschreibt, wie Joseph von Arimathäa nach der Hinrichtung Jesu in Jerusalem von Pilatus den Leichnam erbat, bekam, ihn in ein reines Leinentuch hüllte und in ein neues Grab legte. Das Turiner Grabtuch könnte leicht jeden Indizienprozess gewinnen, dass es mit diesem ›reinen Leinen‹ identisch ist. Kein Bild und kein Schriftstück auf der ganzen Erde spiegelt detailgenauer und wahrhaftiger, was die vier Evangelien von der Passion und dem Tod Jesu erzählen.«

Doch an diesem Tag hatte ich dann plötzlich alles vergessen, was ich wusste – vor der ungeheuren Präsenz des alten Gewebes, das mit allen Brandlöchern und Flecken hier so unglaublich unversehrt aufzuleuchten schien, darin völlig verklärt, ruhend, in entspannter Schönheit, ein unglaubliches Lichtbild, von dem kein Mensch zu sagen weiß, wie es dort hineingekommen ist. Die Zeit steht still davor. In dem Leintuch ist – keiner weiß, wie – das große Doppel-Abbild eines übel Ausgepeitschten und Gekreuzigten hinterlassen, den man auf das rechte Ende der vier Meter langen Stoffbahn gelegt und mit dem linken Ende zugedeckt hat. Auf der rechten Hälfte des Tuches ist seine Rückseite abgedrückt, links die Vorderseite mit dem Gesicht, dem Brustkorb, den Beinen. Die schlanken Hände hält er über der Scham verkreuzt. Nägel sind ihm durch die Handwurzeln und Füße getrieben worden. Ich schaute angestrengt auf die Schatten seiner schlanken Finger und folgte mit den Augen dem sternförmigen Verlauf der Blutspuren um die Wunde in seiner Rechten und auf dem Unterarm. Immer wieder muss er sich am Holz aufgebäumt haben, um Luft für seinen letzten Atemzug zu schöpfen, hatten forensische Untersuchungen ergeben. Ein Blutfleck auf seiner rechten Brustseite ist so groß, dass man gut drei Finger in die offene Wunde legen könnte, die das Tuch an dieser Stelle einmal bedeckt hat. Blut und seröses Wasser sind dem Mann aus dieser Wunde im Liegen den Rücken hinuntergelaufen: Leichenblut.

Alle anderen Wunden sind ihm auf den lebendigen Leib geschlagen worden. An der Stirn und dem Hinterkopf quillt Blut aus dem Haar. Die rechte Wange ist bis zum Auge hoch geschwollen, auch die Augenbrauen, die Nase unter der Wurzel gebrochen. Der Bart gerupft, verklebt. Die Schulter übel malträtiert. Der Rücken und alle Gliedmaßen übersät mit Geißelhieben. Nur über dem linken Fuß gibt es eine halbe Handbreit ohne Wunden. Sonst keine Stelle des Körpers ohne Blutspuren, die meisten Tropfen so groß »wie süße Majoranblätter«, wie Nonnen in Frankreich notierten, die das Tuch vor fast fünfhundert Jahren geflickt haben. Mir klopfte das Herz wie wild. Doch nicht des Blutes wegen. Der Mann war blutüberströmt, ja, aber er ist auch so splitterfasernackt, von vorne und von hinten, wie seine Mutter ihn geboren hatte. Gott, nackt!

Das war am Morgen dieses Tages gewesen. Doch bei dem Festbankett am Abend – am 6. Juni 1998 – ging es vor allem ausgelassen zu. Fünf Gänge wurden den erlauchten Wissenschaftlern kredenzt, beste Weine, starke Liköre. Es gab edle Servietten, frischen Lachs mit Thymian, Spargel-Risotto, Filetspitzen in Riesling, alles da. Vor Heinrich Pfeiffer war ich gewarnt worden. Nun war er plötzlich mein Tischnachbar. Wir waren mehr an den Rand des Festsaales verbannt, prosteten uns zu, stellten uns vor, kamen ins Gespräch. Ich erzählte von meinen Eindrücken, er hörte mir abwesend zu, wie mir schien. »Das Grabtuch ist das eine«, sagte er schließlich mit schwäbischem Tonfall, »die wahre Entdeckung aber ist ein anderes kleines Bild in einem unbekannten Städtchen in den Abruzzen. Das ist das wahre Bild! Das Turiner Tuch ist erst das erste. Die wahre Sensation wartet in Manoppello.« Und er lächelte mich geheimnisvoll an. Aha, dachte ich mir.

Ich hatte heute das Gesicht der Gesichter gesehen, und da sagte mir dieser Professor, dass noch ein bedeutenderes Bild auf der Erde existieren sollte. Ein noch wahreres Bild! Ohne Körper, nur als Antlitz! Ein Gesicht hinter – oder über – dem Gesicht der Gesichter?! Es war einfach verrückt, und so war mir Pater Pfeiffer hinter seinem Rücken ja auch schon vorgestellt worden. Ich lächelte ihm zu und hob das Glas. Es wurde ein wundervoller Abend. Nach dem Dessert erhob ich mich mit einer höflichen Verbeugung und sah mich noch etwas an den anderen Tischen und auf der Veranda um. Karlheinz Dietz war natürlich da, dem ich all meine Kenntnisse über das Grabtuch verdankte. Ich kannte ihn schon aus Würzburg, wo ich ihn einmal besucht hatte; seitdem verband uns ein reger und freundlicher Fax- und E-Mail-Verkehr. Mehrere jüdische Wissenschaftler aus Amerika und Israel saßen an einem anderen Tisch, die sich besonders darum bemühten, den Christen zu beweisen, dass Jesus von Nazareth in dem Tuch gelegen hat. Ich war Ian Wilson vorgestellt worden, dem berühmtesten Mitglied der »British Society for the Turin Shroud«. Aus seiner Feder stammt das bisher wichtigste Werk zur *Santa Sindone:* »The Turin Shroud«, ein weltweiter Bestseller. Wenig später fand ich ihn im Gespräch mit einem anderen Gelehrten, dem er gerade erklärte, dass hier wirklich keiner Pfeiffers Tuchbild aus Manoppello brauche: »Wir haben schon genug Probleme mit der *Sindone.*« Ein faszinierender Mann. Wir tauschten unsere E-Mail-Adressen.

Wieder in München, hatte ich mir gleich ein zweites Buch von ihm gekauft, das er 1990 über »Heilige Gesichter und geheime Orte« auf der »Suche nach dem wahren Aussehen Jesu« geschrieben hat, und verschlang es. Was zu dem Thema zu sagen ist, war versammelt; seine Stoffsammlung ist immens, und er kann erzählen, wie nur ein Engländer erzählen kann. Auch Pater Pfeiffer erwähnt er natürlich, fünfmal, und das Gesicht in Manoppello »das mit sehr durchsichtiger Farbe auf ein Stück Stoff gemalt wurde«, bevor er auf Seite 112 unmissverständlich klar werden lässt, dass »auf die weitere Berücksichtigung der Manoppello-Kopie mit Sicherheit verzichtet werden kann«, da sie die wichtigsten Kennzeichen der wahren Veronika-Kopien missachtet – etwa die geschlossenen Augen. Die Strozzi-Kopie (die mit den zusammengepressten

Lippen und der langen Kartoffelnase), die er in der Wiener Schatzkammer entdeckt und identifiziert hatte, müsse vielmehr weiterhin als zuverlässigster Referenzpunkt und »Führer für das Aussehen der Veronika auf dem Höhepunkt des Mittelalters gelten«. Wie es sich für einen Meinungsführer gehört, haben Wilsons Bücher natürlich Schule gemacht und auch ich bin schwer versucht, daraus abzuschreiben, weil es so überzeugend ist. Doch dann sehe ich, dass Michael Hesemann das in Deutschland schon im Jahr 2000 für mich gemacht hat, in seinem schönen Buch über »Die stummen Zeugen von Golgatha«, wo er von den »feinsten Pinselstrichen« schreibt, mit denen das Bild von Manoppello gemalt sei, »ganz im Stil des 15. Jahrhunderts«. Kurzum und kategorisch: »eine Identifikation des Heiligen Gesichts mit der Veronika ist auszuschließen. Auf keinem einzigen Bild des gesamten Mittelalters wird die in Rom regelmäßig gezeigte Reliquie mit geöffnetem Mund dargestellt, ein Detail, das wohl keinem aufmerksamen Beobachter entgangen wäre.« Außerdem sei der Schleier zu klein. Mit seinen 17 mal 24 Zentimetern passe er nicht in den alten venezianischen Kristallrahmen im Vatikan, dessen Sichtfeld aber 34 mal 31 Zentimeter betrage. Er schließt sein Urteil mit einem Foto neben dem Absatz samt der Unterzeile: »Nicht die Veronika: Das Heilige Gesicht von Manoppello«.

Die schroffe Ablehnung hatte nicht nur sachliche Gründe. Vor der Turiner Konferenz hatte Professor Pfeiffer nämlich etwas getan, was Professoren und Kollegen gar nicht gerne sehen. Er hatte Ende Mai 1999 in der *Sala Stampa*, dem internationalen Pressezentrum Roms, eine Pressekonferenz abgehalten, in der er vor der versammelten Weltpresse verkündete, in Manoppello in den Abruzzen habe er eine Reliquie mit dem Abdruck des Antlitzes Christi entdeckt, bei dem es sich »mit Sicherheit« um das Tuch der Veronika handle, das wohl im Jahr 1608 in Rom verschwand, als beim Bau der neuen Peterskirche die Kapelle abgerissen wurde, in der das kostbare Tuch davor verwahrt worden war. Schon 1991 habe er ein Buch darüber publiziert, das jedoch weder von der Forschung noch von der Kirche zur Kenntnis genommen und gewürdigt worden sei. Seiner Überzeugung nach stamme das Bild Christi in Manoppello nämlich aus dem Grab Christi in Jerusalem, wo es wohl auf das große Grabtuch gelegt worden sei, in das der Gekreuzigte hineingelegt worden war. So erkläre sich auch, warum das Turiner Grabtuch einen Negativ-Abdruck berge und der darüber gelegte Schleier nach den Regeln der Fotografie ein Positiv zeige. Alle Welt hatte über die Pressekonferenz geschrieben, nach der die Geschichte – nach den Gesetzen des feuilletonistischen Boulevards – »Unsterblichkeit für einen Tag« erlangte. Deshalb hatte ich in der BILD-Zeitung erstmals ein Foto des Manoppello-Bildes gesehen. Edlere Blätter wie die *Frankfurter Allgemeine Zeitung* wählten hingegen gleich einen alten Meister, um die Geschichte nicht allzu peinlich präsentieren zu müssen.

In der folgenden Zeit habe ich Pater Pfeiffer noch ein-, zweimal gesehen, doch stets saß er mit Leuten zusammen, die den Leuten, mit denen ich zusammensaß, nicht grün waren und umgekehrt – immer im Zusammenhang der Grabtuchfehden. Das vorerst letzte Mal trafen wir uns im September 2002 in einem Lokal in Turin, als wir uns davor das endlich von seinen Flicken befreite Grabtuch noch einmal aus nächster Nähe anschauen durften. Erstmals hatte ich mich da aus allernächster Nähe über das Antlitz beugen dürfen und war noch überwältigter als zuvor. Pater Pfeiffer war ein strikter Gegner der vorgenommenen Restaurierung; ich war dafür und bin es jetzt noch.

Da fiel mir schließlich an einem Regentag im Februar 2004 die Einladung zu einem Vortrag Pater Pfeiffers in die

Hände, der eine halbe Stunde später anfangen sollte, in der Via della Conciliazione, in unserer Nachbarschaft. Am Tag zuvor war mir das erste Exemplar eines Buches über das »nicht von Menschenhand gefertigte« Bild der Madonna in Guadalupe in Mexiko aus Deutschland zugeschickt worden, an dem ich fünf Jahre lang geschrieben hatte. Am Morgen hatte ich im Bad plötzlich weiche Knie bekommen und wusste nicht, was das bedeuten sollte. Zum Arzt wollte ich nicht; da ging ich mir lieber den Vortrag anhören.

Der Saal war voll, ich saß in der zweiten Reihe. Die Einführung gab Don Antonio Tedesco, der süditalienische Pilgerpfarrer Roms für die deutschen Pilger und ein glühender Anhänger des Heiligen Gesichts. Erst kürzlich hatte er wieder eine große Gruppe der Schweizergarde nach Manoppello gebracht. Er funkelte vor Leidenschaft. »Das Tuch hat dort seinen richtigen Ort!«, sagte Don Antonio, »im Herzen der Volksfrömmigkeit hat sich der Herr verborgen wie in einem Tabernakel. Die Menschen da haben nicht die Schwierigkeiten, die Wissenschaftler sich gegenseitig bereiten. Wie im Evangelium hat der Herr sich einfach unsichtbar gemacht an einem bestimmten Punkt der Kirchengeschichte – und jetzt, morgen, kehrt er sichtbar zurück!« Dann ging das Licht aus, der Diaprojektor schnappte mit automatischem Klacken die Bilder in den Schacht, und Pater Pfeiffer erzählte aus dem Dunkeln, dass die Entpersonalisierung Gottes leider schon mit dem großen Thomas von Aquin angefangen habe. »Thomas hat gesagt, dass Gott die Natur der Menschheit angenommen hat. Er ist aber nicht Menschheit geworden, er ist Mensch geworden, ein einziges Individuum, mit einem einzigen individuellen Gesicht. Nur das Bild gibt die Individualität, nicht das Wort!« Neben mir erhob sich ein Gast des Vortrags und ging gebückt durch den Lichtkegel zur Toilette. »Na, verlässt da wieder einer unter Kritik den Saal?«, fragte Pater Pfeiffer gereizt hinter ihm her. Ich schaute indessen gebannt auf die Bilder auf der Leinwand, die ich noch nie gesehen hatte. Es waren starke Vergrößerungen, die mich nun faszinierten. Um Himmels willen, dachte ich, das wird doch nicht ein neues Buch sein! Ich habe doch eine andere Arbeit und war von dem letzten Buch noch ganz aus der Puste, für das ich jeden Tag meiner letzten Urlaube hatte opfern müssen. Jetzt wusste ich, warum ich weiche Knie bekommen hatte. Nach dem Vortrag lud ich Don Antonio und Pater Pfeiffer gleich zu uns nach Hause zum Abendessen ein. Draußen regnete es immer noch. Don Antonio erzählte mit leuchtenden Augen von all den großen Autoren, die das Heilige Gesicht schon beschrieben hatten, von Papst Innozenz III., der ihm zu Beginn des 13. Jahrhunderts einen eigenen Hymnus gedichtet hatte, von Petrarca, und dann deklamierte er Dante auswendig, auf Italienisch und auf Deutsch, aus dessen Paradiesgesang der »Göttlichen Komödie« des Jahres 1320, aus dem 31. Gesang: »*Qual è colui che forse di Croazia / Viene a veder la Veronica nostra, / che per l'antica fame non sen sazia, // Ma dice nel pensier, fin che si mostra: / ›Signor mio Gesù Cristo, Dio verace, / or fu sí fatta la sembianza Vostra?‹* – Wie jener, der – vielleicht aus Kroatien – / mit jenem Hunger zu unserer Veronika kommt, / der hier schon seit antiker Zeit gestillt wird, / und der – bis er davor steht – zu sich selber sagt: ›Mein Herr Jesus Christus, wahrer Gott, wie hat Dein menschliches Gesicht denn nun ausgesehn?‹«

Pater Pfeiffer konnte indessen auch während des Essens kaum aufhören, in meinem Buch zu blättern, weil er selbst schon so oft in Mexiko war und bald wieder für eine Vorlesungsreihe dorthin fliegen würde. »Wann kann ich sie einmal sprechen und interviewen?«, fragte ich ihn schließlich, als wir die beiden Priester, die unterschiedlicher kaum sein könnten, zur Tür brachten. Es sollte noch etwas dauern. Doch zehn Tage später bog meine Frau auf der Fahrt in den Süden vor Pescara zum Mittagessen nach Manoppello ab, zu unserer ersten ungeplanten Begegnung mit Schwester Blandina. Zum ersten ausführlichen Gespräch mit Heinrich Pfeiffer sollte es erst im Sommer kommen. Eins hatte ich bis dahin schon selbst mit Ellen erfahren: Während das Bild der Passion von Turin in seinen Reproduktionen regelrecht erblüht, lässt sich das Bild von Manoppello in seiner Vielfalt nicht reproduzieren. Es blüht nur auf im Original.

Das schöne Gesicht ihres Sohnes

Das Schleierbild von Manoppello, Vorderseite

Pater Pfeiffer, Schwester Blandina darf für sich in Anspruch nehmen, entdeckt zu haben, dass der Schleier von Manoppello dem Gesicht auf dem Turiner Grabtuch entspricht. Ihre Entdeckung hingegen ist ja nicht eine Entsprechung, sondern die vollständige Identität dieses Schleiers mit dem verborgenen Schleier der Veronika in Rom. Wie sind Sie dazu gekommen?«, eröffne ich Monate später mein Interview. Ein merkwürdig geordnetes Durcheinander herrscht in seiner Kammer im obersten Stock der Gregoriana-Universität. Es ist die Höhle eines Sammlers, mit Büchern, Bildern und anderen Schätzen auf jedem freien Fleck. Sein Ordnungsprinzip für das Durcheinander heißt: »Gleiches zu Gleichem«, um alles immer wieder finden zu können, was er braucht, und: »Für alles, was reinkommt, muss etwas raus.« In seinem Kopf scheint er ähnlich aufgeräumt und voll, in einer sehr eigenen Systematik.

Inzwischen hat er abermals zwei, drei Monate in Mexiko verbracht, bald wird er wieder dorthin fliegen. Er ist ein gefragter Mann und ein nüchterner Weinkenner, der selbst zu einem opulenten Essen nur Wasser trinkt. Die Jesuiten, glaubt er, sind die freiesten Menschen der Erde, seit Ignatius von Loyola seinem Orden schon bei der Gründung jedes Denkverbot genommen hat. Er selbst aber ist nicht nur einer der namhaftesten Kenner christlicher Kunst, sondern studiert auch schon seit langem die Regeln der Ikonografie, von denen sich die Künstler in

Ost und West im Laufe der Jahrhunderte für die Darstellungen des Antlitzes Christi inspirieren ließen. In der Innenstadt Roms legt er alle Wege prinzipiell zu Fuß zurück, auch bei Regen – was ihm auch jenseits der sechzig noch immer eine Art Astralkörper bewahrt, den er nicht ganz ohne Eitelkeit betrachten kann. Diesmal bin *ich* zu Fuß zu ihm gekommen. Schwäbisch färbt sein reiches Italienisch noch nach Jahrzehnten und entgegen früheren Warnungen ist er durchaus kein *fanatic looking for a cause,* wie es in England heißt. Er ist kein Fanatiker, der nach einer gerechten Sache sucht. Er hatte »seine Sache« schon längst gefunden, und ist dabei ein ordentlicher deutscher Professor geblieben, der auf jede Frage gern mit einer kleinen Vorlesung antwortet – auch bei meinem Versuch, ihn in eine Art Kreuzverhör zu nehmen, zwar nicht mit mehreren Fragestellern, aber doch mit Fragen, die kreuz und quer auf ihn herunterregnen.

Ich wusste, dass das Heilige Antlitz von Manoppello für ihn das Modell aller Christusbilder schlechthin ist: die Wurzel des Stammbaums aller christlichen Abbildungen des Gottessohnes. »Angesichts der vollkommenen Übereinstimmung, die sich ergibt, wenn man das Antlitz des Turiner Grabtuchs auf das von Manoppello legt, muss man zugeben, dass das Abbild auf dem Schweißtuch und das auf dem Grabtuch im selben Moment entstanden sind«, hat er schon vor Jahren etwas umständlich gesagt. Für die Entstehung käme also nur »der Zeitraum von drei Tagen von der Grablegung bis zur Auferstehung Jesu in Frage, und als Ort der Entstehung das Innere des Grabes. Das Schweißtuch von Manoppello und das Turiner Grabtuch sind die einzigen beiden wahren Bilder des *Antlitzes Jesu* und werden *Acheiropoieten* genannt, also nicht von Menschenhand gemacht.« Seitdem hat der Professor sein Leben – jedenfalls den Rest davon, nach seinem schweren Streit mit Professor

Bulst – damit verbracht, die Identität dieser beiden Objekte mit diesem uralten Begriff zu beweisen.

Manche grundlegende Fragen muss ich also nicht mehr stellen. Genug Fragen zu verschiedenen Details seiner Entdeckung sind aber immer noch da, in denen sich, wie der Volksmund weiß, der Teufel am liebsten einnistet – und wahrscheinlich am liebsten bei so heiligen Objekten wie dem Heiligen Bild. »Tut mir leid«, sage ich ihm, »wenn ich Sie so löchern muss. Ich will es nachher einfach nur aufschreiben und genauso weiter erzählen.« Ich müsse nichts beweisen. »Ich muss immer alles beweisen«, gibt er funkelnd zurück, bevor wir unser Gespräch beginnen.

»Sie haben als Erster gesagt: ›Hier in Manoppello befindet sich die Veronika!‹ – während in Rom eine Veronika-Reliquie noch immer Jahr für Jahr einmal über die Brüstung des Veronika-Pfeilers gehoben wird. Das ist doch zunächst einmal eine ungeheuerliche Behauptung. Hatte das vor Ihnen schon ein anderer entdeckt? Hatten Sie das schon woanders gelesen?«

»Nein, was ich gelesen hatte, war die ganze Literatur zu den Christusbildern seit der Antike. Die kannte ich fast auswendig. Die Entdeckung war dann ein Prozess, der aus mehreren Erlebnissen gespeist wurde. Die wichtigste Begebenheit war aber meine erste Begegnung mit dem Schleier im Herbst 1986. Gerade hatte ich mein Buch über Christusbilder veröffentlicht. Dann sah ich das Bild erstmals und wusste sofort: Das muss die Veronika sein!«

»Warum?«

»Weil ich das Bild aus der Literatur schon so gut kannte. Und weil es so durchsichtig ist. So etwas gibt es nicht zweimal, das war mir sofort klar. Das kann man auch beim besten Willen nicht malen, das geht einfach nicht. Man kann zwar auf der einen und anderen Seite gleichzeitig malen, das haben die Byzantiner schon auf Seide getan. Aber du kannst kein Bild malen, das praktisch *verschwindet*. Das kannst du mit keiner Technik erreichen, das ist nicht möglich. Und ich wusste, dass es nur ein einziges Objekt gab, das die Menschen immer auf diese Weise begeistert hat: im Westen die Veronika, im Osten das so genannte Kamuliana-Tuch. Deswegen kam ich sogleich auf die Idee, das alles in einem zu sehen.«

»Dann fuhren Sie aber nach Rom zurück, wo die Veronika noch immer in ihrem Tresor verehrt wird. Wie kamen Sie denn darauf, dass dieses Bild von Manoppello tatsächlich mit der originalen Veronika von Rom in eins fallen soll? Dass das Manoppellobild also früher einmal in Rom verehrt wurde?«

»Merkwürdigerweise erst allmählich – doch zuerst mit der Erinnerung an Luthers Schrift gegen das Papsttum von 1545, wo er von der Veronika schreibt, mit der der Papst die armen Pilger täuschte: von dem ›der arme Hans aus Jena‹ nicht mehr sehen könne als ein ›klaret Lin‹ – also ein durchsichtiges Tüchlein. Das muss dieses selbe Tuch gewesen sein, ging es mir da plötzlich durch den Kopf.«

»Aber spricht dieser Text nicht eher für eine Täuschung? Sagt er nicht eher, dass den Pilgern schon 1545 eine Attrappe gezeigt wurde?«

»Nein, nein. Ich sah ja auch zuerst nur *Weiß*. Und habe erst aus anderen Winkeln und im Herangehen das Bild selbst und wirklich gesehen. So muss es wohl auch dem Gewährsmann Luthers gegangen sein. Mit einem Unterschied: Als er das *Weiß* sah, hat er nicht näher hingesehen, sondern ist sofort weitergegangen. So betrügt der Papst die arme Christenheit! Statt sich zu vergewissern, ist er beim ersten Eindruck geblieben. Das kann ich mir gut vorstellen. Luther war von so vielem enttäuscht, dass er nur noch Bestätigungen gesammelt hat für die römische Misswirtschaft. Ich hatte mich auch immer geärgert, dass die Kunsthistoriker einfach annehmen, dass der Papst mit irgendeinem Gemälde die Leute in die Irre geführt haben könnte. Du kannst die große Masse in die Irre führen, aber du kannst keinem König und Kaiser so etwas zeigen. Die originale Veronika in Rom muss einen wunderbaren Charakter gehabt haben.«

»Können Sie denn den Moment beschreiben, wann bei Ihnen der Groschen gefallen ist? Es muss doch elektrisierend gewesen sein.«

»Die ganze Geschichte ist elektrisierend, aber die Erkenntnis kam erst nach und nach. Das Erste war meine große Liebe zum Grabtuch von Turin, das ich schon als Elfjähriger in einem Vortrag kennen gelernt habe. In der Kunstgeschichte, die ich nachher studierte, habe ich mich dann immer gefragt, warum das Grabtuch ganz stur von den Kunsthistorikern ausgeklammert wird. Das schien mir nicht wissenschaftlich; im Mittelalter war es doch bekannt. Das muss doch auf die Ikonografie einen bedeutenden Einfluss gehabt haben, dachte ich mir. Und dann habe ich mich dahintergesetzt und versucht, alle Christusbilder vom Grabtuch abzuleiten. Doch da gab's immer eine kleine Schwierigkeit. Vom Grabtuch lässt sich das ovalrunde Gesicht von Christus nicht ableiten. Vom Grabtuch lässt sich auch der Haarbüschel an der Stirn nicht ableiten. Das hat mir immer Schwierigkeiten gemacht. Außerdem hatte ich immer wieder gelesen, dass es mehrere Objekte gab, darunter *zwei* ganz wichtige. Nach den alten Quellen gab es auch immer *zwei* wichtige Bild-Übertragungen nach Byzanz, von einem Edessa-Bild und einem Kamuliana-Bild.«

»Wie haben Sie denn die Aussagen zur Veronika entdeckt, die mit dem Bild von Manoppello kompatibel sind?«

»Die kannte ich ja alle schon. Ich hatte bereits 1983 in einem Katalog zu einer Ausstellung im Palazzo Venezia einen Aufsatz über die Veronika geschrieben. Dafür hatte ich die Quellen gründlich studiert und versucht, alle Angaben zur Veronika allein auf das Grabtuch zurückzuführen. Damals war ich noch mit vielen der Meinung, das Veronika-Bild könnte eine Art Kopie vom Grabtuch sein. Aber die Meinung musste ich revidieren. Ich musste mich oft berichtigen.«

»Und wie sind Sie darauf gekommen, dass die alte *Relatione Historica* von Pater da Bomba aus Manoppello – aus dem Jahr 1645 – eine Erfindung und die wahre Geschichte ganz anders verlaufen sein muss?«

»Aus verschiedenen Gründen. Was mir als Erstes auffiel, waren die parallelen Daten. Denn das kann sich jeder merken: Jede gefälschte Geschichte trägt immer auch Spuren der Wahrheit mit sich herum, die in Wirklichkeit dahinter liegt – am meisten, je mehr und je raffinierter der Autor die Täuschung ins Werk zu setzen versucht. Und da haben wir in diesem Bericht Pater da Bombas also das Jahr der angeblichen Überführung, 1506, und 1608 als zweites Datum, wo von dem gewaltsamen Entwenden des Schleiers aus dem Haus des Bruders der Frau aus der Familie der Erben des Bildes berichtet wird. Diese Daten passen zu perfekt zu zwei Ereignissen in Rom, als dasss sich heute nicht der Verdacht aufdrängen müsste, dass damit ein Alibi konstruiert werden sollte. Denn dazwischen nennt der Autor der *Relatione Historica* kein anderes Datum mehr – ein ganzes Jahrhundert lang! Danach geht es dann hingegen rasch mit gleich mehreren Daten wieder weiter: 1618, 1620 und so weiter.«

»Doch wieso wählte Donato da Bomba 1506?«

»Das ist einfach. Da wurde der Grundstein der neuen Petersbasilika in Rom gelegt. Es war ein Datum, von dem jedermann wusste, dass damals die Veronika noch in der Veronika-Kapelle der alten Basilika verwahrt wurde. Auch dass das Ganze in der *Relatione* umrahmt wird durch Angaben, dass Julius II. damals Papst war, Maximilian Kaiser des Römischen Reiches, Ferdinand von Aragon König von Spanien und all diese Dinge, das macht eigentlich nur noch auffälliger, dass da krampfhaft ein historischer Zusammenklang konstruiert werden soll. Dass da jemand mit aller Wucht etwas vordatieren will.«

»Wann wurde die Veronika denn zum letzten Mal öffentlich in Rom gezeigt?«

»Im Jahr 1601. Da gibt es nichts zu deuteln – aber das scheint der Verfasser der *Relatione* nicht zu wissen.«

»Und warum hat er für den Raub durch diesen Pancrazio Petruzzi das Jahr 1608 gewählt?«

»1608 wurde in Rom die Veronika-Kapelle abgerissen, was die Übertragung der berühmten Reliquie in ihren neuen Tresor notwendig wurde. Vielleicht ist es unwillkürlich, dass Pater da Bomba gerade dieses Datum wählte. Verdächtig macht er sich damit dennoch für heutige Historiker. Damals wollte er damit sagen: Zu dieser Zeit war das *Volto Santo* schon hundert Jahre hier bei uns. Es kann also unmöglich die Veronika aus Rom sein – die zu der Zeit von den Päpsten schon schmerzlich vermisst und gesucht wurde!«

»Doch nun einmal zu Ihnen, Pater Pfeiffer. Sie glauben, dass das Heilige Gesicht von Manoppello aus dem leeren Grab Christi in Jerusalem stammt, dass es ein ›kleines‹ oder ›zweites Grabtuch‹ sein soll. Warum erzählen die Evangelien denn nicht von diesem prominenten Gewebe oder die Apostelgeschichte oder die Briefe des Paulus?«

»In der jüdischen Welt galten Objekte aus Gräbern als extrem unrein. Etwa Unreineres ist im Judentum eigentlich kaum vorstellbar! Es war der ultimative Skandal. Das Christentum ist aber ganz und gar in der jüdischen Welt entstanden. Es wäre völlig unmöglich gewesen, sofort davon zu erzählen – einmal um der Verkündigung selbst willen, zum anderen aber auch wegen der Tücher, wenn man sie verantwortlich schützen wollte. Wäre offen von ihnen erzählt worden, wären sie enorm gefährdet gewesen!«

»Aber wann und wo wird das Heilige Gesicht denn erstmals in Quellen eindeutig bezeugt?«

»Die früheste Erwähnung dieses Tuchbildes? Die früheste Quelle, meinen Sie, die eindeutig davon spricht?« Er zögerte nicht lange. »Das ist die so genannte Kamuliana-Legende aus dem 6. Jahrhundert, die schon Ende des 19. Jahrhunderts von dem preußischen Hochgelehrten von Dobschütz in Berlin sehr ausführlich vorgestellt worden ist. Es ist ein altes syrisches Fragment zu einem Christusbild, das im Jahr 574 aus Kamuliana, einem unbedeutenden Flecken in Kappadozien im Osten des byzantinischen Reiches, nahe bei der Stadt Edessa, nach Konstantinopel überführt wurde. Dieses Bild galt von Anfang an als *acheiropoietos*, also ›nicht von Menschenhand gemacht‹. Mehr noch: Es sei weder von Menschenhand gemalt noch gewebt worden. Es handelt sich um mehrere verstümmelte Textfragmente. Doch alle erzählen davon, dass eine heidnische Frau mit Namen Hypatia eines Tages in einem Brunnen ihres Parks ein Tuch im Wasser findet, auf dem sie sofort das Bild Christi erkennt. Sie zieht es aus dem Wasser heraus, wonach es augenblicklich trocken ist. Die Geschichte wird damals schon in die Vergangenheit zurückverlegt, in die Zeit der Christenverfolgung unter Diokletian, doch keiner weiß genau zu sagen, wann sie sich zugetragen haben soll. Es sollen dann auch schon rasch Kopien gefertigt worden sein, doch als Original galt diese ›Kamuliana‹«.

»Das ist alles?«

»Nein, es gibt da noch einen Text, der aber erst in jüngster Zeit bekannt geworden ist, aus Tiflis in Georgien. Warten Sie, ich muss ihn hier bei mir haben.« Er steht auf, geht zu einer Ecke seines Regals, nimmt ein Buch heraus und entnimmt ihm einen Zettel. »Hier ist er; er stammt hier aus der Bibliothek einen Flur tiefer, und ich habe ihn vor Jahren einmal in einem meiner Aufsätze veröffentlicht. Ein flämischer Jesuit hat ihn vor drei Jahrzehnten entdeckt und erstmals ins Lateinische übersetzt, als die Sowjetunion schon brüchiger und durchlässiger wurde. Dieser Text, in dem mehrmals von einem ›Bild des Erlösers‹ die Rede ist, stammt ebenfalls aus dem 6. Jahrhundert, und die wichtigste Stelle geht dort so: »Nach der Himmelfahrt Christi bewahrte die unbefleckte Jungfrau ein Bild, das auf oder über dem Grabtuch entstanden war. Sie hatte es aus den Händen Gottes selbst erhalten und behielt es alle Zeit bei sich, damit sie das wundersam schöne Gesicht ihres Sohnes immer betrachten konnte. Jedes Mal, wenn sie ihren Sohn zu verehren wünschte, spannte sie das Bild nach Osten hin auf und betete davor mit Blick auf ihren Sohn und erhobenen offenen Händen. Bevor die Bürde ihres Lebens schließlich von ihr genommen wurde, trugen die Apostel Maria auf einer Bahre in eine Höhle. In dieser Höhle legten sie Maria zum Sterben vor das Angesicht ihres Sohnes.« Ich schaue Pater Pfeiffer an; in Jerusalem habe ich vor nicht langer Zeit fast zwei Jahre lang Abend für Abend die Entschlafungs-Basilika aufgesucht, die nach der Tradition des Ortes über der alten Höhle errichtet ist, in der Maria gestorben war.

Pater Pfeiffer nimmt die Brille ab und sieht mich direkt an: »Das muss das Schleierbild von Manoppello gewesen sein. Die ganze Aussage und der Aufbau des Textes weisen darauf hin: ›das schöne Gesicht ihres Sohnes‹, wie auch das Format und der Gebrauch als Andachtsbild. Manche tüchtigen Forscher sind zwar der Meinung, dass hier vom Grabtuch die Rede sei, doch allein schon die Vorstellung, ein vier Meter langes Tuch vor sich aufzuspannen, ist ebenso unsinnig wie die Identifizierung des ›schönen Gesichts‹ mit dem Doppelabbild des Gekreuzigten. Und schließlich, wenn Sie mich fragen, wer – wenn nicht Maria, die Mutter – soll dieses zarte Tuch denn nach der Kreuzigung und Auferstehung bei sich geführt haben? Wem aus der frühen Urgemeinde konnte dieses Privileg sonst gestattet gewesen sein? Ich halte es geradezu für selbstverständlich, dass es im Besitz Marias war! In wessen sonst?«

»Und was ist der nächste Bericht?«

»Das ist eine Predigt aus dem 7. oder 8. Jahrhundert, die das Kamuliana-Bild als bekannt voraussetzt und wo – wie in den bekannten Verkündigungsszenen des Engels Gabriel an Maria – von einer geschmückten Kammer die Rede ist, in der ein weißes Tuch einen Tisch bedeckt, auf dem ein unberührtes Glasgefäß steht, mit dem Jesus sein Gesicht abwäscht und es danach abtrocknet, worauf das Tuch wunderbarerweise den Abdruck von seinem Antlitz aufbewahrt. Damals soll dieses Bild nach Caesarea in Kappadozien gebracht worden sein.«

»Wann kam dieses Bild denn aus Kamuliana oder Caesarea weg?«

»Das ist unklar. Sicher ist nur, dass es im Jahr 574 zusammen mit Teilen des heiligen Kreuzes nach Konstantinopel kam, wo es sehr gefeiert wurde – und wo in jener Zeit eine ganze Reihe von Legenden von wunderbaren Vervielfältigungen dieses Originals sprechen. Im Osten des Reiches gilt das Bild seit 705 als verschollen. Unmittelbar danach, 721, hatte dort der Bildersturm begonnen, in dem unzählige Ikonen in Flammen aufgingen. In der Hauptstadt des Oströmischen Reiches war das wunderbare Bild, das von Christi Wundermacht selbst geschaffen gilt, davor zur Flagge und zum Feldzeichen der byzantinischen Heere gegen die aus dem Osten andrängenden Perser geworden. Vielleicht war es schon in der siegreichen Schlacht bei Konstantina im Jahr 581 als ›Palladion‹ dabei. Der Feldherr Philippikos zeigte es vor der Schlacht am Arzamonfluss seinen Soldaten, um ihnen mit dem wunderbaren Anblick gegen die feindliche Übermacht Mut zu machen. Im Jahr 622 besingt der Dichter Georgios Pisides das Bild auf dem Feldzeichen voller Begeisterung als ein ›Bild des Logos: des Wortes, das das All geformt‹, als ein ›von Gott geschaffenes Urbild‹ – gerade so, als sei es ein Wesen, das ohne den Samen eines Mannes gezeugt worden sei. Im Jahr 586 hat Theophylaktos Simokattes dem Bild noch einmal ausdrücklich einen übernatürlichen Ursprung bescheinigt. ›Göttliche Kunst‹ habe es gebildet, sagt er, weil ›keine Weberhände‹ es gewirkt und ›keines Malers Farbe es gefärbt‹ hätten. Es kann überhaupt kein Zweifel daran sein, dass all diese Aussagen vollkommen übereinstimmen mit dem heutigen Schleierbild von Manoppello und mit keinem heute existierenden Objekt sonst. Schon die erwähnte Predigt, deren Ursprung – wohl fälschlicherweise, vielleicht aber auch nicht – Gregor von Nyssa zugeschrieben wird, einige Jahre nach dem Jahr 394, nennt deshalb den Ort Kamuliana als ein neues Bethlehem und dass die Entstehung des Bildes der Geburt Jesu selbst gleichkäme, der ›aus dem heiligen Geist und der Jungfrau Maria‹ in die Welt gekommen sei. Das Bild setze in gerader Linie fort, was Jesus selbst auf der Erde bewirkt habe. Hier bleibe er mit seiner Kraft gegenwärtig.«

»Aber wieso kommt es eigentlich zu einer Legende? Warum genügt es nicht, dass dieses konkrete Bild einfach da ist?«

»Nein, das genügt nicht. Darum ist die Legende auch so wichtig. Die Legende muss immer bestätigen, dass das Bild an einen bestimmten Ort gehört. Wenn das Bild in einem gottverlassenen Nest wie Kamuliana auftaucht, dann ist für jeden klar und rechtens, dass es nach Konstantinopel gehört und dahin, in die Hauptstadt des Reiches, übertragen werden musste. Wenn es in der bedeutenden Grenzfestung Edessa gewesen wäre, dann wäre die Überführung nicht rechtens gewesen – es sei denn, die Stadt Edessa wäre inzwischen in die Hand der Ungläubigen gefallen. Legenden haben immer den Zweck gehabt, Besitzverhältnisse zu klären und zu legitimieren.«

Pater Pfeiffer hat sich ein wenig warm geredet und macht eine Pause. Ich gieße Wasser in sein Glas nach. »Und ist es nicht merkwürdig«, fragt er dann, »dass dasselbe Bild jetzt ausgerechnet in einem Ort mit dem Namen Manoppello aufbewahrt wird? ›Bethlehem‹ bedeutet ›Haus des Brotes‹ auf Hebräisch. ›Eine Hand voll Ähren‹ bedeutet aber das alte lateinische Wort *Manipulus*. Ist das nicht merkwürdig? Ist das unbedeutende Manoppello in den italienischen Abruzzen nun also nicht wirklich zu so etwas wie einem neuen Bethlehem geworden, wo vor 2000 Jahren im judäischen Bergland das Brot der Welt in die Welt kam? – Wie auch immer: Irgendwann im 8. Jahrhundert verschwindet das wunderbare Kamuliana-Bild aus allen byzantinischen Quellen. Auf der 5. Sitzung des 7. Ökumenischen Konzils von Nizäa im Jahr 787 meldete sich der Kämmerer Kosmas noch einmal mit der Erklärung, dass Bilderfeinde aus dem Martyrologion der Patriarchalkapelle die Geschichte des Wunderbildes von Kamuliana frech herausgeschnitten hätten. Das Bild war in Konstantinopel den Blicken der Zeitgenossen einfach entschwunden. Im Osten tauchten in jener Zeit die Araber anstelle der Perser als neue Feinde auf; es waren erklärte Bilderfeinde, und sie waren radikaler, als es auf diesem Gebiet jemals die Juden gewesen waren. Patriarch Germanos I., so heißt es aus jener Zeit, habe das Wunderbild beim Ausbruch des Bildersturmes unter Leon dem Isaurier den Fluten des Meeres anvertraut. Wie von selbst sei es danach nach Rom geschwommen, wo

Papst Gregor II. es selbst aus dem Wasser geborgen habe – nachdem es zuvor die Schiffe des byzantinischen Admirals Heraklios auf ebenso wunderbare Weise geschützt hatte wie die große Stadt Konstantinopel bei der Belagerung durch die Skythen. Es war ein ungemein mächtiges Bild, von dem umso erstaunlicher ist, wie leise es dann aus Konstantinopel verschwunden ist. Germanos I. regierte in Byzanz von 715 bis 730, Gregor II. in Rom von 715 bis 731. Aus Ägypten hatte zuvor – im 6. Jahrhundert! – noch ein anonymer Pilger von Piacenza berichtet, dass er dort von einem Bild gehört hatte, dessen Glanz so blendete wie das Gesicht Jesu bei der Verklärung auf dem Berg Tabor. Es sei ein Bild gewesen, dessen Aussehen sich ständig geändert habe.«

»Moment bitte!«, unterbreche ich die kleine Vorlesung. »Wo war das genau in Ägypten?«

»In Memphis.«

»Haben Sie den Text da?«

»Nein, aber ich weiß, wo er in der Bibliothek steht. Wenn Sie wollen, kann ich ihn gleich holen.«

Ich bitte darum. Professor Pfeiffer steht auf, nimmt seinen Schlüsselbund, ich schaue inzwischen die vielen Bilder in jedem freien Winkel seines vollgestopften Zimmers an, und kaum fünf Minuten später ist er schon wieder zurück, mit einem alten Folianten aus Wien von 1898 unter dem Arm, weil die Kopierer in der Universität leider fast alle defekt seien. Die gesuchte Stelle hat er rasch gefunden, auf Seite 189, die er gleich vorzulesen beginnt, zuerst auf Latein, bevor er danach die Übersetzung anfügt: »*In Memphi fuit templum* … In Memphis war ein Tempel, der jetzt eine Kirche ist. Dort sahen wir ein Tuch aus Leinen, auf dem das Bild des Heilands ist, der, wie man sagt, damals sein Gesicht damit abgewischt habe, und darin sei das Ebenbild von ihm selbst geblieben, das zu allen Zeiten verehrt wird. Auch wir haben zu ihm gebetet, aber wegen des Glanzes hatten wir nicht genau darauf schauen können, weil es sich in den Augen veränderte, während man darauf schaute.«

»Aber das ist ja wie eine frühe Eins-zu-eins-Beschreibung des Schleiers von Manoppello«, unterbreche ich ihn.

»Nein«, sagt Professor Pfeiffer entrüstet, »das kann nur so etwas wie das Grabtuch sein. Auf dem Grabtuch sieht man ja auch zunächst kaum etwas, wenn man davor steht.«

»Aber wieso das denn? Hier wird doch ausdrücklich ein Kopfbild beschrieben. Und die Veränderung im Licht ist doch genau das Phänomen, das sich heute noch in Manoppello beobachten lässt. Doch sagen Sie, ist dieses Memphis nicht identisch mit jenem Ort in Ägypten bei Antinoë und der Oase Fayoum, wo zum Ende des 19. Jahrhunderts fast 800 Mumienbilder aus den ersten drei Jahrhunderten gefunden wurden, von denen es heißt, dass sie die frühesten Vorbilder der Ikonen geworden sind?«

»Ja, das war genau da. Und es stimmt, heute tauchen diese Fayoum-Bilder am Anfang fast aller Bücher und Bildbände über Ikonen auf.«

»Kann es denn nicht sein«, so frage ich entgeistert, als hätte ich eine bahnbrechende Entdeckung gemacht, »dass es vielleicht einen Zusammenhang zwischen diesem Bild gibt, das der anonyme Pilger aus Piacenza da beschreibt – und diesen rätselhaften Mumienbildern? Es sind doch allesamt Tafelbilder von Toten, deren Augen und Ausdruck keiner mehr vergisst, der jemals eines von ihnen gesehen hat. Hilde Zaloscer, eine Kunsthistorikerin aus Wien, hat mir vor Jahren einmal erzählt, dass sie die Tafeln allein darum schon für die ersten christlichen Bilder überhaupt hielt: weil sie allesamt Auferstandene zeigen würden, erstmals in der Weltgeschichte! Ist es aber nicht noch viel wahrscheinlicher, dass sie vielleicht vor allem nur ein einziges Vorbild hatten, besonders was den Ausdruck ihres

Blicks betraf?« Professor Pfeiffer stutzt. »Vielleicht!«, sagt er und streicht sich über die Haare. »Man müsste das einmal genauer untersuchen – auch wenn ich diesen Text immer noch für eine frühe Erwähnung des Turiner Grabtuchs halte. Nicht nur ich, viele Wissenschaftler sehen das so. Doch man müsste das wirklich einmal genauer untersuchen.« Ich bitte ihn weiterzuerzählen. Er hält sich gern daran; ich höre gespannt zu.

»In Rom taucht im Jahr 753 in der Chronik der Päpste ein ›nicht von Menschenhand gemachtes‹ Christusbild auf, das Papst Stephan II. barfuß in einer feierlichen Prozession durch die Stadt trug, um die Langobarden unter Aistulf von der Bedrängung der Stadt abzuhalten. In dem so genannten *Liber Pontificalis* wird dieses Bild ›Acheropsita‹ genannt. Manche halten es heute für die so genannte Uronika, eine alte mannshohe Ikone, die heute noch neben der Lateranbasilika verwahrt wird. Aber zum Tragen wäre *diese* Ikone eigentlich zu groß. Lange danach kommt in Rom jedenfalls erst die Rede von einer Veronika auf, die dem Herrn das Gesicht auf dem Weg zur Kreuzigung abgewischt haben soll. Oder von so genannten Abgarbildern, das heißt von einem geheimnisvollen Selbstporträt, das Jesus selbst dem König Abgar nach Edessa geschickt haben soll.«

»Wie lassen sich in der Überlieferung das Grabtuch von Turin und das Schleierbild von Manoppello denn unterscheiden? Kann da nicht in vielen Fällen das eine oder andere Bild gemeint sein, ohne dass sich ein Unterschied heute noch identifizieren lässt?«

»Nein. Dennoch könnte es sein, dass beide zusammen bis ins 5. Jahrhundert in Edessa geblieben sind. Schließlich kann man noch sagen, dass beide Tücher wohl mit einer Aloe-Myrrhe-Lösung getränkt waren, die sie fotosensitiv gemacht hat. Das Grabtuch ist eindeutig ein Negativ, das Gesicht auf dem Schleier, der wohl darüber lag, ist eindeutig ein Positiv. Von der fotografischen Technik her hat es außen liegen müssen.«

»Wollen Sie damit sagen, dass Gott ein Fotograf ist?«

»Das griechische Wort ›Photos‹ heißt auf Deutsch ›Licht‹; ›graphein‹ heißt ›schreiben‹. Und besser kann man die Technik dieser beiden *Bilder* wohl nicht mit einem Wort beschreiben: Sie sind ›mit Licht geschrieben‹ worden. Wer soll das getan haben?«

»Was war denn die erste Kopie des Schleierbildes in Rom?«

»Das muss das bärtige Christusmosaik gewesen sein, das noch unter Kaiser Konstantin in der Apsis der Lateranbasilika angebracht worden ist, um das Jahr 320. Zu der Zeit muss es schon erste Berichte und Zeugnisse dieses wahren Christusbildes aus Kamuliana in Rom gegeben haben. Schon Irenäus spricht von der Anfertigung echter Christusbilder und dass dies nach einem Modell geschehe, das noch zur Zeit des Pilatus in Jerusalem hergestellt worden sei.«

»Wann ist das Bild denn selbst nach Rom gekommen? Und warum hört man dann eine ganze Weile nichts mehr davon?«

»Wahrscheinlich kam es 705, unter Papst Johannes VII., nach Rom. Aus Konstantinopel wurde es wohl nach dem Jahr 695 entwendet, nachdem der byzantische Kaiser Justinian II. von dort ins Exil verjagt worden war. Damit er nie mehr wagen sollte, zurückzukommen, hatte man ihm vorher die Nase abgeschnitten. Als er die Stadt im Jahr 705 dennoch wieder eroberte, gelang es ihm selbst mit Hilfe der Folter nicht mehr zu erfahren, wo das Bild geblieben war. In Konstantinopel blieb es verschwunden. Und später durfte es in Rom sehr lange einfach deshalb nicht gezeigt werden, weil Byzanz noch Besitzrechte in Anspruch nehmen und durchsetzen konnte. Damals hieß es in einer

Chronik, dass der Papst im alten Petersdom eine Marienkapelle erbauen ließ, die nach der ›Veronika‹ benannt würde und die er dem ›wahren Bild‹ verdanke. Im November 1011 schließlich weihte Papst Sergius dem damals so genannten ›Schweißtuch‹ *(sudarium)* einen eigenen Altar in eben dieser Kapelle. Durch die Jahrhunderte gibt es danach immer wieder deutliche Hinweise auf dieses Tuch, auf dem das Gesicht Christi ›deutlich erkennbar‹ war. Im 12. Jahrhundert gibt es in Rom schon Priester, die einer Kapelle der Veronika zugeordnet waren. Im Jahr 1143 wird erstmals überliefert, dass ›das Schweißtuch‹ auch ›Veronika genannt‹ wird. Für die heilige Brigitta von Schweden, die im Jahr 1350 in Rom das heilige Jahr mitfeierte, war klar, dass die Veronika ein Wunder war, das auf einzigartige Weise das Antlitz Christi wiedergab. Diesem Urteil könnte man noch viele Stimmen aus dem Mittelalter hinzufügen.«

»Wann ist das Schleierbild denn erstmals öffentlich in Sankt Peter ausgestellt worden?«

»Sicher erst nach 1204, da hatten die Byzantiner aus Konstantinopel nichts mehr zu melden. Von einem entscheidenden Durchbruch muss man im Jahr 1208 sprechen. Da verfügte Papst Innozenz III. – unter dessen Herrschaft am 13. April 1204 Konstantinopel von den Kreuzfahrern erobert und geplündert worden war –, da bestimmte dieser Papst also erstmals, dass das Bild fortan an jedem zweiten Sonntag nach dem Epiphaniefest am 6. Januar in einem Rahmen in feierlicher Prozession vom alten Petersdom zur Kirche des alten Hospitals *Santo Spirito in Sassia* und zurück getragen wurde. Kennen Sie die Kirche? Hinter dem Hotel Columbus und neben dem Generalat der Jesuiten? Interessanterweise wird ausgerechnet dort heute das Bild des ›barmherzigen Jesus‹ nach der Vision der heiligen Schwester Faustyna aus Polen ganz besonders verehrt, die für Johannes Paul II. fast das liebste Christusbild überhaupt zu sein scheint. Es ist ein großes Gemälde im Nazarener-Stil, dessen Christus aber dennoch irgendwie ganz verblüffend dem *Volto Santo* aus Manoppello gleicht. Vielleicht mehr als jedes andere Bild. Wie auch immer: von der Pietà-Kapelle gleich rechts im Petersdom, wo damals die alte Veronika-Kapelle lag, bis zur Kirche Santo Spirito – das habe ich selbst einmal nachgemessen – geht man jetzt noch etwa eine knappe Viertelstunde, egal, ob man nach dem Petersplatz direkt den Borgo Santo Spirito entlanggeht oder über die Via della Conciliazione und dann in die Via dei Cavalieri del Santo Sepolcro abbiegt. Dieser Sonntag aber heißt bis jetzt in der Liturgie der katholischen Kirche noch ›Omnis Terra‹ nach den ersten beiden Worten des Psalms, der dann zum Einzug in die Kirche gesungen wird. ›Omnis Terra‹, das heißt: ›Alle Welt‹. – ›Alle Welt betet Dich an, o Gott‹, heißt es da weiter. Und irgendwie passt auch das gut, weil seitdem alle Welt endlich mit dem Bild bekannt gemacht werden konnte. Es wurde ein vollkommener Ablass aller Sündenstrafen allen verheißen, die aus diesem Anlass nach Rom kamen. Es war ein Fest. Der Papst verteilte Gaben an die Armen und erteilte am Schluss mit dem Heiligen Antlitz der ganzen Festgesellschaft seinen Segen, die dafür nach Rom geströmt war. Durch dieses Fest vor allem bekam der Petersdom damals den Rang, den er heute hat. Das ging natürlich, wie immer in solchen Fällen, nicht ohne Spannungen ab. Denn die eigentliche Kirche des Papstes, damals wie heute, müssen Sie wissen, ist ja die Johanneskirche auf dem Lateran. Das war die erste Basilika, die Kaiser Konstantin rund neunhundert Jahre zuvor in Rom hatte bauen lassen, als ›Mutter aller Kirchen des Erdkreises‹. Jetzt aber wurde die Prozession zwischen Sankt Peter und Santo Spirito eine Vorwegnahme der *visio beatifica*, der ›Seligen Schau‹, wie Schwester Blandina mir einmal erzählt hat. Die große Gertrud von Helfta hatte an diesem Tag mehrere Visionen, von denen sie in ihrer Schrift ›Über die Wirkung des göttlichen Blicks‹ berichtet hat. Vor ihr hatte ebenfalls im thüringischen Helfta die heilige Mechthild von Hackeborn schon an diesem Sonntag im Januar die Vision von einem hohen blumenreichen Berg mit Fruchtbäumen und einem Thron aus Jaspis und Edelsteinen gehabt, ›auf dem der Herr saß. Das Antlitz des Herrn leuchtete wie die Sonne, füllte alle Gefäße wie eine Speise und ein Trank und umkleidete alle Anwesenden wie mit einem Gewand.‹ Schwester Blandina scheint all diese Visionen auswendig zu kennen. Von ihr weiß ich auch, dass Gertrud von Helfta ihren Nonnen für diesen Tag aufgetragen hat, hundertfünfzig stellvertretende Vaterunser zu beten – im Andenken an die hundertfünfzig Meilen der Pilgerreise von Helfta nach Rom.« Er schmunzelt: »Dabei muss die heilige Gertrud aber wohl schon in Himmelsmeilen gerechnet haben.«

»Wann gibt es denn in Europa das erste Bild einer Frauengestalt, die diesen Schleier hält – also einer sinnbildlichen Veronika-Figur, wie wir sie heute im Petersdom sehen?«

»In Frankreich gibt es eine erste Plastik dieser Art aus dem 14. Jahrhundert, in der Kathedrale von Écouis, wo eine Frau einen Schleier mit dem Antlitz Jesu zeigt. Es ist eine Statue aus der Zeit um 1310. Zunächst kommt dieser Gestus wohl in den Passionsspielen auf, im späten 13. oder frühen 14. Jahrhundert. Der Kreuzweg war in Jerusalem entstanden. Brigitta von Schweden hat den Kreuzweg dort so ungefähr, wie er heute ist, nacherlebt – allerdings noch ohne die Veronika-Station! Die Franziskaner haben ihn fortan verbreitet. Danach erst muss es also zu der Veronika-Legende gekommen sein, und zwar in einer blutigen und einer unblutigen Variante. Die älteste Form ist unblutig. Der berühmte Veronikameister des 15. Jahrhunderts aus der Kölner Gegend hat deshalb noch beides gemalt, einen Schleier mit Dornenkrone und einen völlig ohne. Auch der Meister von Flémalle zeigt Christus auf seinem Schleierbild ohne jedes Passionszeichen. In Rom selbst aber gibt es vor Dürer überhaupt keine Darstellung der heiligen Veronika. Dürer war der Erste, der sie nach Rom gebracht hat, im Jahr 1510, als er hier zwei Traditionen verband und auf einem Holzschnitt Petrus und Paulus darstellte, die die heilige Veronika mit dem Schleier in ihrer Mitte haben.«

»Sie haben im Februar in der Via della Conciliazione von drei Verschleierungen der wahren Natur des Heiliges Gesichts von Manoppello gesprochen. Was meinen Sie damit?«

»Der erste Schleier vor dem wahren Bild Christi ist die abendländische Veronika-Legende: dass also eine Frau namens Veronika, die Mitleid mit Christus hatte, sein Bild mit einem Schweißtuch aufgenommen haben soll, dass also das wahre Christusbild Ergebnis der Barmherzigkeit einer Frau mit Christus auf dem Kreuzweg sein soll. Das ist der erste Schleier. Unzählige ›Bildstöcke‹ erzählen in ganz Europa und der neuen Welt davon. Das hat sich tief ins Gedächtnis gegraben. Der zweite Schleier aber ist in Manoppello selber gewebt worden, und zwar durch die Legende, dass schon 1506 ein unbekannter Pilger dieses Bild einem vornehmen Bürger des Ortes in einem Päckchen ausgehändigt haben soll. Das ist aber einfach unmöglich.«

»Warum ist das denn erzählt und behauptet worden?«

»Um das kostbare Objekt vor den Nachforschungen des Papstes zu sichern.«

»Und warum kann es denn nicht tatsächlich schon im Jahr 1506 nach Manoppello gebracht worden sein?«

»Weil, wie vorhin gesagt, das Bild rund 100 Jahre später in Rom noch einmal vor vielen Pilgern und Zeugen gezeigt worden ist. Diese Legende soll also ziemlich raffiniert verschleiern, dass es sich in Manoppello tatsächlich um die originale römische Veronika handelt. Das ist der ganze Grund. Es ist eine kleine Täuschungsgeschichte der *Manoppellesi*, um Papst Urban VIII. und seinen Prälaten bei deren Nachforschungen damals zu sagen, wir haben dieses Tuch schon hundert Jahre länger, als ihr eures vermisst. Es kann nicht das sein, das ihr sucht. Darum kam es zu der *Relatione Historica* von Donato da Bomba, die 1645 erzählt, wie das Tuch schon im Jahr 1506 von einem Himmelsboten vor der Tür von San Nicola einem Dottore Leonelli übergeben wurde. Denn Papst Urban VIII. hatte in einem Edikt vom 29. Mai 1628 bestimmt, dass unter Androhung der Exkommunikation, also des Ausschlusses aus der Gemeinschaft der Kirche – Das war beinahe die schwerste Strafe überhaupt! –, alle ›Kopien‹ der römischen Veronika nach Sankt Peter in Rom zurückgegeben werden müssten! Darum eben kam es zu diesem Bericht, dem jeder Blinde mit seinem Krückstock ansehen kann, dass es eine fabrizierte Legende ist. Sie diente allein der nachträglichen Legitimation für den rechtmäßigen Besitz der Reliquie in Manoppello. Darum kommt es mit der öffentlichen Verlesung dieser ›Relazione‹ vor den wichtigsten Bürgern überhaupt zur ersten urkundlichen Erwähnung des Bildes in Manoppello. Es war ein notarieller Akt am 6. April 1646, in dem dreizehn alte und ehrwürdige Notabeln des Städtchens gemeinsam und eidesstattlich erklären, dass ›ihr Bild‹ eben schon sehr viel länger am Ort sei als die vom Papst eingeforderten ›Kopien‹. Das bedeutet: Keiner darf es deshalb abholen oder für sich reklamieren! Es war ein unglaublicher Vorgang – und in der Rückschau ist er deshalb auch unglaublich durchsichtig«.

»Aber Moment mal, Pater Pfeiffer. Ich habe inzwischen intensiv nach diesem angeblichen Edikt Urban VIII. im Vatikanischen Geheimarchiv geforscht. Da findet sich jedoch absolut nichts davon. Auch der hier in Frage kommende

Indice 767 der *Segretaria dei Brevi* gibt nicht den geringsten Hinweis auf solch ein Edikt. Im Archiv des Kapitels von Sankt Peter lässt sich ebenfalls kein Zeugnis dafür finden oder in den Bibliotheken der Päpstlichen Universitäten. Kein Wort davon! Es taucht hier einfach nirgendwo auf. Ist also nicht auch dieses angebliche Edikt eine fabrizierte Legende? Oder eine in die Vergangenheit projizierte Verschwörung?«

»Nein, nein!« Ein maliziöses Lächeln rötet das Gesicht des weißhaarigen Gelehrten: »Es ist doch kaum verwunderlich, dass solche kompromittierenden Dokumente nicht aufbewahrt wurden, nachdem sie sich als nutzlos erwiesen hatten.« Seine Stimme bekommt einen triumphierenden Ton, als er sich erhebt und aus dem Regal ein großes Couvert herausnimmt. »Doch schauen Sie einmal, was ich gerade gestern zugeschickt bekommen habe, von Don Filippo Lupo, dem Pfarrer von San Nicola di Bari aus Chiusa Sclafani in Sizilien, wo sich noch eine alte Kopie der Veronika befindet. Es ist die zweite, von der auf der Rückseite der Kopie in *Il Gesù* hier in Rom die Rede ist. Es ist eine der so genannten originalen Kopien, die Papst Paul V. 1617 hat herstellen lassen.« Er entnimmt dem Umschlag ein ganzes Konvolut von Kopien alter Handschriften. »Da draußen sind noch alte Schreiben mit der Nachricht des Edikts erhalten geblieben. Da, lesen Sie selbst.« Er reicht mir eine große Lupe und liest dann doch selbst vor, aus einem Manuskript des Pfarrarchivs von 1628, wo es heißt, dass Papst Urban VIII. »Kenntnis von diversen Kopien bekommen hat, die das wahre und geweihte Bild des Heiligen Gesichts gegen alle Regeln und Apostolischen Verbote darstellen« würden, von denen Seine Heiligkeit dringend unterrichtet werden müsse, damit diese Bilder aus dem Verkehr gezogen werden könnten. Zuwiderhandlungen gegen die strenge Anweisung würden unwiderruflich mit dem Ausschluss aus der kirchlichen Gemeinschaft geahndet werden müssen.

Jetzt lächelte er wieder. »Ich mache Ihnen gern eine Kopie davon. Sie sehen: Urban VIII. hatte ein richtiges Problem. Ohne die Veronika hätte er sich das heilige Jahr 1625 an den Hut stecken können. Die Pilger wollten nicht ihn sehen, sie wollten das Bild Christi sehen. Sie wollten das Bild Gottes sehen. Dieses Bild wollte er dringend wiederbekommen. Hätte er es damals noch gehabt, hätten ihm alle Kopien – auch solche gegen die Regeln der Malkunst – herzlich egal sein können. Es muss also anders gewesen sein: Die Veronika war einfach nicht mehr da! Denn Urban VIII. war nicht dumm, im Gegenteil, er war ein gewiefter Diplomat und ein Freund der Gesellschaft Jesu. Das war aber vielleicht das einzig Positive an ihm. Ansonsten bewegte er sich bisweilen am Rande des Schurkischen. Er hat Richelieu den Kirchenschatz zur Verfügung gestellt. Und Richelieu hatte nichts Besseres zu tun, als ihn den Schweden zu geben. So konnten die Schweden den Dreißigjährigen Krieg gegen den Kaiser entfesseln. Das weiß ich noch aus dem Gymnasium, von unserem protestantischen Geschichtslehrer, der das immer mit besonderem Vergnügen vor uns ausbreitete.«

»Gibt es keine anderen historische Quellen, aus denen hervorgeht, dass das Bild dennoch schon im 16. Jahrhundert in Manoppello war, wie es die ›Relatione Historica‹ behauptet?«

»Nein, doch gerade dieses Schweigen ist bezeichnend. Im Jahr 1574 hat zum Beispiel ein Dottore Rozzi die Gegend bereist, namentlich auch Manoppello und alle Nachbardörfer und Städtchen, wo er minutiös jedes Heiligenbild und jedes Reliquienknöchelchen in jeder Kapelle aufzeichnet, die er betreten hat. Aus Manoppello hingegen hat er – außer dem Namen, und dass er da war – kein einziges Wort zu berichten. Das ist völlig unmöglich, wenn das Bild da schon hier gewesen wäre. Es sei denn, es wäre damals im Friedhof vergraben gewesen. Aber auch das ist für jeden unmöglich, der dieses Bild nur einmal gesehen hat. Es will betrachtet werden. Es verlangt danach, gesehen zu werden.«

»›Die heilige Lanze wurde unter lautem Geschrei durch den Borgo beim Vatikan getragen‹, heißt es aber in einem zeitgenössischem Text zur *Sacco di Roma*, als deutsche und spanische Landsknechte im Jahr 1527 Rom plünderten: ›und die Veronika ging von Hand zu Hand durch die Spelunken Roms!‹ – Was sagen Sie denn dazu?« Das Argument ist mein letzter Trumpf gegen Pater Pfeiffer, doch er schaut mich unbewegt an.

»Das war ein hysterisches Gerücht, das gut in die Katastrophenstimmung jener Jahre passte – und dem schon damals heftig widersprochen wurde. Tatsächlich wurde die Veronika 1533 wieder in Rom gezeigt, dann 1536, 1550, 1575, 1580 und 1600.«

»Und was ist die dritte Verschleierung, von der Sie sprachen?«

»Das ist die Vertuschung und Verschleierung vom Verlust der wichtigsten Reliquie der Christenheit durch den Vatikan seit nun schon 400 Jahren. Damals ist die Veronika geraubt worden – aber bis heute hat noch kein Papst dies offen gesagt. Im Jahr 1608 sollte die alte und ehrwürdige Veronika-Kapelle abgerissen werden und alle Reliquien einen neuen Platz im neuen Petersdom finden. Dagegen gab es aber enorme Widerstände. Bedenken Sie: Die alte – intakte und schöne – Kapelle bestand da schon rund 900 Jahre lang. Vielen in Rom musste der Abriss durch den Papst vorkommen wie die reine Willkür. Den besten Fall einmal angenommen, ahnten die Päpste der letzten vier Jahrhunderte wahrscheinlich selbst schon gar nicht mehr, dass damals etwas schief gelaufen sein muss bei der großartig geplanten Übertragung der Reliquien von ihrem alten an den neuen Platz. In der Kurie aber muss es durch all die Jahrhunderte auch immer eine ganze Zahl von Personen gegeben haben, denen klar gewesen war, dass das Tuch, das seit 400 Jahren im Pfeiler der Veronika aufbewahrt wird, nichts anderes als eine Attrappe ist. Nicht umsonst gibt es ja keine einzige Fotografie davon. Nicht umsonst bekommen Sie es auch auf die freundlichste Anfrage hin nicht zu sehen.«

»Das ist aber keine geringfügige Behauptung, Pater Pfeiffer. Und Sie machen sie ja auch nicht zum ersten Mal. Schon in Ihrem Buch von 1991 haben Sie das behauptet und dann noch einmal auf Ihrer Pressekonferenz im Jahr 1999. Wie hat der Vatikan, den Sie damit doch direkt belasten und beschuldigen, denn darauf reagiert?«

»Überhaupt nicht! Doch ein Jahr nach meiner Pressekonferenz, im Jahr 2000, wurde aus dem apostolischen Palast des Papstes das bis dahin streng behütete ›Edessa-Bild‹, das im Mittelalter aus Edessa über Konstantinopel nach Rom gelangt sein soll, zur Weltausstellung nach Hannover gebracht. Es war ein fast schon revolutionärer Akt. Dieses Tuchbild sei ›das älteste Abbild des Antlitzes Jesu Christi‹ hieß es dazu in einer halboffiziellen Stellungnahme des Vatikans durch den deutschen Prälaten Kemper. Dieses Bild habe außerdem ›nicht nur die Vorstellung vom Wesen einer Ikone geprägt, es ist in gewisser Weise die erste Ikone überhaupt‹. Das war – wenn schon – die Antwort des Vatikans auf meine Entdeckung des Gottesbildes in Manoppello. Die neuesten Untersuchungen und Forschungen an diesem Edessa-Mandylion, auf die sich der Bericht stützte, hatte damals Professor Arnold Nesselrath in Auftrag gegeben, der deutsche Leiter der Vatikanischen Museen.«

Vom Herrn der Bilder zum Bild des Herrn

Pater Heinrich Pfeiffer S.J.

Im Gegensatz zu Pater Pfeiffer ist Arnold Nesselrath weniger gesprächig. *Voci di corridoio,* wie man Tratsch in Rom mit einem etwas feineren Ausdruck nennt, zuverlässige »Stimmen auf den Korridoren« also, hatten mir erzählt, dass er Professor Pfeiffer – zusammen mit seinen Überzeugungen zum Heiligen Gesicht von Manoppello – ebenso wenig seriös fand wie mich bei meinen Recherchen, um es einmal sehr vornehm zu sagen. Der Sache musste ich nachgehen. Die Schlange vor Nesselraths Reich zieht sich entlang der Mauer des Vatikans weit über einen Kilometer hin. An ihrem Ende machen pfeifende Sicherheitsschleusen wie an Flughäfen den Zugang zu den Vatikanischen Museen inzwischen noch aufreibender, als er in der Menschenmenge ohnehin schon ist. Die fünfhundert Jahre alte Weltschatzkammer in den ehemaligen Gemächern vieler Päpste beherbergt die vielleicht kostbarste Kunstsammlung der Erde überhaupt, die Schätze des Louvre eingeschlossen. Michelangelo oder Raffael gehören zu den Künstlern, die direkt für diese Räume gemalt haben. Sie mussten später nicht erst angekauft werden. Und heute ist jedenfalls der Wächter all dieser Bilder der deutsche Kunsthistoriker Arnold Nesselrath, seit 1996 Direktor der Abteilung für byzantinische, mittelalterliche und moderne Kunst an den Vatikanischen Museen und Professor an der Berliner Humboldt-Universität. »Ah, zum Dottore Nesselrath wollen Sie«, sagt der Sicherheitsbeamte in der Eingangshalle anerkennend, »zum Capo persönlich!«

Dottore Nesselrath war schon in Rom, als die Sixtinische Kapelle gereinigt wurde, noch unter seinem Vorgänger. Unter seiner Obhut werden derzeit Raffaels weltberühmte Stanzen restauriert. Er scheint sich mit jedem Stein der verschiedenen Paläste des Papstes auszukennen und wann er dorthin gesetzt worden ist. Mit den Bildern seiner unermesslichen Schätze ist es kaum anders. Unter seiner Ägide wurde das Edessa-Mandylion in der Sakristei der Sixtinischen Kapelle aus Anlass des 50-jährigen Priesterjubiläums Johannes Paul II. im Jahr 1997 untersucht, und auch mir sagt er bald, dass er sich danach gut vorstellen könne, dass dieses Christusbild »ins 3. Jahrhundert hineinreicht« und nicht – wie andere Stimmen behaupten – ins 15. Jahrhundert. Auch die Uronika, die mannshohe Christus-Ikone der Sancta-Sanctorum-Kapelle des Lateran, hat er untersuchen lassen, und die uralte Marien-Ikone aus der Basilika Santa Maria Maggiore, die die Römer *Salus Popoli Romani* nennen: Heil des Römischen Volkes. »All diese nicht von Menschenhand gemachten Bilder sind von Schichten von Legenden umgeben, die dicht an einen sehr frühen Ursprung führen – wenn man sie vorsichtig entfernt«, sagt der erfahrene Restaurator vorsichtig in seinem kleinen gemütlichen Büro über den Dächern Roms. Bücherregale bedecken die Wände. Durch sein geöffnetes Fenster schweift der Blick zur Hügelkette des Monte Mario, zur Villa Miani, über den Stadtteil Prati. Sein Schreibtisch ist überladen. Neben den Museen betreut er auch noch die Kunstschätze der Kirchen Roms; über Arbeit kann er nicht klagen oder über reichste Anschauung für jedes seiner fachlichen Urteile. Dennoch wirkt er jung, hellwach, nicht verstaubt oder verträumt wie andere Gelehrte, die zu wenig an der frischen Luft und zu lange in Bibliotheken gesessen haben. Nur sein kurzer schwarzer Bart ist leicht struppig, als würde er in Gedanken oft hineingreifen. Die Pupillen springen blitzschnell in seinen Augen hin und her. Die Namen anderer Fachgelehrter, die man wohl auch alle kennen sollte, um an dieser Stelle überhaupt sinnvoll weiter mitreden zu können, purzeln im Gespräch nur so aus seinem Mund.

Was sagt er denn, will ich an diesem gleißend hellen frühen Vormittag von ihm wissen, über das Heilige Gesicht von Manoppello? Dass er es kennt und die Identifikation dieses Gesichts mit der römischen Veronika ablehnt, darf und muss ich ja voraussetzen nach den Debatten, die es nach Pater Pfeiffers Initiativen in Rom schon dazu gab. Er streitet es auch gar nicht ab; dazu kann er viel zu wenig verbergen, wie gut er über alles informiert ist, auch über seinen morgendlichen Besucher nebst Tochter. »Was soll ich zu einem Bild sagen, das ich nie gesehen habe?«, antwortet er vorsichtig auf die Frage, die er gewiß erwartet hat. Natürlich hat er auch von dem Bild gehört. Auch von einem Artikel hat er »gehört«, den ich darüber geschrieben habe – und sogar beiläufig davon, dass ich inzwischen dieses Buch schreibe. »Aber interessiert Sie dieses Bild denn nicht?«, frage ich entgeistert. Er hebt die Schultern. »Wissen Sie, die Quellenlage ist nicht besonders gut bei diesem Objekt.« Aber es ist doch, lege ich nach, schon vierhundert Jahre in seiner schieren Existenz bestens bezeugt. Und hat er nicht von den Quellen gehört, die zum Beispiel sein Kollege Professor Pfeiffer dazu gefunden hat? Und muss schließlich in dem Zusammenhang nicht auch das Evangelium des Johannes als ernst zu nehmende Quelle gelten, wie so viele vor diesem Bild schon geglaubt haben? »Wissen Sie, da kommt man dann in Bereiche, wo jeweils verschiedene Wissenschaften zuständig sind, deren Ränder sehr schwer gegeneinander abzugrenzen sind bei der Frage, wo das eine anfängt und das andere beginnt«. Aber ist er denn – als Fachmann und Herr so vieler Bilder – nicht zumindest neugierig, auch dieses Objekt in den nahen Abruzzen einmal kennen zu lernen, was manche und inzwischen immer mehr immerhin für die »Matrix und Mutter aller Christusbilder« halten? »Es sind doch nur knapp zwei Stunden von Rom«, werfe ich noch ein. – »Nicht wirklich, denn wissen Sie, wenn es eine Reliquie ist, wie andere sagen, dann bin ich dafür ja nicht mehr zuständig. Dann fällt das nicht mehr in meine Kompetenz.« Er macht mich sprachlos. Aber es ist doch auch ein Bild – zumindest! –, auch wenn es hundertmal eine Reliquie ist. Müsste es dadurch nicht noch viel faszinierender sein: Dass es vielleicht wirklich ein nicht von Menschenhand geschaffenes Objekt sein könnte, ohne alle Legenden, von dem alle anderen Bilder unter diesem Namen nur frühe Kopien sind? Es ist unmöglich, darauf eine Antwort zu bekommen. Auch was er von mir und meinen Überlegungen und Nachforschungen hält, verrät er mit keinem Wort. Für dieses Gespräch hätte ich kein Tonbandgerät mitbringen müssen. Mit keiner einzigen Frage lässt sich der kluge Kunsthistoriker aufs Glatteis ziehen. Als ich ihn nach einer Stunde verlasse, ist mir noch immer schleierhaft, wieso ihn dieses Objekt nicht zum Platzen neugierig macht und warum er nicht schon am nächsten Samstag die Autobahn nach Pescara hinunterjagt. Wie kommt es nur, geht es mir durch den Kopf, als wir schon wieder über ganz andere Themen reden – über die Billigflieger nach Rom, über den drohenden Ausverkauf der Kunst vom italienischen Staat an Privatleute (»Ein Staat, der seine Kulturgüter verkauft, zerstört sich selbst!« – »Wir fangen mit einem Mausklick Kriege an und wundern uns, dass wir sie nicht genauso beenden können.«) und so weiter – wie kommt es nur, dass ein Mann mit diesem Sachverstand und dieser Position in Rom ausgerechnet um dieses Bild solch einen Bogen machen kann? Doch auch darauf bekomme ich keine Antwort. Ich hätte gern einen Kommentar »from the horse's mouth« dazu, bitte ich ihn, doch es ist vergeblich. Auch ein Kompliment, dass er schlau wie ein Fuchs und stur wie ein Esel am Rand des Glatteises verharre, auf das er sich offensichtlich nicht von mir ziehen lassen will, verleitet ihn nur zu einem kurzen Lachen, aber zu keinem zusätzlichen Wort in der Sache. Wir reden noch über dies und jenes, bevor ich meinen Hut in die Hand nehme und mich zum Abschied wieder erhebe. »Werden Sie denn nicht doch einmal nach Manoppello hinfahren?«, frage ich den hochgebildeten Fachmann und Gelehrten in einem letzten Anlauf im Türrahmen. Da hebt er nur noch einmal beide Schultern und Arme wie ein großer Vogel, bevor er mir lachend die Rechte gibt.

Ein weiteres Rätsel. Ich nehme es mit, als ich mir draußen in den Fluren durch Gruppen von Japanern hindurch einen Weg zurück zum Eingang bahne, um meinen Pass abzuholen, den ich als Pfand zurücklassen musste. Der Wintermorgen spannt sich immer noch gleißend über dem Vatikan, als ich wieder vor den Mauern stehe. Hunger nach den bereitwilligen Auskünften Pater Pfeiffers überfällt mich, als wäre an diesem Morgen das Frühstück ausgefallen. Ich habe einen freien Tag genommen – und auch der *Apostolo del Volto Santo* hat heute frei, wie Roms liebenswertere Spötter den Kunsthistoriker der Gregoriana inzwischen nennen. Gern könne ich kommen, sagt er am Telefon. Eine Stunde später bin ich wieder in seiner Gelehrtenkammer, wo unser Gespräch weiterfließt, als wäre es nie unterbrochen worden. »Das Gottesbild des Vatikans ist also ausgetauscht worden?«, frage ich. »Ja.« – »Doch warum?«

Pater Pfeiffer lacht vergnügt: »Ich weiß es nicht. Als Jesuit aus der Gesellschaft Jesu berührt und amüsiert mich aber doch sehr das typisch Jesuanische an dem ganzen Vorgang! Ist es nicht fast so, als wäre er hier wieder einmal selbst durch Mauern und verschlossene Türen getreten? Zeigt es nicht etwas von seinem Humor und dem Humor seines Vaters, dass das Bild gerade in dem Moment, als der größte und gewaltigste Tresor des Erdkreises dafür gebaut wurde, verschlossener als jeder Hochsicherheitstrakt, dass es gerade da wieder den Weg zurück auf die Straße findet, völlig ungeschützt, wie ein Mensch unter Menschen? Dass das authentische Bild Gottes damals aus den Palästen Roms zu den Kapuzinern auswanderte, dem ärmsten Bettelorden der katholischen Christenheit!«

»Zurück zu dem angeblichen Raub. Wer soll ihn denn begangen haben und warum eigentlich?«

»Das ist unklar, und das wird vielleicht auch immer unklar bleiben. Sicher ist nur, dass Papst Paul V. starke Gegner bei seinem Vorhaben hatte, einen neuen Petersdom zu bauen. Das waren nicht nur die Christen in Deutschland um Luther. Kaum weniger leidenschaftlich waren seine römischen Gegner – auch diejenigen seiner Familie. Denn er gehörte ja zu den Borghese; deren erbitterte Feinde waren damals alteingesessene Adlige wie die Colonnas. Es war ein mächtiges Adelsgeschlecht, von deren Größe der Palazzo Colonna in Rom noch heute erzählt. Sie hatten Besitz und Ländereien in ganz Italien; auch die kleine Marktstadt Manoppello gehörte damals den Colonnas. Im Jahr 1738 berichtet Monsignore Pietro Corsignani, der Bischof von Venosa bei Benevent, noch davon, dass besonders viele hohe Adlige ›aus dem Haus Colonna‹ den weiten und beschwerlichen Weg nach Manoppello auf sich nahmen, um dort die Reliquie zu verehren. Gewiss scheint mir also, dass die alte Veronika aus Rom in ebender Zeit verschwand, als der Papst die Veronika-Kapelle in der alten Petersbasilika abreißen ließ. Daraufhin wurde die unersetzliche Reliquie einfach ersetzt.«

»Das behaupten Sie ja jetzt schon sehr lange. Ist es nicht aber sehr merkwürdig, dass Jacopo Grimaldi im Jahr 1618 noch einmal die originale Veronika mit den offenen Augen für das Titelblatt seines Inventarverzeichnisses ziemlich genau abzeichnet – dass er aber gleichzeitig auch schon erwähnt, dass der alte Rahmen ›durch die Unachtsamkeit eines Kanonikers‹ zerbrochen sei, wie er sagte – von dem Sie aber annehmen, dass er bei dem Raub zerbrochen wurde? Fällt Grimaldi durch diesen Widerspruch nicht als Zeuge aus? Als Kronzeuge des Verlustes taugt er dadurch doch nicht mehr.«

»Das könnte man so sehen – wenn man den Vatikan als ein einheitliches und monolithisches Gebilde missversteht. Das Gegenteil ist jedoch heute ebenso der Fall wie damals. Was denken Sie, wie viel Gegner der heutige Papst in der Kurie hat?! Oder glauben Sie wirklich, dass er im Vatikan unangefochten ist? Wahrscheinlicher ist immer das Gegenteil, und so war es ganz besonders – wie gesagt – unter Paul V. In diesem Zusammenhang muss wohl auch die Arbeit Grimaldis begriffen werden, als er die Schätze der alten Petersbasilika so haargenau dokumentierte. Es ist die erste Inventur aller Schätze der prachtvollen alten Petersbasilika überhaupt, die doch in die Frühzeit der Kirche unter Konstantin zurückreichte. Es war ja keine Ruine, die da abgerissen wurde. Und man spürt in vielen alten Dokumenten noch jetzt, wie sehr einer großen Anzahl von Liebhabern der alten Basilika das Herz geblutet haben muss. Das wird, denke ich mir, ganz besonders auch bei dem Kanoniker Grimaldi der Fall gewesen sein, der die Kirche so gut kannte. Beweisen kann ich es zwar nicht, aber nach der Quellenlage könnte ich mir sogar vorstellen, dass gerade Grimaldi deshalb auch eine besondere Rolle bei dem ›Abhandenkommen‹ der Reliquie spielte, um es einmal so zu nennen. Ein besonderes Indiz dafür scheint mir zu sein, dass Grimaldi im Jahr 1618 die ›größte Ähnlichkeit‹ der Kopie für Königin Konstanze – der, wie Sie sagen, mit der Kartoffelnase und den geschlossenen Augen! –, wie er also damals die Ähnlichkeit dieser Kopie mit dem Original ausdrücklich bestätigt, das er ja kennt und von dem er selbst doch eine ganz wundervolle Zeichnung auf das Titelblatt seines Inventars gezeichnet hat, mit offenen Augen und schlanker Nase, das vor allem dem Schleierbild von Manoppello gleicht.«

»Aber wie ist es denn möglich und zu verstehen, dass das Tuch nach dem ›Raub aus Rom‹ hier so unbekannt bleiben konnte, dass einem die Geschichte heute einfach keiner mit vernünftigen Sinnen glauben will oder kann?«

»Das hat mehrere Gründe, und zum Teil sind sie banal. Erstens waren die Abruzzen bis vor wenigen Jahren noch der abgelegenste Teil Italiens. Bis weit ins 20. Jahrhundert, vor dem Autobahnbau, lag dieser Teil Italiens am Ende der Welt. Palermo war näher – per Schiff. Dagegen lag Manoppello auf der Rückseite des Mondes. Fahren Sie einmal über die Landstraße und nicht über die Autobahn von Rom dahin, dann erfahren sie das heute noch. In der Nähe gibt es noch bewohnte ›Trulli‹, das sind diese steinzeitlich aufgeschichteten Rundhäuser aus Feldsteinen. Kurz und gut: Weiter weg als nach Manoppello war das Bild kaum zu bringen, und es war auch kaum irgendwo besser zu verstecken. 1811 wurden die Kapuziner in den Napoleonischen Kriegen aus ihrem Konvent verjagt und haben die Reliquie Nonnen des Clarissen-Ordens anvertraut, bis sie im Mai 1816 zurückkommen konnten. 1866 wurden die Patres dann noch einmal vertrieben, diesmal von aggressiven laizistischen Gesetzen, unter denen sie die Reliquie bis 1869 drei Jahre lang allein in der Kirche zurücklassen mussten. Der Erzengel Michael habe das Bild in dieser Zeit bewacht, glauben die Menschen in Manoppello. Doch manchmal scheint es, sie hätten es auch selbst vergessen.«

»Aber die Römer können es doch unmöglich vergessen haben. Und noch unmöglicher konnten sie so lange verborgen halten, dass es ihnen aus Sankt Peter geklaut worden war!«

»Eben doch – und das ist ein merkwürdiges menschliches

Phänomen, das in Rom schon lange sehr gut verstanden wurde. Sie müssen nur einmal nachlesen, wie frustriert sich Ian Wilson in seinem Buch über die ›Heiligen Gesichter‹ darüber auslässt, dass die hiesige Veronika trotz all seiner Anstrengungen für ihn so unerreichbar blieb. Das hartnäckige Mauern aller Wächter, die ihm den Zutritt verwehrten, hat den klugen Mann immer stärker von dem höchsten Wert der Attrappe überzeugt. Auf seine letzte Anfrage nach zumindest einem Foto bekam er überhaupt keine Antwort mehr, nur Schweigen im Wald der Säulen von Sankt Peter. Es ist zum Lachen, wie sehr er sich bei den Erzbischöfen und Prälaten abmühte, ›um die Veronika aus erster Hand einmal selbst zu untersuchen‹. In dieser Zeit wäre Manoppello für ihn die ganze Zeit vollkommen offen und erreichbar gewesen, für eine kleine Reise mit einem Mietwagen. Die hochgezogene Zugbrücke vor der falschen Veronika hatte aber alle seine Blicke so sehr auf sich gezogen, dass er die weit offene Tür nach Manoppello einfach nicht sah. Er dachte nicht daran. Er kam nicht einmal auf den Gedanken. Wie für viele andere Gelehrte mit einem festen vernichtenden Urteil über das wahre Schleierbild, die es nie gesehen haben, schien es wohl auch ihm einfach zu einfach. Es schien ihm so simpel, dass er sich nicht einmal vorstellen konnte, die wahre Reliquie dort zu finden, vielleicht neben einem Mütterlein, das vor dem Bild laut über seine Tochter weint, und einem anderen, das einen Rosenkranz betet oder – was genauso wahrscheinlich gewesen wäre –, dass er ganz allein und so lange er wollte, davor hätte stehen und sitzen und knien können. Unmöglich! Zu vieles in seinem Buch, schreibt Wilson bedauernd, könne sich leider nur auf Informationen aus zweiter und dritter Hand berufen – wegen der Unzugänglichkeit der wesentlichen Reliquie. Nur das so eisern beschützte Objekt, das er nicht einmal sehen durfte, konnte für ihn das ›heilige‹ Original sein, aber nicht so etwas völlig Ungeschütztes wie der Schleier von Manoppello. Es schien einfach zu billig, zu zugänglich, zu ordinär. Diese Unvorstellbarkeit war irgendwie auch der beste Schutz – für den Schwindel in Rom ebenso wie für die verborgene wahre Reliquie in Manoppello.« Pater Pfeiffer aus der Gesellschaft Jesu lächelt wieder verschmitzt maliziös.

»Aber das kann doch nicht genügen, um auch die Geschichte der Veronika so vergessen zu lassen, wie es danach geschehen ist?«

»Vielleicht doch. Dazu kommt in jüngster Zeit eine ebenso merkwürdig absurde Frontstellung der so genannten Sindonologen und Grabtuchforscher aus Turin gegen die Anerkennung der Authentizität des Tuches in Manoppello. Der Konflikt geht einher mit einer Begriffsverwirrung, die das wahre Christusbild mit vielen verschiedenen Namen umhüllt und verschleiert. Da ist manchmal von einem Tuchbild die Rede, dann von einem Schleierbild, ein *Acheiropoietos*, das »nicht von Menschenhand gemalt« wurde, dann wieder von einem Sudarion, Sudarium oder Schweißtuch, in Russland von einem Mandylion, oder auch wieder von einem Edessa-Bild, von der Veronika, dem wahren Christusbild, dem ›Volto Santo‹, dem ›Santo Volto‹, dem Heiligen Gesicht, der wahren Ikone, der ›Santa Faz‹, dem ›Santo Rostro‹, dem zweiten Grabtuch – die Begriffe und Namen um dieses Bild nehmen kein Ende. Wir wissen ja selbst kaum, wie wir es nennen sollen. Das schöne Wort ›Angesicht‹ etwa wirkt doch jetzt schon wie eine alte Münze, die nicht mehr in Umlauf ist. Wen soll es wundern, dass dieses Durcheinander viele verwirrt hat und kaum noch jemanden nach dem wahren Kern dahinter fragen ließ? – Eine zweite große Schwierigkeit ist, dass wir unendlich viele Abbildungen haben, die mit diesen Bildreliquien in Kontakt zu bringen sind und in Kontakt gebracht werden müssen. Die verschiedensten Arten, ob das jetzt Miniaturen sind, ob das Ikonen sind, ob das solche Bilder sind, die denselben Titel in Anspruch nehmen wie die Reliquien selber. Allein der Begriff Mandylion ist schon sehr kompliziert.«

»Aber was ist denn jetzt das Mandylion?«

»Das ist das Grabtuch aus Turin! Das ist überhaupt keine Frage! In der islamischen Zeit hatte das Grabtuch die arabische Bezeichnung ›Mindil‹ – für Tuch – bekommen. Daraus haben die Griechen ›Mandylion‹ gemacht.«

»Aber warum heißen in Russland denn viele alte Ikonen auch ›Mandylion‹, die dort nur das Gesicht Jesu zeigen und aussehen, als wären sie von dem Schleier von Manoppello direkt oder indirekt abgemalt?«

»Die Ursache dafür wirft ein bezeichnendes Licht auf die mysteriösen Vorgänge der ersten beiden Jahrzehnte des 17. Jahrhunderts in Rom. Ausgerechnet Papst Paul V. nämlich, der sich so lange bitten ließ, für die Königin von Polen eine Kopie der Veronika anfertigen zu lassen, ausgerechnet dieser Papst verbot im Jahr 1617 jedem Künstler Roms, ohne Autorisierung durch den Vatikan eigene Kopien der Veronika anzufertigen. Von da an durften solche Kopien nur noch von ausgesuchten Klerikern von Sankt Peter ausgeführt werden! Ein mehr als merkwürdiger Vorgang. Noch merkwürdiger ist aber, dass ausgerechnet seit dieser Zeit, seit dem frühen 17. Jahrhundert, in Moskau unzählige Ikonen ebendieses Christusbildes auftauchen, die so aussehen, als wären sie von der alten römischen Veronika abgemalt. Also zur gleichen Zeit, als diese Kunst im Westen so gut wie aufhört. Dafür kann es fast nur eine Erklärung geben: Die arbeitslos gewordenen Maler müssen damals von Rom nach Moskau ausgewandert sein. Die Russen nennen seitdem alle Veronika-Ikonen durchgehend ›Mandylion‹.«

Der Meister des lebendigen Kindes

Christusporträt, Detail, Simone Martini aus Siena zugeschrieben, 1284–1344, im Konvent der heiligen Francesca Romana, Rom

Links vor dem Hauptportal der Gregoriana-Universität, in der Pater Pfeiffer im 5. Stock sein enges, mit Bildern und Büchern vollgestopftes Zimmer bewohnt, verbirgt ein kleines Tor in der Via Pilotta einen der schönsten Innenhöfe Roms. Der Hof mit Palmen, Orangenbäumen und Brunnen gehört zum Bibel-Institut, in dem vor fast zwanzig Jahren einmal eine meiner schönsten Reportagen ihren Anfang genommen hatte, über das »Himmlische Jerusalem« – dessen Bauplan ein alter Jesuit aus Ungarn hier neben der Wäschekammer rekonstruiert hatte, mit phantastischen Modellen, die er nach Entdeckungen in der Ruine der antiken Kirche Santo Stefano Rotondo gebastelt und an die Decke aufgehängt hatte. Eins dieser Modelle von Bruder Sándor Ritz steht noch heute in meinem Bücherschrank; er rührt und tröstet mich, sooft ich mich an ihn erinnere, obwohl er schon lange selbst ins Himmlische Jerusalem umgezogen ist. Sein Innenhof aber, wo er im Sommer die Hecken und Bäume wässerte, ist seit zwanzig Jahren unverändert. Die Zeit scheint hier stehen geblieben: der blaue Himmel oben über dem Geviert, das abblätternde Rostrot im Putz der Gemäuer, das Grün der Zypressen, das Weiß des Marmorbrunnens. Es ist ein kleiner Vorhof zum Paradies. Neben den Arkaden finde ich fast blind den Weg zum Refektorium zurück, wo Bruder Ritz mich das letzte Mal zum Essen eingeladen hatte, als wir uns sahen. »Nehmen Sie«, sagte er schelmisch, schenkte Wein nach und legte mir eine Artischocke auf den Teller, »nehmen Sie, nehmen Sie! Sie müssen noch wachsen!«

Alles ist gleich geblieben in dem hohen Gewölbe des Refektoriums, doch das große Wandbild am Kopfende dieses Speisesaals der Professoren hatte ich noch nie bemerkt, obwohl es schon seit Jahrzehnten da war. Denn damals hatte ich nur Augen für Bruder Ritz, der seine inneren Augen nicht von der vieltürmigen Architektur der goldenen Stadt wenden konnte, die Gott am Ende der Tage aus dem Himmel herab auf die Erde senken würde. Einer phantastischeren Geschichte war ich bis dahin noch nie begegnet. Immer traf ich ihn fröhlich, vor allem aber war er ein Besessener für das Himmelreich. Das große Wandbild, unter dem Bruder Ritz mir damals zum letzten Mal von diesem Reich erzählte, nehme ich deshalb erst jetzt wahr: ein lebendiges Fresko in den Farben Michelangelos aus der Sixtinischen Kapelle, doch im athletisch-realistischen Stil der ersten Hälfte des zwanzigsten Jahrhunderts. Es ist Morgendämmerung. Sechs lebensgroße Männer stehen am Ufer eines Sees, verblüfft, überrascht, rätselnd, jeder in einer anderen Verkörperung der Ratlosigkeit, fast alle halb nackt. Vor ihnen kniet ein älterer Mann in den Wellen und reicht einem achten – jüngeren – Mann einen Fisch, der ihm dafür ein Brot entgegenstreckt. Auch diese beiden sind nur notdürftig in Tücher gehüllt, die ihnen von den Schultern gleiten. Ein kleines Kohlefeuer glüht zwischen ihnen am Ufer, ein Fisch ist in die Glut gelegt. Hinter den Füßen des Knienden wimmelt und glitzert das Wasser silbern vor Fischen in einem Netz, das die Männer gerade an den Strand gezogen haben. Der Jüngling, der auf einem Stein neben dem Feuer sitzt, hat eine Schnittwunde auf seinem rechten Fuß.

Die Komposition ist ein kleines Meisterwerk, und erzählt eine der schönsten Geschichten der Bibel nach. Diese Szene leitet den Schluss des gewaltigen Johannnesevangeliums ein. Nachdem Jesus den Aposteln in Jerusalem nach seiner Auferstehung – durch verschlossene Türen und

Mauern hindurch – in einem Raum auf dem Zionsberg begegnet war (und Thomas gebeten hatte, die Hände in seine Wunden zu legen), zeigte er sich seinen Jüngern am See Tiberias, heißt es am Anfang dieses Kapitels, »und das war so: Simon Petrus war zusammen mit Thomas, den sie ›Zwilling‹ nannten, Natanaël aus Kana in Galiläa, den Söhnen des Zebedäus und zwei weiteren Jüngern am See. Als er zu ihnen sagte: ›Ich gehe fischen‹, sagten sie: ›Wir kommen mit!‹ Sie gingen hinaus und stiegen in das Boot, doch in dieser Nacht fingen sie nichts. Als es schon Morgen wurde, stand Jesus am Ufer, aber die Jünger ahnten nicht, dass er es war. Jesus sagte zu ihnen: ›Meine Kinder, habt ihr nicht etwas zu essen?‹ Sie antworteten ihm: ›Nein.‹ Da sagte er ihnen: ›Werft das Netz auf der rechten Seite des Bootes aus, und ihr werdet etwas fangen.‹ Sie warfen das Netz aus und konnten es kaum wieder einholen, so voller Fische war es. Da sagte der Jünger, den Jesus liebte, zu Petrus: ›Es ist der Herr!‹ Als Simon Petrus das hörte, warf er sich das Obergewand über – weil er nackt war – und sprang in den See, um ans Ufer zu schwimmen. Die anderen Jünger ruderten an Land. Sie hatten es nicht weit, nur etwa hundert Meter, und schleppten das volle Netz hinter sich her. Als sie an Land gingen, sahen sie am Boden ein Kohlenfeuer und darauf Fisch und Brot. Jesus sagte zu ihnen: ›Bringt ein paar von den frischen Fischen, die ihr gerade gefangen habt.‹ Da ging Simon Petrus zurück und zog das Netz ans Ufer. Es waren große Fische darin, und es waren viel, hundertdreiundfünfzig; dennoch zerriss das Netz nicht. Jesus sagte zu ihnen: ›Kommt her und esst!‹ Keiner von den Jüngern wagte ihn zu fragen: ›Wer bist du?‹ Denn sie wussten, dass es der Herr war. Jesus trat zu ihnen, nahm das Brot und gab es ihnen, ebenso den Fisch. Dies war schon das dritte Mal, dass Jesus sich den Jüngern offenbarte, seit er von den Toten auferstanden war.«

Die Zeiten sind nicht lange vergangen, in denen fast jeder Getaufte in Europa diese Szene auswendig hätte nacherzählen können. Dieses himmlische Frühstück im Morgengrauen gehört gewissermaßen zum Grundbestand der Galerie des christlichen Unterbewusstseins – und viel schöner als hier konnte ein moderner Künstler es nur schwer malen. Jeder Stein an diesem Ufer des Sees Genezareth war mir vertraut. Jeder der Männer schien ein anderes Wort, einen anderen Gedanken, ein anderes Staunen zu verkörpern. »Piczek I. 1950« war links von den Knien des Petrus in sauberen Druckbuchstaben in die Wellen des Sees geschrieben. Wegen dieser Künstlerin, wegen Isabel Piczek, und nicht wegen Bruder Sándor Ritz war ich heute aber in das Bibelinstitut zurückgekommen. Von Ian Wilson hatte ich erfahren, dass hier ihr frühestes Werk überhaupt von über zweihundert Wandmalereien zu finden sei. Es wirkt schon ungeheuer reif.

Doch als dieses Bild fertig wurde, war Isabel Piczek gerade vierzehn Jahre. Es scheint fast unglaublich. Jetzt lebt die Künstlerin in Los Angeles, wo sie sich auf Mosaike und Wand- und Glasmalereien spezialisiert hat. 1999 wurde sie von Papst Johannes Paul II. zu einer Dame vom Orden des heiligen Gregor ernannt und im Jahr 2000 wurde ihr für besondere Verdienste in der Erzdiözese der renommierte »Cardinal's Award« von Roger Kardinal Mahony verliehen. Vor allem aber ist Isabel Piczek eine erfahrene und engagierte Expertin im weltweiten Kreis der Sindonologen, wo sie nach allen Regeln der Kunst und in vielen Beweisführungen nachgewiesen hat, dass es sich bei dem »Bild« auf dem Turiner Grabtuch unmöglich um ein Gemälde handeln kann. In der einschlägigen Literatur taucht ihr Name immer wieder als eine Kronzeugin für die unerklärliche Einzigartigkeit dieses »Kunstwerkes« auf der Leinwand in der Johannes-Kathedrale von Turin auf. Doch nicht nur für das Turiner Grabtuch gilt sie als zuverlässige Expertin. »Isabel Piczeks Geschichte ist außerordentlich faszinierend«, schreibt Ian Wilson in seinem Buch über die Suche nach dem wahren Christusbild. »In den fünfziger Jahren, als sie erst dreizehn war, floh sie vor der kommunistischen Unterdrückung in Ungarn und gewann, kaum in Rom angekommen, mit ihren künstlerischen Fähigkeiten verschiedene Preise, einschließlich des Zuschlags in einem Wettbewerb, ein Fresko für das Päpstliche Bibelinstitut zu schaffen, gegenüber der Gregoriana-Universität in Rom. Es war diese Arbeit, die sie mit verschiedenen hochrangigen Persönlichkeiten in der Hierarchie des Vatikans zusammenbrachte, die im Wortsinn jede Tür für sie öffnen konnten. Isabel war noch keine vierzehn, als einer von ihnen sie nach Sankt Peter mitnahm und in die Sakristei führte, wo er sie etwa eine Stunde lang warten ließ. Die Geheimniskrämerei war derart, dass Isabel bis auf den heutigen Tag den Namen des Mannes nicht verraten will (nur mir persönlich hat sie ihn offenbart). Doch zu ihrer Überraschung öffnete sich plötzlich die Tür der Sakristei, und der ehrwürdige Kleriker und sein Begleiter erschienen ein paar Schritte im Innern des Raumes, wo sie ein eingerahmtes Tuch hochhielten, von dem ihr gesagt wurde, dass es die Veronika war. »Auf dem Tuch war ein kopfgroßer Farbfleck«, sagt sie mir, ›etwa so groß wie der Kopf auf dem Grabtuch von Turin, nur ein wenig brauner. Mit Fleck meine ich keinen richtigen Fleck, es war mehr ein Klecks von bräunlich rostroter Farbe. Es sah ziemlich gleichmäßig aus, mit der Ausnahme einiger kleiner strudeliger Entfärbungen… Auch mit der besten Vorstellungsgabe ließen sich kein Gesicht oder irgendwelche Gesichtszüge in ihm erkennen, nicht einmal in kleinsten Andeutungen … Das Licht war überhaupt nicht gut, und außerdem war die Veronika unter Glas. Außerdem brachte der geheimnisvolle

Kleriker das Tuch nicht aus der Sakristei heraus aus Furcht, die Leute würden sich davor versammeln.‹«

Aus blauem Himmel tauchte ihr Name auf meinem Bildschirm auf, als ich im März 2004 versuchte, Professor Karlheinz Dietz in Würzburg überzeugend von meiner Entdeckung in Manoppello zu berichten. Seit Dietz Jahre zuvor mein ebenso kundiger wie humorvoller Cicerone in Turin geworden war, hatten wir uns angefreundet, bei mehr als einem Glas Wein und manchem Teller Pasta in den Trattorien der piemontesischen Hauptstadt. Ich »möchte einen Besen fressen«, schrieb ich ihm nun in einer E-Mail von Rom nach Würzburg, mit angehängten Fotos, »wenn das nicht die echte Veronika ist – wenn es denn überhaupt eine echte Veronika gibt.« Noch am gleichen Tag bat er mich in seiner Antwort, »den Besen doch noch etwas zu schonen« – nicht zuletzt, weil eine gewisse Isabel Piczek sage, dass sie weitere solcher Tuchbilder kenne, bei denen es sich wie bei dem in Manoppello »um eine Sieneser Malerei des 16. Jahrhunderts« handele.

Es war auch das Angebot einer ehrenvollen Ehrenrettung des zumindest doch rätselhaften Bildes. Denn Malereien der Sieneser Schule zählen mit zum Delikatesten und Schönsten, was Italien unter seinen vielen Schätzen zu bieten hat – schon längst nicht mehr nur in Siena in der Toskana, sondern in erlesenen Museen der ganzen Welt. Auch wenn der Schleier aus den Abruzzen also nicht als so überirdisch gelten konnte wie das Leintuch aus Turin, durfte es doch jeder – ob Anhänger oder Gegner der »Reliquie« – ohne Gesichtverlust für immens kostbar halten, unter künstlerischem Aspekt sogar wertvoller als viele andere Reliquien. Klar war, dass Karlheinz Dietz sich ebenso freundlich wie bestimmt von nichts anderem überzeugen ließ. Auch neue Fotos oder E-Mails konnten ihn, so oft ich es auch versuchte, nicht bewegen, sich das Bild einmal anzuschauen. »Ich fühle mich nicht gereizt davon, dass andere etwas für wahr halten, was ich für falsch halte«, ließ er mich wissen, nachdem ich ihm noch einmal von dem Bild in Manoppello und der Osterliturgie auf dem Petersplatz geschrieben hatte, wo das »Sehen«, wie ich diesmal erstmals wahrgenommen hatte, ja fast eine Hauptrolle spielte. Ich schrieb ihm noch einmal: »Als die Frauen kamen, um das Grab zu *sehen*, halleluja. Kommt und *seht* den Ort, wohin sie den Herrn gelegt haben, halleluja. Habt keine Angst! In Galiläa werdet ihr mich *sehen*, halleluja. Und so weiter. Und auch das Schweißtuch kam ja heute fast so prominent in den Texten vor wie Petrus selbst.«

Es half nichts, mit dem Tuch von Manoppello konnte mein kritischer Freund aus Würzburg den Auferstandenen aus Jerusalem überhaupt nicht in Verbindung bringen; nichts würde ihn wirklich reizen, ließ er mich mehrmals wissen, wegen all dem, was er bisher zu dem Tuch schon wusste (und vor allem auch, was er über den Freundeskreis wusste, der sich in Deutschland dazu gebildet hatte) in die Abruzzen zu kommen und das Tuch einmal mit eigenen Augen anzuschauen. Zu dieser Ablehnung brauche es nicht einmal die vielen Verpflichtungen an der Universität, die ihn kaum weniger von solch einem Besuch abhielten.

Besuchen konnte und durfte ich das Bild also weiter vor allem allein mit Ellen, an vielen Samstagen – mit nie nachlassendem Staunen. Monate später bat ich nun Mrs. Isabel H. Piczek persönlich in einem Fax, mir doch bitte einmal ihre Expertise zuzusenden, auf die sich Professor Dietz in seinem Urteil ja auch berufen hatte. Acht Tage später klingelte nachts das Fax-Gerät; am Morgen lag ein überaus freundliches Schreiben der Dame aus dem fernen Los Angeles auf meinem Schreibtisch. Für die sorgfältige Antwort hatte sie sich mehrere Tage Zeit genommen. Zuerst müsse sie eine Erklärung abgeben, schrieb sie zu Anfang: »Ich habe das konkrete Manoppello nicht untersucht. Ich bin im Hauptberuf Künstlerin. Für mich genügte es, vergrößerte Reproduktionen, Dias und Nahaufnahmen des Kunstwerks zu sehen, um genau zu wissen, was es ist. Das Manoppello ist in jeder Hinsicht ein Gemälde. Es ist ein Produkt der so genannten Sienesischen Schule, aus der Mitte des 14. bis zur Mitte des 15. Jahrhunderts.«

Sehr systematisch leitete sie dann im nächsten Absatz in eine kleine Abhandlung zur historischen Einordnung des Bildes über: »Malereien, die auf einer sehr dünnen Unterlage das gleiche Bild von zwei Seiten zeigten wie das Manoppello, kamen in Spanien im Mittelalter auf. Die Eintönigkeit, die dunklen Umrisse der Augen, Zähne usw. sowie die Art der Unterlage verraten islamische Einflüsse. Diese Technik breitete sich rasch nach Frankreich aus, wo sie sehr populär wurde. Italienische Künstler aus der Gegend von Siena brachten die Technik von ihren Besuchen in Frankreich mit nach Hause; der wichtigste unter ihnen war Simone Martini. Auch in Siena wurde die Technik in der zweiten Hälfte des 14. und ersten Hälfte des 15. Jahrhunderts sehr beliebt.« – Gesichter nach der Art von Manoppello fänden sich deshalb auf gotischen Gemälden in Spanien, etwa von Ferrer Bassa (1290 – 1348), doch ganz besonders auf den Gemälden der Sieneser Schule wie der Maestá von Simone Martini und seiner Madonna mit Heiligen (1284 – 1344), auch im Camposanto von Pisa, in der Kunst von Taddeo Gaddi (1300 – 1366), jedoch am lebendigsten und genauesten in Gherardo Starninas »Madonna mit Kind und musizierenden Engeln« aus dem Jahr 1410. »Starnina lebte von 1354 bis 1413 und war – bezeichnenderweise – zwischen 1379 und 1403 auch in Spanien aktiv.«

Die Technik der beidseitigen Bemalung einer sehr dünnen Unterlage mit zwei Bildern habe leider nicht bis in unsere

Das Lichtbild Christi über dem Hochaltar der Kapuzinerkirche von Manoppello, wo es erstmals in einem Text aus dem Jahr 1645 bezeugt wird. – »Hände eines Engels« hätten es im Jahr 1506 in die Abruzzen gebracht, heißt es in dem brüchigen alten Dokument.

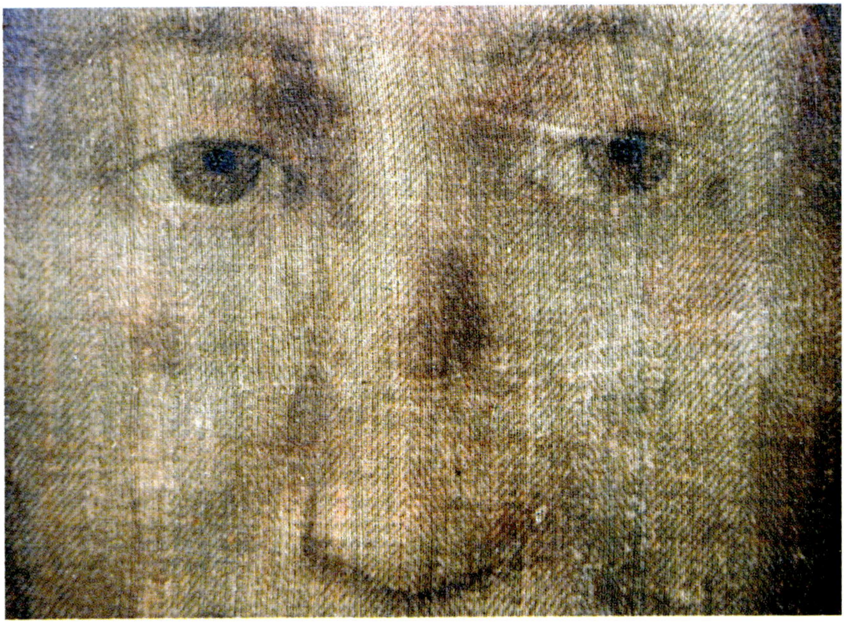

Eine halbdurchsichtige Folie mit dem Gesicht des Grabtuchs von Turin vor dem Schleierbild von Manoppello: so genannte »Sopraposition« durch die Trappistin Blandina Paschalis Schlömer am 16. Juli 2005. Die Technik im Originalmaßstab zeigt durch die Struktur des Leinengewebes hindurch deutlich die Identität einer einzigen Person in den übereinander gelegten Bildern, in allen Proportionen, bis hin zu den Verletzungen – in einer Entsprechung, wie sie kaum je einem Fahndungsfoto gelingt.

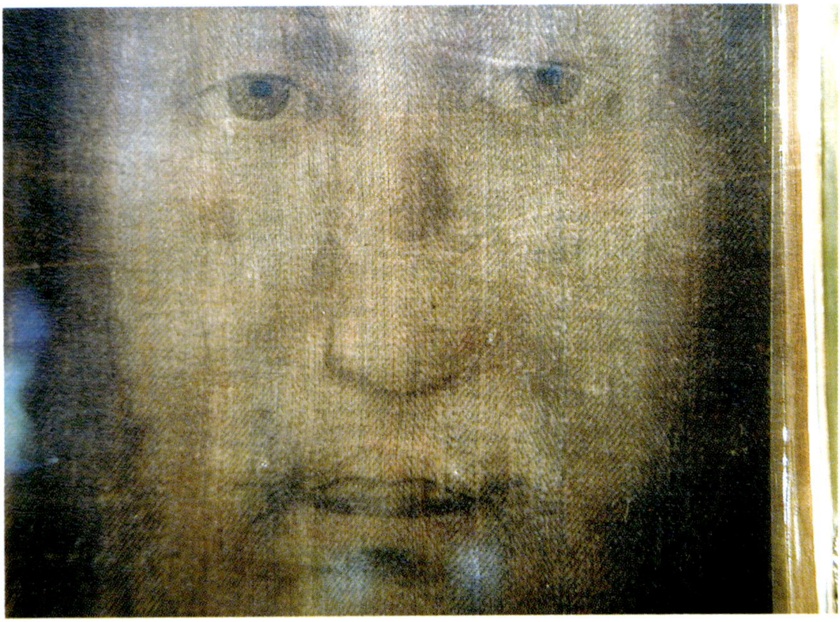

Auf ähnliche Weise entspricht das »Heilige Gesicht« jedoch auch alten Quellen und Texten, die seit rund 2000 Jahren von einem wahren – und »nicht von Menschenhand geschaffenen« – Bild Christi reden, und von dem »Schweißtuch der Veronika«.

Als »durchsichtiges Leinen«, auf dem nahezu nichts zu erkennen sei, beschrieb im Jahr 1545 Dr. Martin Luther die Veronika-Reliquie in Rom. Als völlig durchsichtiger Stoff erscheint die Tuchreliquie von Manoppello auch heute noch im Gegenlicht.

Das Phänomen der teilweisen Transparenz des Christusbildes demonstriert Schwester Blandina Schlömer am Morgen des 4. April 2005 in einem Nebenraum der Pilgerkirche mit einer Hand - an der durch den Schleier hindurch noch ihre Armbanduhr zu erkennen ist.

Erst seit Mitte des letzten Jahrhunderts wird das Schleierbild im Schein von Lampen ausgestellt. Davor wurde es Jahrhunderte in einem Tresor verborgen, und danach im Schatten einer Seitenkapelle verwahrt, wo sich kaum die Gesichtszüge erkennen ließen.

Das so genannte »Mandylion von Edessa« – in der Sakristei der Sixtinischen Kapelle des Vatikans – gilt vielen Experten als »ältestes Abbild Christi«. Jüngste Untersuchungen legen eine Datierung des Temperabildes auf Leinen wohl bis ins 4. Jahrhundert nahe.

Ein verwandtes, wenn vielleicht auch jüngeres »Edessa-Bild« wird seit mindestens sechshundert Jahren in der Kirche des heiligen Bartholomäus der Armenier in Genua aufbewahrt. Dort wird es ebenfalls als das »wahre und älteste Bildnis Jesu« verehrt.

Pietro Cavallinis Meisterwerk in Roms S. Cecilia-Kirche. Das Fresko aus dem 13. Jahrhundert zeigt Christus mit offenen Augen, geöffnetem Mund, sichtbaren Zähnen, geschwollener rechter Wange und einem zarten Haarbüschel unter dem Mittelscheitel.

Der flämische »Meister von Flémalle«, der für Robert Campin gehalten wird, lebte wohl zwischen 1375 und 1444. Keiner hat das Bild der »Veronika« wie er gemalt: als Porträt Christi ohne Hals, auf einem überaus zarten hauchdünnen und durchsichtigen Schleier.

Um 1460 malte Giovanni Bellini aus Venedig einen auferstandenen und segnenden Christus mit Wunden, schütterem Bart, offenem Mund, byssus-farbenen Locken und einer Dornenkrone – die sich in seinem Haar schon in einen Strahlenkranz verwandelt.

Albrecht Dürer führte 1510 den Bildtypus des Schleierbildes der Veronika in Rom ein. Zehn Jahre zuvor malte er sich in Nürnberg selbst in einer Frontalansicht, wie sie in der gesamten Malerei bis dahin nur Christus vorbehalten war – und mit einer Stirnlocke.

Titelblatt vom »Kleinen Werk des allerheiligsten Schweißtuches der Veronika«, in dem Jacopo Grimaldi im Jahr 1618 in Rom ein genaues Inventar aller Reliquien des Petersdoms anlegte: mit dem Gesicht in klarer Entsprechung zu früheren Abbildungen.

Die Wort für Wort identische Kopie desselben »Opusculums« von Francesco Speroni aus dem Jahr 1635. Hier weicht das mit Rötel aufgezeichnete Gesicht auf dem Schleier jedoch deutlich von der alten Tradition ab. Plötzlich sind die Augen geschlossen.

Darbietung des Veronika-Reliquiars Urban VIII. auf der Empore des Veronika-Pfeilers in Rom, am Passionssonntag 2005, zwischen zwei angeblichen Säulen des Jerusalemer Tempels. Darüber eine Halbplastik aus der Schule Berninis mit dem Schleier der Veronika.

Grundstein und Tresor: der Veronika-Pfeiler des Petersdoms. »Damit die Majestät des Ortes das im Schweißtuch der Veronika empfangene Bild des Erlösers geziemend bewahre, hat Papst Urban VIII. diesen Aufbewahrungsort im Jubeljahr 1625 erbaut.«

Die Pilgerkirche des »Heiligen Gesichts« wurde um 1620 erbaut. Nach 1960 wurde der alte Bau renoviert und erweitert. Dabei wurde ihm auch die neue Fassade vorgesetzt, die das Formenspiel der romanischen Basilika S. Maria di Collemaggio in Aquila aufgreift.

Das Städtchen Manoppello auf einem der Ausläufer des Majella-Massivs, mit dem Gran Sasso im Hintergrund, der jetzt noch erahnen lässt, welche verkehrstechnische Barriere das Apennin-Gebirge bis vor Jahrzehnten zwischen der Ost- und Westküste Italiens war

Zweimal jährlich wird in Manoppello das Lichtbild Christi in feierlichen Prozessionen durch das natürliche Licht der Sonne getragen: einmal am hellen Tag auf einem langen Weg hin und zurück vom Heiligtum bis in das nahe Städtchen, das andere Mal vor der Dämmerung nur einen kurzen Weg den Hügel hinunter und wieder hinauf, beide Male mit Feuerwerken, Blumenregen und dem Schmücken der Häuser entlang des Weges. – Die längere Prozession wird seit dem Jahr 1712 jedes Jahr am dritten Sonntag im Mai begangen. Älter ist die kürzere Prozession. Sie wird seit 1690 jedes Jahr am eigentlichen Festtag des „Heiligen Gesichts“ begangen, am 6. August, wenn die katholische Kirche das Fest der Verklärung Christi auf dem Berg Tabor in Galiläa feiert.

Pater Cucinelli zeigt Kardinal Meisner den »österlichen Christus« am 4. April 2005 im Hof seines Konvents – bevor der Kölner Erzbischof den toten Papst wenige Stunden später in Rom von der Sala Clementina über die Scala Regia in den Petersdom begleitet.

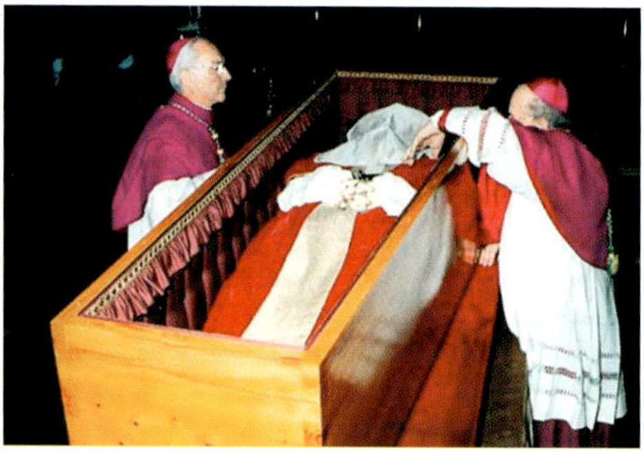

Das Gesicht Johannes Paul II. wird mit einem Schweißtuch aus feinster Seide bedeckt – unmittelbar vor seiner Bestattung, am Freitag, dem 8. April 2005. Der Papst selbst hatte diesen Ritus mit seiner Verordnung »Ordo Exsequiarum Romani Pontificis« eingeführt. (Foto: AP)

Chiara Vigo von der sardischen Insel Sant' Antioco ist die letzte Meisterin in der Gewinnung und Verarbeitung von Muschelseide am Mittelmeer. Am 1. September 2004 erkennt sie in Manoppello im »Heiligen Gesicht« ein Gewebe aus Muschelseide wieder.

Roher Byssus aus der Hand Signora Vigos. In jedem Frühjahr taucht sie von neuem fünf Meter tief, um das »Gold des Meeres« zu ernten. Muschelseide war der teuerste Stoff der antiken Welt. Es ist ein Gewebe, das sich nur färben, aber niemals bemalen lässt.

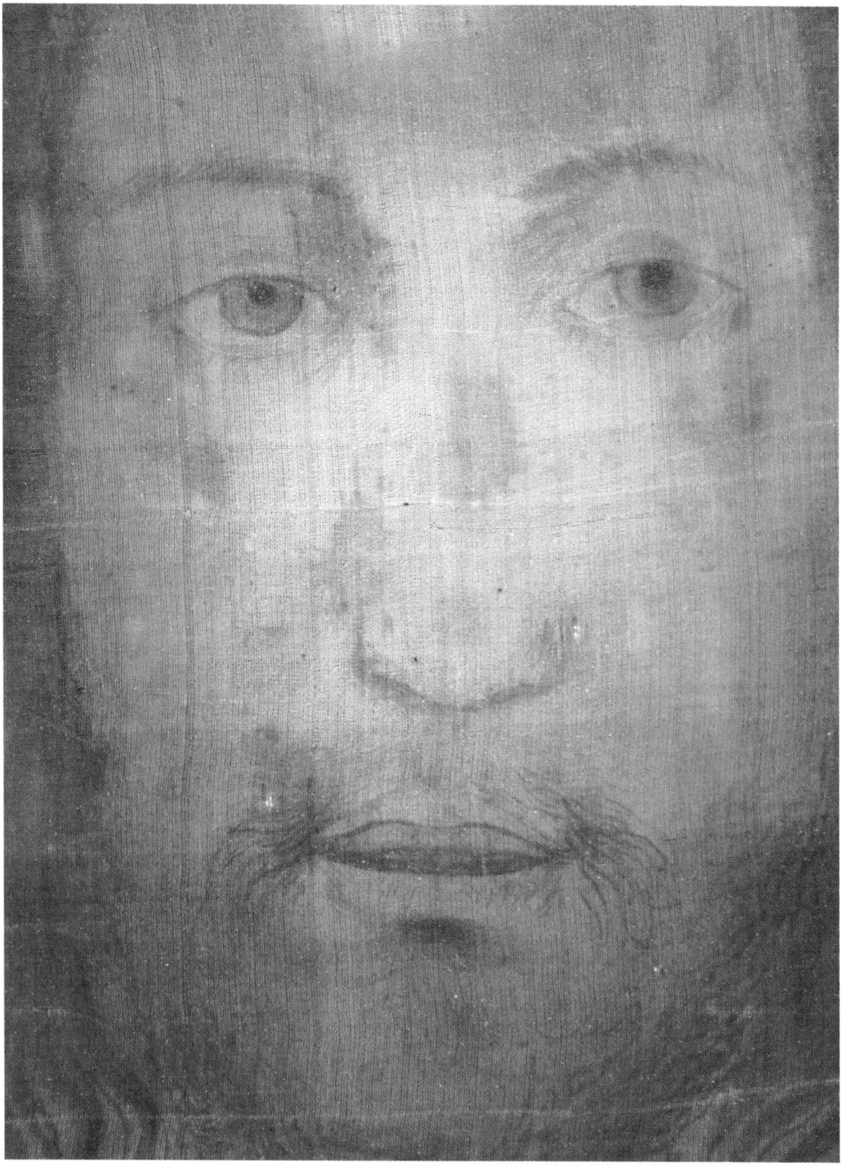

»Von Gott reden viele; im Namen Gottes wird auch Hass gepredigt und Gewalt ausgeübt. Deswegen kommt es darauf an, das wahre Antlitz Gottes zu finden. In Jesus Christus, der sich für uns das Herz hat durchbohren lassen, ist uns das wahre Gesicht Gottes erschienen«.

Papst Benedikt XVI. am 20. August 2005 in Köln

Zeit überlebt, »und zwar gerade dieser sehr zarten Unterlage wegen«. Dieser Schleier musste wohl in einen starken Rahmen gespannt werden, wobei die Künstler eine sehr ausgeklügelte Technik benutzt haben müssen, die in etwa der heutigen Seidenmalerei entsprochen hat. »Daher rührt dann auch dieses exakt gleiche Bild von vorne und von hinten, das allgemeine Fehlen von Pinselstrichen und die sparsame Farbe. Diese Art von Arbeiten auf Seide sollte das Bild in seinen Details schwach erscheinen lassen – wie bei den Augenlidern, der Kontur der Augen, der Lippen usw. In diesen Bereichen wurde die islamische Art zarter und starker Striche angewandt: eine offensichtliche Pinselarbeit.«

Der letzte Absatz der zweiseitigen Expertise ist danach ein kategorisches Resümee zu der Frage, ob das Tuch denn vielleicht eine Reliquie sein könnte. »Es gibt nichts Wundervolles im Bild von Manoppello«, schreibt die Künstlerin. »Im Gegensatz zum Turiner Grabtuch ist es ein Kunstwerk. Es kann auch nicht das Tuch der Veronika sein, in das – der Tradition zufolge – Christus auf dem Weg zum Golgatha-Hügel sein blutiges Gesicht abgewischt hat. Auch wenn wir die offensichtlichen technischen Einzelheiten nicht in Betracht ziehen würden, warum sollte irgendjemand sein Gesicht mit weit offenen Augen mit einem Tuch abwischen, wobei sich sogar seine Pupillen in dem Tuch abzeichnen und die Augen vom Tuch aus geradewegs in die Augen des Betrachters schauen? Zusammenfassend lässt sich also sagen: Das Manoppello ist nicht der Schleier der Veronika. Es hat auch nichts mit dem Grabtuch von Turin zu tun. Es hat hingegen eine Menge mit der alten Sienesischen Malereischule zu tun. Mit einer ganz besonderen Technik, die einmal so populär in Siena war, hat es allerdings Eigenschaften, die nahe legen, in ihm auch das letzte übrig gebliebene Gemälde dieser Art vermuten zu lassen. Isabel H. Piczek, DSG.«

Das Fax war eine enorme Hilfe. Wenn ich alles richtig verstanden hatte, hieß dieser Befund: Das Bild von Manoppello müsste, wenn an der Analyse alles stimmt, ein ganz außerordentlicher Schatz sein – das letzte übrig gebliebene Kunststück einer höchst seltenen Art, mit islamischen Einflüssen im Herzen der Christenheit, jahrhundertealt und bestens erhalten. Dass die Muselmanen, in denen die Abbildung jeden Gesichts verboten war, ihre feinsten Künste ausgerechnet bei diesem Gesicht des Messias beigesteuert haben, war zumindest verblüffend, eigentlich eine Sensation. Es war revolutionär. Allein von daher müsste das Heilige Gesicht von Manoppello schon wertvoller als Leonardos Mona Lisa und Michelangelos Pietà zusammen sein.

»Das ist doch unglaublich«, sagte Ellen, »und nur weil das Gesicht des Allerhöchsten darauf ist, tun die Kunsthistoriker nun so, als wäre es nicht vorhanden? Als wäre es nichts! Das darf doch nicht wahr sein.« Was soll nicht wahr sein dürfen, fragte ich zurück und holte meinen Bildband über Sienesische Malerei aus dem Bücherschrank. In dem Prachtband und im Internet studierte ich den ganzen Abend lang jeden einzelnen Namen, den Isabel Piczek so freundlich zum Vergleich herangezogen und angeboten hatte – Ferrer Bassa, Simone Martini, Taddeo Gaddi, andere Meister Sienas und schließlich Gherado Starnina – und jedes ihrer Werke, die sich von ihnen finden ließen. Es war ein Hochgenuss und ein Augenschmaus, besonders auch Starninas »Madonna mit Kind und musizierenden Engeln« aus dem J.-Paul-Getty-Museum in Los Angeles, deren Ausdruck dem Gesicht von Manoppello »am lebendigsten und genauesten« nahe kommen sollte. Der Alabasterteint der Madonna ist atemberaubend, die Juwelen ihrer Krone glitzern noch im Druck. Gherardo Starnina hat das Bild um 1410 in Florenz gemalt – in Temperafarben auf Holz. »Meister des lebendigen Kindes« wurde er auch noch genannt, weil er so überaus lebendige Christkinder darstellen konnte – und hier kann man den Ehrentitel an dem Kind auf dem Schoß der Madonna nachvollziehen. Es ist ein Fest für die Augen: der goldene Brokat, das Gefieder der Engel und ihre Heiterkeit, die himmlisch ausgewogene Komposition. Ich konnte mich nicht satt daran sehen. Die zarten Farben, Formen und Kompositionen müssen jeden überwältigen, der die Malerei liebt, besonders auch der weltberühmt gewordene Sienesische Blick der Madonna aus ihren schmalen Augen. – Nur mit dem Blick und dem Ausdruck und der Lebendigkeit des Gesichtes über dem Tabernakel der Kapuzinerkirche in Manoppello hatte die Bildtafel nicht das Allergeringste gemein. Viel mehr als jeder Sienesischen Bildtafel entspricht das Heilige Gesicht in den Abruzzen jedoch allem, was die ältesten Quellen über ein uraltes und sagenhaftes so genanntes Abgarbild erzählen.

Judas Thaddäus

Judas Thaddäus vor König Abgar. Detail des Altarbildes aus der Piccola Casa San Giuda Taddeo, Rom, von Prof. Ballerini, 1940

An König Abgar aus Edessa nämlich kommt keiner vorbei, der heute noch ernsthaft nach dem wahren und authentischen Bild Christi sucht. Eines Abends zeigte mir Ellen in der Sankt-Anna-Kirche, der kleinen Pfarrkirche des Vatikans hinter der Sankt-Anna-Pforte, wo die Schweizergarde alle Besucher des Zwergstaates kontrolliert, am Schriftenstand eine kleine Broschüre, auf dessen Titel ein Mann in einem roten Gewand einem anderen Mann, der vor ihm auf einem Bett saß, einen Schleier mit dem Antlitz Christi entgegenhielt. Der Titel sprang mir ins Gesicht. Das Bild leuchtete wie eine Erscheinung. Es war ein halbdurchsichtiges Lichtbild auf dünnem weißen Tuch, das der ersten Zeichnung Jacopo Grimaldis von der römischen Veronika des alten Petersdoms verblüffend glich: die offenen – grünen! – Augen, die Haartracht, das leicht asymmetrische Gesicht. Sogar die Hände des Mannes, die das Bild hielten, wurden von dem Tuch von innen bestrahlt wie von einer Lichtquelle. *S. GIUDA TADDEO APOSTOLO prega per noi* stand jedoch unter dem Bild: »Heiliger Apostel Judas Thaddäus, bitte für uns!«

Ich steckte die Broschüre ein und faltete sie auf der Straße gleich wieder auseinander. »Das darf doch wohl nicht wahr sein!«, sagte ich, »hier ist der reale Apostel Judas Thaddäus in einem Bildmotiv dargestellt, das sonst nur der Veronika-Figur vorbehalten ist, also diesmal einem Mann aus Fleisch und Blut anstelle einer mythischen Allegorie.« Der heilige Judas Thaddäus, entnahm ich dem

Heftchen, wurde besonders in einer kleinen Kirche im Westen Roms verehrt, wo auch das Bild zu sehen sei. Am nächsten Abend waren wir dort, im »kleinen Haus des heiligen Apostels« an der Ecke der Via Gradisca mit der Via Roverto, nicht weit von der Piazza Istria und dem Corso Trieste. Das kleine Bild hängt als großes Original im Dämmerlicht über dem Hauptaltar. Es ist ein akademisches Historiengemälde, das im Jahr 1940 von einem Professor Ballerini gemalt wurde. Nach dem abendlichen Rosenkranzgebet der Nonnen ließ es sich genau betrachten. Die Schwester Oberin zündete für uns die Lampen an und erzählte, das Bild zeige, wie der Apostel Judas Thaddäus ein »nicht von Menschenhand gemaltes Bild« Christi dem König Abgar an sein Krankenlager nach Edessa bringe, der bei dem Anblick sofort geheilt worden sei. Jetzt erkannten wir auch eine kleine Feuerzunge, die über dem Haupt des schlanken Apostels schwebt. Er steht barfuß auf den kühlen Fliesen, in der Armbeuge hält er einen großen Pilgerstab, um seine schlanken Hände frei zu haben und das Lichtbild vor dem König ausspannen zu können. Er hat einen lichten zweigeteilten Bart, die Haare zu einem Pferdeschwanz nach hinten gebunden und ist mit einem roten Über- und einem weißen Untergewand bekleidet. An seinem Gürtel hängt eine Art Köcher für Schriftrollen. Schwere Vorhänge begrenzen den orientalischen Raum nach hinten. Vor dem Bett des Königs liegt ein Löwenfell; ein Diener schaut skeptisch aus dem Eingang auf die Szene in den Raum hinein, dahinter eine sandfarbene Mauer, dahinter eine Dattelpalme.

»Ach, da hat also jemand die Thaddäus-Legende zu einem neuzeitlichen Gemälde geformt«, lachte Professor Pfeiffer, als ich ihm am Telefon davon erzählte, »da ist natürlich überhaupt nichts dran. Mit dem Volto Santo hat dieser Apostel sicher überhaupt nichts zu tun, von dem wir im

Übrigen auch so gut wie nichts wissen.« Was ich hingegen von Judas Thaddäus wusste, war, dass sein Grab fast so nah wie das des Apostels Petrus im Petersdom neben dem Veronika-Pfeiler liegt. Mit dem Apostel Simon gilt er als ein Sohn des Klopas, der ein Bruder Josephs gewesen sein soll, des Ziehvaters Jesu. Demnach wäre er also auch ein Cousin Jesu gewesen. Im neuen Testament wird ihm der kurze Judas-Brief zugeschrieben. Die Jesuiten hatten sich im 17. Jahrhundert sehr für seine besondere Verehrung eingesetzt. Persönlich aber hatte ich erstmals vor über sechzehn Jahren bewusst von ihm gehört. Meine Mutter lebte noch, und ich stand in einer extrem schwierigen Entscheidung, in der ich nicht mehr ein noch aus wusste. Die ganze Welt drückte mich nieder. In der Häuserwand gegenüber sah ich nur noch die Fensterkreuze, sonst keinen Baum und keinen Strauch und nichts Lebendiges mehr in der Straße. In dieser Stunde rief mich meine Mutter an. »Was ist?«, fragte sie. Ich sagte es ihr. »Da kann ich dir auch nicht raten oder helfen«, sagte sie, und dann, nach einer Pause, »da hilft nur noch eins: Du musst zum heiligen Judas Thaddäus beten! Er ist der Patron für aussichtslose Fälle – und er hilft immer!«

»Aber von dem Mann steht doch so gut wie nichts in der Bibel«, sagte ich, »wie soll er mir denn helfen können.« – »Ich weiß nicht, was von ihm in der Bibel steht«, antwortete meine Mutter, »aber ich weiß, wie oft er mir schon geholfen hat, wenn ich keinen Rat mehr wusste. Er kann auch helfen, wieder beten zu lernen.« Ob ich damals auf ihren Rat gehört habe, weiß ich schon gar nicht mehr – nur vergessen habe ich den Namen des Apostels seither nicht mehr. In Mexiko, habe ich später gesehen, wird er in fast jeder Kirche so verehrt wie die Madonna von Guadalupe – meistens als Figur mit einer Keule im Arm, als Erinnerung an die Hiebe, mit denen er in der Stadt Edessa erschlagen worden ist (und oft auch mit einem Christusbildnis auf einem Medaillon um den Hals). Wochen zuvor hatten wir seine Legende noch einmal in einer Art Bilderschrift gelesen, in einem kostbaren Bilderrahmen, in einer merkwürdigen Kirche der ligurischen Hafenstadt Genua.

Wir waren aus Deutschland und der Schweiz unterwegs auf der Rückreise, hatten in Pavia übernachtet und wollten am nächsten Mittag erstmals das herrliche Lucca sehen, wo im Dom von Sankt Martin seit Jahrhunderten ein wundertätiges *Volto Santo* verehrt wird. Nach den Fotos, die wir davon kannten, ist es die Figur eines Gekreuzigten mit weit offenen Augen, einem Mittelscheitel und einem zweigeteilten Knebelbart, von dem Pater Pfeiffer meinte, dass es die einzige altsyrische Plastik sei, die die Bilderstürme der Byzantiner und Muslime überstanden hat. Doch dann gab es plötzlich aus heiterem Himmel zwischen uns heftigen Streit, schon beim Abendessen. Warum? Weder Ellen noch ich wissen es noch. Am nächsten Morgen wurden wir jedenfalls viel zu spät wach, wortlos, tranken an der Hotelbar getrennt einen Cappuccino und setzten uns schweigend ins Auto. Die neblige Po-Ebene flog uns auf der Autostrada entgegen, silberne Reisfelder flimmerten an uns vorbei, es war grauenhaft. Für Lucca waren wir viel zu spät unterwegs. Kurz vor Genua unterbrach Ellen erstmals das Schweigen: »Wolltest du nicht schon immer mal das Edessa-Bild in Genua anschauen?« – »Ich weiß nicht, wo es ist«, murmelte ich. »Sollen wir es nicht einfach suchen?« »Die Stadt ist doch viel zu groß.« Also fuhren wir nach Genua – nachdem wir zuerst noch einmal die richtige Ausfahrt von der Autobahn verpasst hatten.

Auch wie wir die Kirche fanden, von der wir nicht einmal den Namen kannten, ich weiß es nicht mehr und auch Ellen nicht, meine allerbeste Ehefrau. Plötzlich hatten wir das Auto in der Via Assarotti geparkt, die in der Ferne auf das Meer zuzulaufen schien, nicht weit von der Synagoge, plötzlich mussten wir nur noch eine Treppe hochsteigen, und noch eine, und standen vor der Kirche des *San Bartolomeo degli Armeni*. Die Kirche war offen, am Sonntagmittag! Von außen gleicht sie einem großen alten Wohnhaus, mit vielen Fenstern, das auch in Prag oder Krakau stehen könnte und in dem Mieter wie Franz Kafka oder Gustav Meyrink noch immer wohnen könnten. Hinter Fenstern der oberen Stockwerke scheint es Räume zu geben, in die keine einzige Tür hineinführen mag. Und ähnlich verhält es sich wohl auch mit der Tiefe der Geschichte, in deren Keller dieses merkwürdige Gebäude hinunterragt. »*AVE SACRA CHRISTI FACIES*« heißt eine Inschrift über dem weißen Marmorportal: »Sei gegrüßt, heiliges Gesicht Christi!«

In der Sakristei wird in einem Glasgefäß aus Bergkristall ein kompletter Fuß des Apostels Bartholomäus mit einer goldenen Sandale aufbewahrt. Mit seinem richtigen Namen hieß Bartholomäus Natanaël Bar-Tolmai; er war einer von den sieben, denen Jesus nach der Auferstehung im Morgengrauen am Seeufer begegnete, bei dem Kohlefeuer, und er war derjenige, dem Jesus schon bei ihrer ersten Begegnung prophezeit hatte, dass er »noch Größeres sehen« werde, nachdem Philippus ihn mit den Worten »Komm und sieh!« zu seinem neuen Herrn gelockt hatte. Was er am Ende allerdings sehen musste, war, dass ihm vor seiner eigenen Kreuzigung in Armenien die Haut vom lebendigen Leib gezogen wurde. »Schinden« heißt so etwas in der Fachsprache der Folterknechte. Wegen seiner abgezogenen Haut ist Bartholomäus witzigerweise der Schutzpatron der Schuhmacher. Erregender als der Apostelfuß ist in dieser Kirche aber ein dunkles altes Christusbild links im Raum, in der *Cappella del Santo Sudario*, neben dem es lapidar in einer Inschrift heißt: »Dieses Santo Volto, das seit sechshundert Jahren in der Kirche des heiligen Bartholomäus der Armenier in Genua aufbewahrt wird, ist der Tradition nach das älteste Bildnis Jesu, und es ist wahrscheinlich, dass es das wahre Bildnis des Erlösers ist.« Ein ungeheuerlich suggestives Porträt, die großen Augen fast indisch in ihrer Mandelform, das Weiße unter den Pupillen freigestellt, die Nase lang und schlank. Das Gesicht schaut aus einem gold-silbern schimmernden Rahmen in feinster alter byzantinischer Ornat-Technik wie durch ein Fenster auf den Betrachter. Raffiniert filigrane Muster aus dünnen Gold- und Silberdrähten ordnen sich auf dem Rahmen zu immer neuen Blumen. Bis auf zehn frei gelassene Bildszenen ist der ganze Rahmen mit diesen Mustern bedeckt, sehr fremd und schön. Dazwischen schauten uns zwei unglaublich vertraute Augen entgegen. Eine starke Lampe beleuchtet den tiefbraunen Teint; hielt ich aber nur eine Hand vor den Scheinwerfer, verschwand das Gesicht gleich in nachtschwarzer Dunkelheit. Bei abgedecktem Scheinwerfer versinkt das Gesicht in tiefseedunklem Schatten. In Jerusalem hatte ich vor Jahren in der Veronika-Kapelle an der Via Dolorosa einmal eine ähnlich pechschwarze Christus-Ikone hinter dem Altar gefunden, die erst auf geblitzten Fotos das Gesicht wiedergibt, das sie verbirgt.

»An einer Stelle des Johannesevangeliums lesen wir«, heißt es weiter auf dem Begleittext, »dass eines Tages ›einige Griechen‹ vor dem Apostel Philippus mit der Bitte erschienen sind, Jesus zu sehen. Diese ›Griechen‹ sollen Abgesandte König Abgars V. aus Edessa gewesen sein. Von einer Gesandtschaft Abgars zu Jesus zeugt eine uralte Tradition, die auf die ersten Jahrhunderte der christlichen Ära zurückgeht.« In Edessa wurde zur Zeit Jesu Aramäisch gesprochen wie in Jerusalem. Die Städte lagen nur etwa sechshundert Kilometer voneinander entfernt; es gab zwischen ihnen auch keine Verständigungsprobleme. Dass sich Jesu Ruf zu seiner Zeit bis hierhin verbreitet hat, ist also nicht unwahrscheinlich.

Erstmals standen wir allein und völlig ungestört vor einem der berühmten Edessa- oder Abgarbilder. Wie bei unserem späteren Besuch in der Sakristei der Sixtinischen Kapelle im April 2005 war vom ersten, spätestens zweiten Anblick völlig klar, dass es sich um eine sehr alte, sehr ehrwürdige und sehr starke Kopie des Schleierbildes von Manoppello handeln musste, oder von einer Kopie davon, wenn auch ohne die überwältigende Milde des Originals. Die hohe Verehrung des Meisterwerks konnte nicht erstaunen; es ist ein »lebendiges Bild«, es ist erschreckend schön. Wie das Edessa-Mandylion im Vatikan wurde auch dieses Porträt auf Leinen gemalt, das über eine Tafel aus Zedernholz gespannt ist. Und vielleicht war zur Zeit ihrer Entstehung ja auch noch das durchsichtige Modell aus Manoppello eine Zeit lang über Holz gespannt, so dass dieses Schleierbild damals vielleicht ähnlich dunkel und undurchsichtig gewirkt haben muss wie diese nachgedunkelten Eierfarben, mit denen schon im alten Ägypten Porträts gefertigt wurden.

Früher sei das Tuchbild als Reliquie verehrt worden, weil von ihm die Sage ging, dass es selbst mit dem Körper Christi in Berührung gekommen sei, sagt ein Priester der Bartholomäuskirche, den ich in der Sakristei gesucht und gefunden habe, damit er uns das Porträt selbst und die zehn Bildsequenzen im Rahmenrand erklärt, in denen ein Künstler aus Konstantinopel vor tausend Jahren die Geschichte des Abgarbildes einmal in goldgetriebenen Reliefs wie in einem modernen Comic nacherzählt hat. »Die Legende beginnt hier oben links«, erzählt unser Führer bereitwillig. »Sehen Sie da den Mann im Bett? Das ist König Abgar, der den Mann, der vor ihm steht, gerade zu Jesus nach Jerusalem sendet, damit er nach Edessa kommt, in die Stadt am Euphrat, um ihn dort zu heilen. Der Botschafter heißt Ananias. Und sehen Sie da«, fährt er fort und fährt mit dem Finger im Uhrzeigersinn nach rechts, zum nächsten Bild, »hier sehen Sie, wie Ananias in Jerusalem versucht, ein Porträt von Jesus zu malen. Doch es ist vergeblich. Danach sehen wir, wir Jesus sich das Gesicht und die Hände wäscht und abtrocknet – und wie er im nächsten Bild, hier, ein Bild tiefer, Ananias dasselbe Trockentuch als Brief an König Abgar für die Rückreise mitgibt. Im Bild darunter kommt Ananias zum Krankenlager von König Abgar nach Edessa zurück, der augenblicklich gesund wird, sobald er nur das Bild erblickt, das Jesus in dem Trockentuch von seinem Gesicht hinterlassen hat.«

Hier machte der Mann eine kurze Pause, ging wieder zur linken Seite des Rahmens, und zeigte auf die Goldvignette unter der Eingangsszene links oben: »Hier geht es weiter«, lächelte er »und schauen Sie sich an, was da geschieht – und ich wünsche, es würde auch heute noch so geschehen: Sobald König Abgar das Christusbild auf einer Säule erhöht, fallen ringsum die alten heidnischen Götzen wie Kirmesfiguren von ihren Sockeln. Doch im nächsten Bild schon klettert ein Bischof nach dem Tod des Königs mit dem Christusbild auf einer Leiter zu einer Schatzkammer hoch, um es dort vor irgendwelchen Feinden zu verstecken, die das Bild suchen und zerstören wollen. Das war wohl nach der Eroberung Edessas durch Kaiser Caracalla, als die Christen wieder in den Untergrund gehen mussten und ein Bischof das Bild in der Stadtmauer versteckte. Danach ging das Wissen um die Reliquie eine Zeit lang verloren – wenn wohl auch nicht ganz. Das ist jedenfalls der Kern der Geschichte, die wir aus den so genannten Thaddäus-Akten aus dem 6. Jahrhundert kennen. Was sich historisch daran zurückverfolgen lässt, ist folgendes: Es gab tatsächlich einen König Abgar V., der gleichzeitig mit Jesus lebte und bis zum Jahr 50 in Edessa regierte. Und spätestens unter seinem Nachfolger Abgar VIII. wurde das Christentum in Edessa bereits offiziell als bevorzugter Kult geduldet und gefördert.«

»Und was ist mit den drei unteren Bildern?«, fragte ich.

»Die fallen alle drei aus der Legende heraus und erzählen konkrete historische Ereignisse nach, die auch in anderen Quellen gut bezeugt sind. Sehen sie hier links: das Bild, das mit der Leiter und einem Bischof schon fast so aussieht wie das vorige, wo das Bild versteckt wird? Hier tritt das Bild in die überprüfbare Geschichte ein, wenn man so will. Denn dieses Bild erzählt, zusammen mit dem nächsten, wie das Heilige Antlitz im Jahr 544 zuerst durch einen Bischof in einem vermauerten Versteck in der Stadtmauer wiederentdeckt wird, bevor die Bewohner danach mit Hilfe dieses Bildes den Belagerungsring der vielfach überlegenen persischen Gegner auf wunderbare Weise sprengen. Der Historiker Evagrius Scholasticus schreibt davon, der das Bild auch »von Gott, doch nicht von Menschenhand gebildet« nennt. Ein anderer Chronist, Prokopius von Caesarea, schreibt, dass es im Jahr 525 nach einer Überschwemmung in einem Hohlraum von Edessas Stadtmauer wiedergefunden worden sei. Nach dem Mönch Niaphoris soll das Tuch jedoch schon im Jahr 325 versteckt und verschwunden sein.«

»Und das letzte Bild, unten rechts? Was erzählt das?«

»Das ist noch einmal vierhundert Jahre später, als das Bild feierlich per Schiff von Edessa in den Hafen von Konstantinopel gebracht wird. Das war im Jahr 944. Dieses Ereignis ist historisch bestens erfasst. In der Apostolischen Bibliothek des Vatikans ist erst vor kurzem eine handschriftliche Rede des Erzdiakons Gregorios gefunden worden, die er im gleichen Jahr aus Anlass der Übertragung des Edessabildes in die alte Hauptstadt des Oströmischen Reiches gehalten hat. Der Kaiser selbst sei dem Bild bei seinem Einzug in die Stadt zu Fuß vorangegangen, nach ihm gingen der Patriarch und der Klerus, alle barfuß, mit brennenden Fackeln, vor dem Volk, das die Reliquie in einer Prozession mit Zimbeln und kunstvollen Hymnen in Konstantinopel willkommen hieß. Erzdiakon Gregorios, den wir bei uns einen Erzbischof nennen würden, nennt das Bild ein ›Prägebild Christi‹, von dem er sich vorstellt, dass nicht gewöhnliche Farben, sondern Blut- und Schweißtropfen es in das Tuch gezeichnet hätten. Er beschreibt den Kopf ziemlich genau, die großen Augen, die Haarlocke und den schütteren Bart um das Kinn. Keiner könne es nachbilden, sagt dieser Priester damals schon, dieses Bild sei ein Bild, ›das nicht Bild genannt werden‹ könne.«

Ich schaue dem Porträt noch einmal in seine eingedunkelten Augen, in diesen brunnentiefen Blick. Er geht unter die Haut; doch sicherlich ist es ein Bild, das Bild genannt werden kann. Im Licht der Lampe glänzt der plastische und glänzende Auftrag seiner Öl- und Temperafarben so, dass es sich kaum fotografieren lässt. TO HAGION ist links von der Schläfe mit feiner Kunst in das Goldblech gehämmert worden, und rechts: MANDYLION – Das Heilige Mandylion. »Was heißt das?«, frage ich. »Das heilige Schweißtuch«, sagt der Mann. »Nach der Predigt des Gregorios soll es übrigens nicht Ananias dem König Abgar gebracht haben, sondern Judas Thaddäus, einer der Apostel Jesu. ›Ich werde erst kommen können, wenn ich hier alles vollendet habe‹, soll Jesus König Abgar durch Ananias ausgerichtet haben. ›Danach aber werde ich dir einen meiner Apostel mit meinem Bild senden, damit er dich damit heilen kann.‹ Nach der Himmelfahrt Jesu sei deshalb Judas Thaddäus zu Abgar gekommen, zusammen mit diesem Bild. Der Apostel Thomas gab es ihm mit. Er hatte das Tuch vom Herrn persönlich bekommen, nachdem er den Schweiß seiner Todesangst darin abgetrocknet hatte. Thomas sagte, er habe es bekommen, nachdem Jesus vom Berg herabgestiegen war, auf dem er gebetet hatte.‹ Es wird wohl der Ölberg gewesen sein, mit dem Garten Gethsemane.«

»Aber das Bild trägt doch Farben, es ist doch gemalt«, sagte ich. »Das kann doch kein Schweißtuch gewesen sein.«

»Vielleicht doch«, antwortete der Priester, der nun die Schlüssel unter seiner Soutane hervorholte. Es wurde Zeit, die Kirche für die Mittagspause zu schließen. Auch wir hatten Hunger bekommen. »Vielleicht war ja unter den Farben Schweiß auf dem Tuch, und vielleicht hat später nur noch einmal ein Künstler die Konturen mit einem Pinsel verstärkt.«

»Aber woher stammt denn die Abgar-Legende, wie sie in den kleinen Bildern auf dem Rahmen erzählt wird?« wollte ich noch wissen, bevor ich den Pfarrer nach einem günstigen Restaurant in dem Viertel fragte. »Sie ist sehr viel älter. Im Jahr 325 erwähnt Bischof Eusebius von Cäsarea erstmals einen Briefwechsel zwischen Jesus von Nazareth und König Abgar von Edessa. Eusebius gilt als einer der ersten Kirchenhistoriker. Im Jahr 544 schreibt der Chronist Evagrius während der persischen Belagerung Edessas von »einem göttlich gewirkten Christusbild, das ohne menschliches Zutun« entstanden war. Die älteste Überlieferung der Geschichte König Abgars findet sich in den uns bekannten Dokumenten wohl in den so genannten Thaddäusakten im 6. Jahrhundert, zuerst auf Syrisch, danach auf Griechisch.«

Das Lokal, das Hochwürden uns in Genua empfohlen hatte, hatte leider geschlossen; wir fuhren hungrig weiter; die Augen des Edessa-Bildes aber gingen uns die ganze Tyrrhenische Küste entlang bis Rom nicht aus dem Sinn. Der genuesische Hauptmann Leonardo Montaldo hätte das Bild im Jahr 1362 aus Konstantinopel weggebracht –

vermutlich »als Geschenk oder Gegengabe für militärische Dienste« – und im Jahr 1384 dieser Kirche geschenkt, hatten wir noch gelesen.

In unserem Briefkasten steckte bei unserer Rückkehr ein großes Couvert und darin, in Ringbuchheftung, ein dicker Stoß Kopien, die ein gewisser Matthias Henrich meinem Freund Martin im Allgäu geschickt hatte. Darin fand sich die Rede des Erzdiakons Gregorios aus der Apostolischen Bibliothek des Vatikans in einer mit Maschine geschriebenen Roh-Übersetzung. Dahinter hing noch eine Transkription in griechischen Lettern und schließlich noch die sechzehnseitige Kopie der originalen Handschrift. Mir waren alle drei Texte fast gleich unverständlich, am unverständlichsten vielleicht doch die geschwollene und schwülstige deutsche Version dieser wahrhaft byzantinischen Rede. Was ich verstand, entsprach weitgehend den Erläuterungen, die wir in Genua gehört hatten. Was ich weniger verstand, war eine Beschreibung des Bildes, die so klang: »Ist nicht bei diesen Angelegenheiten die reichhaltige Malerei eine Tür, um dem Meinen zu entsprechen? Das Stammwort des Bildes schemenhaft in einer Form: der Prototyp. Bei solchen wird auch der Lichtglanz außen eingeritzt. Einerseits stellt die Malerei für die mannigfaltig aussehenden Hautstellen die Unversehrtheit der Leibesform zusammen. Mit Röte gebrannt, kräftig für die Wangen, rot gefärbt die Umrandung der Lippen. Es sprießt hervor – es befestigt sich eine Haarlocke, etwas schwarz leuchtend für die Augenbraue. Mit schön geschmückten Hautstellen zugleich die ganzen Augen. Im Aufbau nimmt auch die Nase Gestalt an durch die Mischung der Elemente. Die Wölbungen des Charakters beschatten nach unten die Kinnwange, und die aufgefädelten Haartrachten sind herumgelegt.«

Es war verwirrend. Entsprachen diese Angaben auch nur annäherungsweise dem Bild, das wir in Genua betrachtet hatten? Oder dem Turiner Grabtuch – wo es doch fast einhellige Gelehrtenmeinung ist, dass im Jahr 944 ebendieses Grabtuch von Edessa nach Konstantinopel gebracht wurde? Was ich verstand, war vor allem die Beschreibung eines Gesichts mit offenen Augen. »Dass das Gesicht unseres Erlösers durch ein Wunder in dem Tuch abgedruckt ist, wird von allen bestätigt.« Der Rest des Körpers bleibt im Vagen, Ungefähren. Konkreter waren die Aussagen einiger Seiten eines anderen Textes aus dem 19. Jahrhundert, die Matthias Henrich dem Text des 10. Jahrhunderts noch angefügt hatte – mit dem langen Titel: »Das arme Leben und bittere Leiden unseres Herrn Jesu Christi und seiner heiligsten Mutter Maria nebst den Geheimnissen des alten Bundes nach den Gesichten der gottseligen Anna Katharina Emmerick«, herausgegeben »aus den Tagebüchern des Clemens Brentano«. Es waren Traumgesichter, die die Seherin aus Dülmen in Westfalen dem Dichtergrafen Clemens von Brentano erzählt hatte. Es war höchst verwunderlich, doch ich wunderte mich schon lange nicht mehr – und auch nicht über die widersprüchlichen verschiedenen Gesichter der an Händen, Füßen und Herz stigmatisierten Nonne.

Am 15. Juli 1820, so schrieb Brentano es auf, sah sie »Judas Thaddäus, einen Blutsverwandten des Heilands, denn dieses kann ich in meinen Gesichten unterscheiden«, wie er »zu einem König nach Edessa kam. Er hatte ein Schreiben in der Hand, und als er hereintrat, sah ich neben ihm eine Erscheinung. Es war die leuchtende Gestalt Jesu, wie er auf Erden gewandelt, nur kleiner. Der König sah nicht auf den Apostel noch auf den Brief, sondern verbeugte sich tief gegen die Erscheinung.« Danach legte ihm Thaddäus die Hände auf und heilte ihn von einer schweren Krankheit.

Im Mai 1822 »sah« Katharina den König noch einmal »in der Ferne. Ein König in einer Stadt, nicht sehr weit von Damaskus. Er war krank. Er hatte einen Ausschlag, aber noch nicht ganz äußerlich. Er war ihm in die Füße getreten, und er hinkte.« Der kranke König hatte eine große Liebe zu Jesus, von dem er schon viel gehört hatte, nicht zuletzt auch von seiner Macht, Kranke zu heilen und Tote zu erwecken.

Wenig später »sah« sie, wie der König einem »jungen Mann, der malen konnte« mit Geschenken nach Jerusalem schickte und wie dieser Gesandte dann »auf einem Kamel mit sechs Begleitern auf Maultieren nach Judäa« aufbrach, mit »Stoffen und aneinander geringten Goldblättchen und mehreren Kuppeln sehr feiner Wolllämmer, die sie an Schnüren führten«. Am Jordan beobachtete der Gesandte Jesus »mit großer Verwunderung und Aufmerksamkeit« und fing dann zu zeichnen an, auf einem »weißen Täfelchen wie von Buchsbaum. Da riss er erst wie mit einem Stift den Umriss von Jesu Kopf und Bart ohne Hals hinein. So arbeitete er lange fort und konnte nie recht zustande kommen, und sooft er Jesum ansah, war es, als erstaune er über sein Antlitz und müsse wieder frisch arbeiten.« Es half dem Gesandten alles nichts, er kam mit dem Bild nicht weiter, bis Jesus endlich ein Erbarmen mit ihm hatte, ihn durch die Menge zu sich rief, die Geschenke entgegennahm und gleich verteilen ließ. Auch den Brief König Abgars nahm er in Empfang, las ihn und schrieb dann auf die Rückseite des Briefes »mit einem starken Stift, den er aus dem Busen seines Gewandes zog und aus dem er etwas herausschob, auf die Art, wie die Bauern faules Holz aus den Zunderbüchsen herausschieben, mehrere Worte ziemlich groß«. Er schlug den Brief ein, ließ sich Wasser geben, wusch sein Gesicht und drückte das weiche Umschlagende des Briefes gegen sein Gesicht und gab es dem Gesandten zurück. »Nun war das Bild ganz anders und ganz ähnlich« und der Maler entzückt. Katharina Emmerick »sah«, wie er sogleich abreiste, wie seine Diener am Jordan bei Jesus blieben und sich taufen ließen, und »ich sah auch, dass der Gesandte in Edessa ankam und der König ihm eine Strecke durch die Gärten entgegenkam und durch den Brief und das Bild unbeschreiblich gerührt war«. Das Gesichtbild Jesu wirkte auf sie »wie ein auf gefärbtes seidenes Tuch aufgeheftetes Pergament«, dessen eigenartige »Faltung« sie so sehr interessierte, dass sie Clemens von Brentano sechs Zeichnungen davon anfertigen ließ, die er eigens in seinen Text einfügte.

Die Geschichte wurde immer undurchschaubarer. Sicher schien nur, dass ein Bild oder auch verschiedene rätselhafte Bilder existiert haben mögen – und dass das Bild aus Genua mit diesen Texten nichts zu tun haben konnte. Einleuchtenderweise konnte diesen widersprüchlichen Texten kein einziges Objekt wirklich entsprechen, von dem ich je gehört oder das ich je gesehen hatte. Doch im großen Bilderstreit, in dem vor allem Kaiser Leo III., der Isaurier, im Jahr 730 alle Ikonen zerstören wollte, um den christlichen Kult »zu reinigen«, haben die Verteidiger der Bilder immer wieder die Existenz des Heiligen Antlitzes von Edessa, das auf Jesus selbst zurückzuführen sei, als Hauptargument gegen alle Bilderfeinde angeführt. Im gleichen Sinn wurde »das heilige Antlitz« im Jahr 787 auf dem II. Konzil von Nizäa erwähnt. Denn dieses Dokument sei wie kein anderes Objekt Zeuge der Menschwerdung Christi geworden. Dieses »Bild« zeige, dass der unsichtbare Gott in Jesus wahrhaftig »sichtbar« geworden sei. Diesem Bild verdanke die Kirche also, dass Gott nicht nur in seinem Wort gehört, sondern dass er auch »gesehen« werden könne.

An diesem Punkt meiner Suche fühlte ich mich nur noch müde. Auch fühlte ich mich krank geworden wie »König Abgarus, in die Füße getreten und hinkend«, und wäre gern durch ein kleines Wunder geheilt und gesund gewesen, ohne jeden Gedanken an meine schmerzenden Gelenke. Doch das rechte Knie peinigte mich wie verrückt, ich konnte mich im Bett kaum drehen; jede Berührung tat weh. Da rief Schwester Blandina wieder einmal an und sagte, ich müsse unbedingt den Abschlussbericht des Internationalen Wissenschaftlichen Symposions zum Turiner Grabtuch lesen, vom März 2000, und da besonders die »Hypothesen zur Frühgeschichte des Turiner Grabtuchs« von Karlheinz Dietz aus Würzburg. »Kenne ich gut«, sagte ich gequält. »Trotzdem,« meinte sie, ich müsse den Text noch einmal lesen, inzwischen hätte ich ja auch mehr gesehen; ihre Freundin Dorothea in Deutschland habe sie darauf gebracht. Es sei sehr wichtig. Ich humpelte aus dem Bett, zum Medizinschrank, spülte zwei Tabletten mit einem Glas Wasser herunter und humpelte weiter zu meiner kleinen Bibliothek, wo ich den Sammelband schnell fand; er gehörte zu den wenigen, die die letzten Umzüge überlebt hatten. Solange die Schmerzen anhielten, konnte ich genauso gut etwas lesen, wenn ich schon nicht schlafen konnte. Der Aufsatz umfasste vierzig Seiten und war mit 154 Fußnoten und 182 Literaturangaben versehen. So hatte Wissenschaft auszusehen. Gründlicher konnte man ein Thema kaum angehen. Es war ein weiteres akademisches Glanzstück von Professor Dietz, dessen Bildung und präzise Analysen ich bewundern gelernt hatte, seit ich ihn kannte.

Von ihm hatte ich gelernt, dass im Osten Ikonen nicht ›gemalt‹ werden. Sie werden ›geschrieben‹, heißt es in der orthodoxen Welt. Dass Ikonen da also schon immer als *Texte* verstanden wurden. Nie habe ich vergessen können, wie er vor Ellen und mir sechs Jahre zuvor im Flur seines Hauses in Würzburg zum Abschied eine über vier Meter lange Eins-zu-eins-Kopie des Turiner Grabtuches ausrollte und erläuterte, wie ein Schriftgelehrter eine Schriftrolle liest – als größte Ikone der Welt. In dem Aufsatz in meiner Hand hatte er nun noch einmal den frühen Weg dieses

Grabtuchs nach dem neuesten Stand der Forschung zu rekonstruieren versucht. Jetzt sah ich erst, wie viel ich nach der ersten Lektüre wieder vergessen hatte. Es war, wieder einmal, viel verwirrender, als ich es in Erinnerung hatte. Denn für Dietz war nicht etwa das Abgarbild aus Genua mit dem oft erwähnten Bild aus Edessa identisch, noch irgendein anderes bekanntes Porträt Christi. Für ihn kam für das »›nicht von Menschenhand gemachte Christusbild‹, die so genannten Acheiropoietos von Edessa«, nur das Grabtuch aus Turin in Frage. Denn »viele, nicht alle Charakteristika des Edessabildes stimmen wesentlich mit denen des Grabtuchs überein«. Zwar reduziere der Hauptstrom der Legende des Abgarbildes »den Abdruck auf Jesu Antlitz«, dennoch müsse als die mit Abstand überzeugendste Hypothese »die von Ian Wilson formulierte Gleichsetzung des Turiner Grabtuchs mit dem Edessabild« gelten.

Von ganz besonderer Bedeutung müsse in diesem Zusammenhang die mehrfach benutzte geheimnisvolle griechische Bezeichnung des Edessabildes als *tetrádiplon* gelten. Der Ausdruck bedeute, das Bild sei »viermal gefaltet« worden. Daher sei er mit Ian Wilson der Meinung, es müsse sich bei dem Objekt um »ein beträchtlich größeres Tuch« handeln, das mehrfach hätte gefaltet werden müssen. Wichtigste Quellen für diese Annahme seien zwei Handschriften so genannter uralter Thaddäus-Akten, die in Paris und Wien aufbewahrt seien. Dort werde berichtet, dass Jesus, nachdem er sein Gesicht einmal gewaschen habe, ein derart »viergefaltetes« Tuch als Trockentuch gereicht wurde, in das er sein Gesicht presste. Die längeren Thaddäus-Akten aus Wien hielten auch noch fest, dass es Ananias, dem Boten Abgars, nicht gelang, das Bild Christi zu erfassen, weil dieser »fort und fort in anderer Erscheinung und verändertem übernatürlichem Aussehen erschien«.

Der seltene Begriff *tetrádiplon* lasse sich nach eingehenden Analysen am besten übersetzen mit »vierfach zusammengefaltet«, »vierfach zusammengelegt«, am besten aber wohl als »ein in vier Lagen gefaltetes« oder »ein vier Falten habendes« Tuch. »Wie man es dreht und wendet, *tetrádiplon* bezeichnet nicht einfach ein Handtuch oder gar ein Stückchen Stoff im Taschentuchformat, sondern ein großes Tuch mit vier Falten bzw. in vier zusammenhängenden Lagen.« Dieses *tetrádiplon* der Thaddäus-Akten könne deshalb auch nichts »mit den kleinen Stoffen der erhaltenen Abgarbilder-Kopien von Genua und Rom gemein« haben. Mittels seiner philologischen Virtuosität legte Dietz (»aus dem Kontext heraus«) dar, dass die Texte eine Reduzierung des Verständnisses allein »auf das Antlitz nicht erlauben«.

Mich schwindelte, vielleicht auch wegen der Schmerzen in meinem Knie. Der Schwindel ließ nicht nach, als ich mich daran erinnerte, welche wissenschaftlichen Erkenntnisse ich früher selbst aufgeschrieben und verbreitet hatte: dass das Turiner Grabtuch kompliziert gefaltet worden sein musste, um es in einer besonderen Schatulle so zu verbergen, dass nur noch das Gesicht aus einem Fenster herausschaute. Ich hätte im Schlaf die genaue Faltung aufzeichnen können, mit der das große Tuch leicht in den rätselhaften Begriff hineinpasste. Nur das Grabtuch und nichts anderes dürfe jedenfalls unter *tetrádiplon* verstanden werden, schrieb Dietz. Darum sei auch verständlich, dass viele alte Quellen beim Grabtuch nur von einem Gesicht sprachen, nicht aber von einem Körper. Neuere Untersuchungen der »Falzfurchen« in dem Tuch hätten dieser Theorie nur noch einmal mehr Nahrung gegeben.

Ein komplexer und komplizierter Aufsatz. Wie in den Thaddäus-Akten selbst, »floss hier vieles zusammen«, auch Quellen verschiedener Herkunft und Güte. Was ich verstand, war inzwischen nur noch, dass dieses »Mandylion« – was immer es nun war – von Namen und Begriffen wie »Thaddäus«, »Abgar«, »Edessa«, »Trockentuch«, »Schweißtuch«, »vier Falten« und einem »wässrigen Ausdruck« umflattert und umsurrt wurde wie eine Frühlingswiese von Schmetterlingen, Bienen und Wespen. Es wurde in einer Nische der Stadtmauer von Edessa im 6. Jahrhundert wiederentdeckt, das scheint sicher. Sonst nicht viel.

Als ich Stunden später wach wurde, tat das Knie nicht mehr weh. Es war, als hätte es nie geschmerzt, ob durch die starken Voltaren-Tabletten oder den starken Tobak der Lektüre, ich weiß es nicht. Der Schmerz war weg. Eine Woche später trafen wir erneut Blandina in Manoppello, doch auf den Treppen zum Heiligtum sprachen wir zuerst noch einmal mit Pater Germano di Pietro, dem ehemaligen Guardian des Klosters, der unsere Besuche hier lange Zeit skeptisch beobachtet hatte. »Hören Sie, Pater Germano«, fragte ich ihn diesmal schon zur Begrüßung, »warum wird das Bild nicht endlich einmal in all seinen Fasern wissenschaftlich untersucht?« Er lachte. »Warum sollte es? Warum sollte es zerschnibbelt und gequält und aus den herrlichen alten Scheiben herausgenommen werden? Das braucht nicht zu Wissenschaftlern gebracht werden. Die Wissenschaft kommt dem Heiligen Gesicht von Tag zu Tag mehr entgegen. Warten Sie nur ab. Die Wissenschaften kommen dem Tuch rasend schnell entgegen und nicht umgekehrt.« Er lachte noch einmal, bevor er sich ins Auto setzte. Er hat viele Jahre seines Lebens hier verbracht, bevor er im Herbst 2004 die Leitung des Konvents und damit das Wächteramt für das Heilige Gesicht an den sanften Pater Carmine Cucinelli abgab. Kurz darauf sahen wir Schwester Blandina wieder, auf den Knien, hoch hinter dem Altar, vor dem Bild, beim Rosenkranz. »Man erkennt ihn am besten im Gebet«, sagte sie und lächelte. Ich holte aus dem Kirchenraum zwei Stühle und setzte mich mit Ellen dazu. »Warum sollte ich die Hypothesen zur Frühgeschichte des Turiner Grabtuchs von Dietz denn lesen?«, fragte ich leise. »Schauen Sie sich das Bild an«, sagte sie und hob den Rosenkranz wieder hoch. Spätes Licht der Nachmittagssonne flutete mild durch den Kirchenraum. Blandina hatte die Lampen unmittelbar vor und hinter dem Schleier gelöscht. Kein Mensch störte sie beim Gebet, keiner störte uns beim Schauen. Licht aus zwei Fenstern des hinteren Kirchenschiffs schien leicht durch das Angesicht. Ich zog den Stuhl etwas näher zu der Scheibe hin. Schwester Blandina betete auf Italienisch: *»Ave Maria, piena di grazia, il Signore é con te* – sei gegrüßt, Maria, du bist voll der Gnade, der Herr ist mit dir …« Das Bild vor meinen Augen veränderte sich, es leuchtete auf, es verblasste – mit jeder Kopfbewegung veränderte es sich fort und fort, und ich bewegte meinen Kopf dauernd, von links nach rechts, von rechts nach links, von unten nach oben, von oben nach unten. *»Tu sei la benedetta fra le donne e benedetto il frutto del tuo seno Gesù* – du bist gebenedeit unter den Frauen, und gebenedeit ist die Frucht deines Leibes: Jesus.« Jetzt hatte das Bild schon wieder eine andere Erscheinung angenommen. *»Santa Maria, Madre di Dio, prega per noi peccatori* – Heilige Maria, Mutter Gottes, bitte für uns Sünder…«. Jetzt sah es übernatürlich aus, aber wirklich. Ich kniff mein linkes Auge zu und fuhr das Bild mit dem anderen Auge vor der Neonröhre einer der hinteren Säulen wie mit einem Scanner ab. Vor dem leuchtenden Licht der fernen Lampe war rein nichts auf dem Gewebe zu sehen, da war es nur weiß. *»… adesso e nell' ora della nostra morte.* – Jetzt und in der Stunde unseres Todes. Amen.« Ich schaute noch länger. »Moment mal«, sagte ich dann und stand auf. »Können Sie bitte einmal kurz die Beleuchtung anschalten?« Blandina legte den Schalter um. »Aber da ist ja eine, nein, da sind ja vier Falten auf dem Tuch!«, sagte ich und ging ganz nah an das Glas heran. Das Gewebe ist ohne Naht, doch einmal längs und dreimal quer von laufmaschenartigen Falten durchzogen, deutlich wie Linien einer Hand. Sie sind so stark und deutlich, dass sie auf der Stirn sogar zu einer kleinen Verletzung des Gewebes geführt haben, wo die waagerechte Falte die senkrechte kreuzt. Es war eine Längsfalte, die von oben nach unten, über drei Querfalten von links nach rechts verlief. Ich nahm die Brille ab, rieb mir die Augen und schaute wieder hin. Es war keine Einbildung; Ellen sah jedes Detail genau so. Ich kniff ein Auge noch einmal zu und fuhr mit meinem Blick das Gewebe ab, um in wechselnder Beleuchtung den »Grundzug geheimnisvoller Unnahbarkeit« zu bestaunen, und wie dieses Bild tatsächlich »fort und fort in anderer Erscheinung und verändertem übernatürlichem Aussehen erschien« und sich dem Begreifen und Festhalten entzog. Ja, es veränderte sich vor meinen Augen mit jeder Bewegung meines Kopfes. Es ist ein Bild aus vielen Bildern; kein Wunder, dass kein Maler es je hat erfassen können. Etwas anderes war es mit den vier Falten; die blieben, deutlich und eindeutig.

Das zarte Tuch ist wohl dreimal gefaltet worden, vielleicht das erste Mal quer, von oben nach unten, dann noch einmal quer, dann die linke Seite über die rechte, oder umgekehrt. Schleierhaft bleibt nur, wie die Falten in den Schleier hineingekommen sind. Warum sie da geblieben sind wie Linien in einer Hand, aus denen alte Frauen im Orient so gern die Zukunft zu lesen versuchen?

»Ich frage mich in letzter Zeit oft«, unterbrach Blandina meine Betrachtung, »ob es nicht einfach selbstverständlich war, dass Judas Thaddäus nach dem Tod Marias dieses Tuch von dem Konzil der Apostel übertragen wurde. Unter den Aposteln zählte er doch als einziger zur Familie Jesu!«

Thomas der Zweifler

Barockes Medaillon auf dem Sarkophag des heiligen Thomas in Ortona

Der heilige Thomas durfte in seinem Zweifel die Wunden des Auferstandenen sehen und berühren«, hatte Blandina am Schluss ihres schmalen Buches 1999 geschrieben, »mögen doch viele Wissenschaftler durch die intensive Beschäftigung mit dem Schleierbild eine ähnliche Erfahrung machen und das Lob des Herrn verkünden.« Ein frommer Wunsch. Inzwischen hat Blandina Paschalis Schlömer sich eine neue Tracht genäht; jetzt trägt sie nicht mehr das Schwarzweiß der Trappistinnen, sondern Braun und Weiß mit einem sandfarbenen Schleier. Ihre Äbtissin will nicht, dass die eigenwillige Mitschwester in der Öffentlichkeit mit ihren Aktivitäten als ordentliche Trappistin auftritt. Am Samstag, dem 17. Juli 2004, fuhren wir wieder einmal zu ihr und »ihrem« Heiligtum. Ich hatte mir über das Wochenende hinaus zwei Tage freigenommen. Uns war nichts Besseres eingefallen, als wieder von Rom nach Manoppello zu fahren. »Pater Germano hat Recht«, erzählte ich Ellen unterwegs, »als er sagte, dass alle Wissenschaften dem Schleierbild entgegenkommen. Keiner muss sich beeilen, es in die Hände von Wissenschaftlern auszuliefern. Schau dir meine Digitalkamera an. Meine Fotos von dem Heiligen Gesicht hätte vor zehn Jahren kaum ein Profi machen können. Oder denk an meinen PC, den ich erst knapp 16 Jahre habe, oder die E-Mails, die ich seit gerade 6 Jahren in Sekundenbruchteilen verschicke – mit ganzen Büchern als Anhängen, wenn es sein muss, oder kompletten Fotoalben. Und denk an die Recherche-Möglichkeiten, die dadurch in den letzten Jahren explodiert sind. Ja, es ist eine wahre Explosion der Information, und keiner kann sich jetzt schon die Grenzen ausmalen!« Ellen ließ sich nicht aus der Ruhe bringen. »Wo gehen wir essen?«, fragte sie. Wir hatten den langen Tunnel von Cucullo gerade hinter uns gelassen und fuhren die kühnen Schlaufen der Autostrada hinab, die hier in den 1960er Jahren auf riesigen Stelzen am Berg entlanggeführt wurde. Ein gewagtes Meisterwerk der Straßenbaukunst inmitten eines alten Erdbebengebietes, doch wunderschön. Rechts tauchte Sulmona am östlichen Fuß des Majellamassivs vor uns auf, die Heimatstadt Ovids. »Sollen wir Blandina zur Feier des Tages in ein kleines Lokal nach Sulmona einladen? Da wollten wir doch immer schon einmal hin.« Wir waren uns schnell einig. Augenblicklich bekam ich Hunger. Kurz nach Manoppello fahren, Blandina abholen, zurück nach Sulmona. Wir freuten uns schon.

Schwester Blandina sah das anders. »Nein«, sagte sie zu der Einladung, »wir fahren nach Ortona, da war ich noch nie und wollte immer schon einmal hin.« Wo ist das denn? »An der Küste, sechzig Kilometer von hier.« Und warum? »Weil der heilige Apostel Thomas da begraben liegt und ich immer schon einmal an sein Grab wollte.« – »Sie spinnen, Ehrwürdige Schwester«, sagte ich, »Thomas ist doch in Indien begraben. Da hat er doch als einziger Apostel missioniert.« Nein, sie beharrte auf Ortona, und dort sei San Tommaso begraben. »Warum nicht«, sagte Ellen, »Fisch ist doch auch gut.« Ich musste ihr Recht geben. Gleich oberhalb von Blandinas Einsiedelei führt die Straße in die Berge hoch, hinter denen sich die Küstenebene nach Ortona öffnete. Es war wunderschön, doch wie so oft war es mit der Abfahrt etwas spät geworden, weil Blandina mal das eine, mal das andere vergessen hatte, während ich mit laufenden Motor vor dem Haus wartete. Es wurde auch fast schon zu spät, Ortona vor den üblichen Schließzeiten der Kirchen zu erreichen.

Tatsächlich fand sich in der mir bislang völlig unbekannten Stadt eine Thomaskirche, sogar eine Basilika. Der Platz davor war menschenleer. Wahrscheinlich waren inzwischen schon alle beim Essen und belegten sämtliche Plätze der Restaurants. Ich hatte es vor lauter Hunger so eilig bekommen, dass ich beim Einparken eine Macke in die hintere Stoßstange rammte. Das Basilika-Portal war noch auf. Blandina schob die schwere Tür auf und verschwand im Dunkel. Wir machten uns auf, schnell noch die letzten freien Plätze in einem kleinen Fischlokal mit Meerblick zu ergattern, das wir durch die Autofenster entdeckt hatten. So eilig hätten wir es nicht zu haben brauchen; außer einer Familie an einem Nebentisch waren wir die einzigen Gäste in dem alten Palazzo Farnese. Es duftete herrlich. Das Meer vor dem Fenster hätte blauer nicht sein können. Wir studierten die Speisekarte und orderten schon einmal Wasser und Wein. Zwei Söhne, die Tochter und die Mutter der Familie am Nebentisch waren vertieft in ein Buch zur Pasta, der Vater las die Zeitung. Blandina kam nicht. »Ich geh sie holen«, sagte ich zu Ellen und steckte ein Stück Brot in den Mund.

Das Portal der Basilika war noch immer nicht verschlossen. Normannen hätten sie 1080 zerstört, sagte eine Inschrift, 1127 sei sie wiederaufgebaut worden. Es war dunkel in dem hohen Bau und menschenleer. »Schwester Blandina?«, rief ich leise. Keine Antwort. »Blandina?!« Keine Antwort. In der Apsis führte eine Treppe hinunter zu einer Krypta, wo ich Blandina endlich vor einem beleuchteten Sarkophag unter dem Altar knien sah. Es war eine goldene Barockarbeit mit dem eingelassenen Medaillon eines Apostels in der Vorderseite. Dahinter war eine schwarze, zerborstene Steinplatte in den Boden eingelassen mit einer halbplastischen Büste in der Mitte. Ein bärtiger Mann mit strengen, fast chinesisch-mongolischen Zügen schaute mich vom Boden her an. Links und rechts vom Kopf waren die griechischen Worte »Hagios Thomas« in die Platte gemeißelt. Die Augen weit auf, die Rechte nachdenklich zum Bart und Kinn hin gestreckt, in der Linken einen Stab mit einem kleinen Kreuz am Knauf, sah er fremd aus, wie von sehr weit her. Ja, dies sei das Grab des heiligen Thomas, berichtete eine Tafel an der Wand der Krypta. Am 6. September 1258, »zur Zeit Manfreds, des Fürsten von Tarent, einem Sohn des Hohenstaufenkaisers Friedrich II.«, hätten drei Galeeren aus Ortona unter dem Kommando Kapitän Leones seine Gebeine in einem »heiligen Tresor« in den Hafen gebracht. Sie seien von einer Militärexpedition aus der Ägäis heimgekehrt, wo sie geholfen hätten, das Monopol der venezianisch dominierten Handelswege in den Orient gegen die Genueser zu sichern. Mit dem verbrieften Recht, zu diesem Zweck alle Inseln der Genueser zu plündern, hätten sie auch Chios erobert, wo Einheimische dem Admiral ein heiliges Gebäude zeigten, in dem der Apostel begraben lag, der aus Indien dorthin gebracht worden war. »Wie es damals Brauch war«, ließ Leone die Gebeine sogleich auf seine Galeere bringen, zusammen mit der »armenischen Grabplatte aus Edessa in Mesopotamien, wo die Knochen des Apostels bis zum 3. Jahrhundert gelagert hätten«. Edessa? Edessa muss einmal ein wahrer europäisch-asiatischer Verschiebe- und Verladebahnhof gewesen sein. Ellen kam uns abholen.

»Was soll ich denn hier essen?«, fragte Blandina, endlich am Tisch, »ich war noch nie in einem Fischlokal.« In Trappistenklöstern wird streng vegetarisch gegessen, nur an hohen Festtagen gibt es Fisch oder Eierspeisen. »Wie wäre es mit Spaghetti alle Cozze?«, schlug ich vor. »Am Meer sind die fast immer gut.« – »Was ist das denn?« – »Spaghetti mit Miesmuscheln.« – »Aber wie isst man die denn, ich habe so was noch nie gegessen?« – »Ich zeig es Ihnen.« Wir hoben ein Glas Wein auf den heiligen Thomas, und noch eins, als die Spaghetti kamen. »Oh, wie schön!«, rief Blandina, als sie den Teller vor sich sah. Ich holte ihr die erste Muschel aus der Schale und beugte mich über meinen Teller. Blandina aber betrachtete vor allem die Schalen entzückt, diesmal als Ikonenmalerin. »Denken Sie, ich kann die mitnehmen? In denen möchte ich gern Farben mischen!« – »Natürlich.« Als der Kellner außer Sicht war, wickelte Schwester Blandina rasch ihre leeren Muschelschalen in den »Sankt-Thomas-Boten« ein, die Diözesan-Zeitung, die sie am Ausgang der Kirche noch eingesteckt hatte. Als wir zum Auto zurückgingen, dachte ich an meine Mutter, die von ihrer ersten Flugzeugreise mit einer Handtasche voll eingeschweißter Libby's-Milch für den Kaffee und Zuckertütchen zurückkam, die sie oben im Flieger eingesammelt hatte.

Zwei Tage später sah ich Blandina wieder, als wir gerade zum Auto gehen wollten, um zurück nach Rom zu fahren. Sie strahlte mich durch ihre Brillengläser an. »Es ist etwas ganz Besonderes geschehen!«, sagte sie. »Sie wissen doch, dass ich mich schon lange frage, auf welchem Stoff das Heilige Antlitz ruht. Mit meiner Freundin Dorothea habe ich jetzt eine ganz neue Spur gefunden. Ich habe einen Bericht darüber verfasst.« Sie gab mir fünf Blätter, die sie an ihrem Computer ausgedruckt hatte – in einer großen, die Handschrift imitierenden Schriftart. Ich steckte die Blätter ein, wir verabschiedeten uns freundlich, und ich setzte mich ans Steuer. Mein Schreibtisch zu Hause war voll mit Arbeit. Zwei Tage später fielen mir Blandinas Blätter wieder in die Hände, als ich in meiner Innentasche nach verlegten Notizen suchte. Ich fing im Stehen zu lesen an, dann setzte ich mich. »20. Juli 2004, Tagesereignis«, hatte sie ihren Bericht überschrieben. Er geht im Wortlaut folgendermaßen:

»Ich war beim Spülen. Endlich wollte ich die Muscheln aufräumen, die seit Sonntag eingeweicht und gespült im letzten Spülwasser standen. Da ging das Telefon. Dorothea Link! Sie berichtete von ihren Untersuchungen an den Seidenmustern, die ich ihr vor einiger Zeit geschickt hatte, feinste Organzaseide. Ich hatte mit der Lupe festgestellt, dass die Qualität der Fasern mehr Ähnlichkeit mit dem Schleiergewebe hat als andere uns zur Verfügung stehendes Baumwoll- oder Leinengewebe: Die Fäden waren glatter. Frau Link bestätigte diese Beobachtung. Sie sei jetzt überzeugt, dass es sich beim Schleiergewebe wenigstens um seideähnliches Material handle und nicht um Leinen. Ich wandte ein, dass die alten ägyptischen Byssusgewebe auch äußerst fein und glatt gewesen seien und es sich da aber immer nur um Leinenfasern handelte. ›Nein‹, sagte sie, ›ich fand im Lexikon die Angabe, dass es sich beim alten Byssusgewebe um Leinen, Seide oder Muschelhaftseide gehandelt habe!‹ Das war etwas Neues für mich! – Die Frage nach dem Gewebe des Schleiers beschäftigt uns jetzt schon fast drei Jahre. Die Durchsichtigkeit der Fäden und die äußerst glatte Oberfläche ließen uns immer wieder an Leinen als Webmaterial zweifeln. Seide wurde aber von verschiedenen Schleierforschern als Möglichkeit ausgeschlossen.

All das ging zwischen uns hin und her. Als Frau Link jetzt ›Muschelseide‹ erwähnte – ich hörte das Wort zum ersten Mal in meinem Leben – sagte ich: ›Ach, wie interessant! Ich bin gerade beim Muschelwaschen!‹ Wo soll aber da Seide sein? Es gibt einen kleinen Pfropfen, an dem der weiche Muschelkörper mit der silbrigen Schale verbunden ist. Aber der schien mir so ganz klein! ›Nein‹, meinte Frau Link, ›es stand da: Haftseide, ein Geflecht von Haftseide!‹

Seit drei Jahren hat sie immer wieder die Vermutung geäußert, dass der Faden im Schleiergewebe keine pflanzliche Struktur habe, eher wie aus einer Düse ausgeblasen erscheint. So jedenfalls schloss sie aus ihren Beobachtungen des Gewebes auf dem Computerbildschirm bei ungeheurer Vergrößerung. ›Ich ruf Sie später wieder an!‹, sagte ich bei dem Gedanken an die Muschelseide und stürzte mich auf meine gewaschenen Muscheln, um sie zu trocknen. Diese zauberhaften Lebewesen sollten also auch so etwas wie Seide hervorbringen? Aber wo? Ich trocknete die Teile sorgfältig ab. Zum Farbenmischen mussten die Schalen sauber sein. Auf der Rückseite fühlte ich trotz aller Sorgfalt beim Spülen noch ziemlich viele Unebenheiten. Ich fing an zu rubbeln, um die vermeintlichen Speisereste zu entfernen. Sie leisteten zähen Widerstand. Und als ich mit den Fingern nachhelfen wollte, hatte ich auf einmal feinste, weißliche Fäden in Händen, die sich nicht von der Schale lösen wollten: ›Haftseide!‹, schoss es mir durch den Kopf, ›Muschelhaftseide!‹ Ich spürte, dass sich die Fäden dehnen ließen. Sie schienen recht stark, und allem Anschein nach waren sie in größerer Menge auf jeder Muschel zu finden. Sie scheinen angewachsen und bilden ein Gewirr. Unter der Lupe sah ich, dass sie auch glänzten, etwas durchscheinend waren, ganz so wie die Fäden auf den mikroskopischen Gewebeaufnahmen von Prof. Fanti. Ich prüfte einige mit der Feuerprobe auf ihren tierischen Ursprung. Sie schrumpften in bläulich schwarzen Kügelchen zusammen, wie sich das Gewebe in den Pupillen des Schleierantlitzes zeigt, ebenfalls nach den Aufnahmen von Prof. Fanti aus Padua.

Die Fäden scheinen mikroskopisch dünne ›Minischläuche‹ zu sein von durchsichtigem Material. Die Farbe bei den von mir heute untersuchten Fäden war zwischen weißlich und einem hellen Ockerton, zum Teil ins Gelbliche gehend. Die Muscheln hatten bereits den Kochvorgang und ein Säurebad durch meine Säuberungsmaßnahmen überstanden, kein Wunder, dass sie nicht mehr weiß waren. Aber in all ihren Eigenschaften, auch den Farbtönen, erinnerten sie mich lebhaft an die materielle Beschaffenheit des Schleiers. Sollte eine der Frauen, die beim Begräbnis des Herrn anwesend waren – die allerseligste Jungfrau oder Maria Magdalena – einen solch dünnen Schleier besessen und damit das Antlitz des Herrn bedeckt haben, als letzten Ehrerweis? Vor kurzem hatte ich von Maria Magdalena gelesen, dass sie bei der ersten Fußsalbung einen Schleier getragen habe, der zwar ihre Haare bedeckte, ›aber im Grunde nichts verhüllte‹, so dünn sei er gewesen. Ich sah die Muscheln in ihrem seidigen Glanz und mit den zartesten Linien, und vor mir tauchte der Schleier auf in seinen irisierenden Eigenschaften, seine nur der Natur vergleichbaren Farbnuancen, die zarten Fäden und Gewebeknoten, auch die ›gebrannten‹ Pupillen – und es wollte mir scheinen, dass wir der Wahrheit über den Stoff einen ungeheuren Schritt näher gekommen waren. Jetzt bleibt nur noch die genauere Untersuchung von Muschelseidefäden und eventuell eine Kleinstprobe von einem Faden des Schleiergewebes zum Vergleich. Der Herr der Schöpfung wusste wohl, welche Fasern für ein solches Bildwunder, wie der Schleier es darstellt, benötigt werden. Und die Liebe der Menschen stellte sie ihm zur Verfügung! Jedenfalls ist der Schleier nicht nur ein Beweis der barmherzigen, gottmenschlichen Liebe unseres Erlösers, er ist auch ein Zeichen für eine Ihm erwiesene, menschliche Liebe. Manoppello, 20. Juli 2004, Sr. Blandina Paschalis Schlömer.«

Ich überflog den Bericht noch einmal, stand auf und ging auf den Balkon. *»Ho visto il Signore, Halleluja!«*, hatte es heute Morgen im Evangelium in der Annakirche geheißen: «Ich habe den Herrn gesehen.« Es war der 22. Juli. Die Kirche Roms feierte das Fest der heiligen Maria Magdalena, der Sünderin, die Jesus mehr als alle anderen geliebt hatte. Die am Kreuz dabeistand, als kein Thomas und Petrus mehr da waren. Die bei seinem Begräbnis zugegen war, wo auch von keinem Apostel außer Johannes die Rede ist, und die ihn schließlich als Erste wieder lebendig sah, als sie im Morgengrauen zu seinem Grab lief, um ihn, sobald der Tag anbrach, noch ein letztes Mal zu salben und zu beweinen und noch einmal mit Küssen zu bedecken. »Sie haben ihn weggetragen!«, schluchzte sie, als sie die Apostel alarmierte. Ich rief Ellen, um ihr von Blandinas Neuigkeiten zu berichten.

Maria Magdalena

Maria Magdalena unter dem Kreuz, Detail des Isenheimer Altars
von Matthias Grünewald in Colmar, zwischen 1510 und 1515

Schlüssigeres hatte ich bisher noch nicht zu dem Gewebe gehört. War das, wenn es sich bestätigen sollte, nicht der Schlüssel zu so vielen Fragen: ein Gewebe aus Perlmuttfäden, zumindest aus einer Art Perlmuttsubstanz? Was könnte das Schimmernde des Schleiers besser erklären, was das Durchscheinende oder seine holografischen Effekte? Byssus ist feuerresistent wie Asbest und leitet sich von dem aramäischen Wortstamm »bus« ab, fand ich im Internet bald heraus. Es wird auf dem Stein von Rosette erwähnt, anhand dessen Jean Francois Champollion die Entzifferung der ägyptischen Hieroglyphen geglückt ist. Es ist in Pharaonengräbern gefunden worden und in Syrien, Kanaan, Mesopotamien, Griechenland und ältesten Registern der Schatzmeister bezeugt: ein sagenhaftes, phantastisches Gewebe: »gesponnenes Gold«. Das Goldene Vlies des Jason war aus Byssus, hieß es an einer Stelle. Der Vorhang im Jerusalemer Tempel war aus Purpur und Byssus, liest man woanders. In der Bibel wird es obligatorisch für die Teppiche des Allerheiligsten und den »Ephod«, das hohepriesterliche Gewand des Obersten Priesters vorgeschrieben. In der Antike gab es keinen kostbareren Stoff. Nach der Apokalypse sei es der Stoff für das »Gewand der Braut des Lammes«, erfuhr ich von dem Theologen Klaus Berger aus Heidelberg: für das Hochzeitskleid der Kirche. Ich hatte nichts von all dem je gewusst oder gehört.

Dichter und Gelehrte hatten den durchsichtigen Goldglanz des Byssus beschrieben, »fein wie Spinnengewebe«.

Wenn junge Mädchen die Fäden in ihre Locken flochten, muss der verborgene Glanz sie unwiderstehlich für junge Männer gemacht haben. Die Rostocker Universität an der Ostsee hatte einen großen Artikel darüber ins Netz gestellt, denn tatsächlich: Byssus wird wirklich aus dem Meer und von Muschelhaftfäden gewonnen. Die Fasern entstünden aus dem »eiweißhaltigen Sekret einer Byssusdrüse am Fuß der Tiere, welches bei Berührung mit Wasser zu festen Fäden erstarrt«, habe ich von einer Frau Norma Schmitz erfahren. Heute gebe es nur noch ganz wenige Stücke des Stoffes in einigen Museen, weil die Herstellung einfach unerschwinglich teuer sei. »Die Fäden einer im Mittelmeer vorkommenden Muschelfamilie eignen sich infolge ihrer Länge besonders für die Verarbeitung zu Muschelseide. Exemplare der ›Edlen Steckmuschel‹ *(Pinna nobilis)*, der größten Muschel des Mittelmeeres, werden bis zu 90 cm groß. Sie stecken aufrecht mit der Spitze im Sediment in 5 bis 10 m Tiefe und verankern sich mit ihrem Byssus im sandigen Untergrund. Die Fäden sind sehr fein, zäh und widerstandsfähig. Je nach Sediment und Alter der Tiere können sie von farblos bis dunkelbraun gefärbt sein. Byssus ist weder wasserlöslich noch entflammbar, widerstandsfähig gegen Alkohol und Äther, verdünnte Säuren und Laugen. Die Muscheln wurden im flacheren, klaren Wasser durch Tauchen oder vom Boot aus mit langen Stecheisen oder speziellen Zangen geerntet. Die Ausbeute war sehr gering. Ein Tier lieferte nur 1–2 g. Für 1 kg Rohbyssus waren bis zu 1000 Muscheln erforderlich. Daraus wurde 200 bis 300 Gramm Byssusseide gewonnen. Nach der Ernte wurden die Fasern mehrfach gewaschen, getrocknet und gekämmt. Je mehr man sie kämmte, desto stärker trat ihr Glanz hervor. Ihre typische goldbraun glänzende Farbe, welche die Muschelseide so berühmt machte, erhielt sie jedoch erst durch Einlegen in Zitronensaft. Weiteres Färben war nicht erforderlich, auch nicht möglich, da die Fasern keine Farbe annehmen.«

Im Gegensatz zu Leinen oder Seide sind Byssusfasern auf einmalig irisierende Weise lichtdurchlässig. Es war einer der Momente, an denen ich wieder einmal mit dem Rauchen anfing. Hat nicht schon die Camuliana-Legende erzählt, das nicht von Menschenhand geschaffene Bildnis wäre »aus dem Wasser« gewonnen worden? Die Muschel ist ein altes Sinnbild für Maria. Über den Kolonnaden des Petersplatzes stehen alle Heiligen in Muscheln, hatte ich mehrmals da oben bei Übertragungen von Papstmessen auf der Pressetribüne gesehen. Das Heilige – die Perle – kommt aus der Muschel. Auf dem Ölberg in Jerusalem hatte mir vor Jahren ein Franziskaner ein byzantinisches Mosaik aus dem 3. Jahrhundert gezeigt, das Christus in der Mitte als durchbohrte Perle darstellt.

»Mit Gold und Silber konntest du dich schmücken, in Byssus, Seide und bunte Gewebe dich kleiden. Feinmehl, Honig und Öl war deine Nahrung. So wurdest du strahlend schön und wurdest sogar Königin«, wurde aus dem Buch des Propheten Ezechiel auf dem Bildschirm zitiert, als ich bei »Google« die Stichwortkombination »Byssus Magdalena« eingegeben hatte. Der dazugehörige Artikel war eine Betrachtung Emil Spaths, in der er das Klagelied des Propheten über »Jerusalem, die treulose Frau, die an jeder Straßenecke Unzucht getrieben hatte«, einem Bildausschnitt des Isenheimer Altars im elsässischen Colmar gegenüberstellte, der Maria Magdalena unter dem Kreuz zeigte: nur sie, ohne den weltberühmten blau angelaufenen Gekreuzigten, vor dem sie da zu Boden gesunken ist. In ihr, so der Autor, sei die »treulose Braut, die zur Hure geworden sei«, wieder zur Braut geworden. Maria Magdalena sei in der Darstellung des Meisters Matthias Grünewald in Colmar zu einem einzigen Sinnbild des »bekehrten Israels« geworden.

Unter – nicht über! – den Ärmeln ihres Gewandes lasse der Maler deshalb deutlich die schweren goldenen Brautspangen erkennen, die Gott Jerusalem schon in der Frühzeit geschenkt hatte. Maria Magdalena ist halb wahnsinnig vor Qual, mit leer geweinten Augen, verzerrtem, halb offenem Mund, die Arme zu dem Toten hochgestreckt, die Finger in Pein verschränkt und verknotet. – Vom Kopf aber fällt ihr ein durchsichtiger Schleier über Stirn und Augen, der jede Wimper ihrer Lider so durchscheinen lässt wie der Schleier über dem Altar von Manoppello.

»Wer sonst«, sagte Ellen, »soll diesen Schleier eigentlich im Grab Christi zurückgelassen haben, wenn er denn aus diesem Grab stammt?« Ja: wer sonst von denen, die bei dem hastigen Begräbnis Jesu bezeugt waren? Von Josef von Arimathäa ist berichtet, dass er von Pilatus den Leichnam Jesu erbat und ein großes reines Linnen für die Bestattung kaufte. Wäre da nicht auch dieses kostbare Gewebe noch einmal eigens erwähnt worden, wenn es denn auch von ihm wäre? Von den römischen Legionären wird es nicht stammen, die die Hinrichtung geleitet hatten; sie hatten ja selbst um das Gewand des Ermordeten gewürfelt. Und Maria? Nach allem, was von ihr überliefert ist, sehe ich die Mutter Jesu eher in Wolle und Leinen vor mir, weniger in Samt, Seide und Geschmeide. Das wird bei Maria Magdalena anders gewesen sein. Bei ihrem früheren Beruf, in dem das verlockend Schöne zum Geschäft zählte, stelle ich mir auch ihre Garderobe ganz anders vor. Die Damen der Frankfurter Elbestraße sparen sich ihre teuren Fuchspelze ja auch nicht vom Mund ab. Ähnlich muss es wohl auch in dem Hafenstädtchen Magdala am See Genezareth gewesen sein. Wenn eine unter den Begleiterinnen Jesu für einen Byssus-Schleier in Frage kommt, dann ist es Maria aus Magdala. Wer wollte Schwester Blandina da widersprechen? Wer, wenn nicht sie, wird ihrem Liebsten dann schließlich ihr kostbarstes Tuch als Adieu ins Grab mitgegeben haben: den Schleier der Magdalena!

Das Thema lässt mir keine Ruhe. Die Muschelseide, finde ich heraus, wurde in der Antike vor allem in zwei Städten gewonnen und gewebt, in Alexandria an der ägyptischen und in Antiochien an der syrischen Küste. Später habe sich die Gewinnung auch über andere Orte entlang des Mittelmeers verbreitet, etwa nach Tarent in Süditalien, das einmal ein großes Zentrum dieser Kunst war. Inzwischen sei sie aber überall zum Erliegen gekommen – bis auf Sant' Antioco, eine kleine Insel südwestlich vor Sardinien, wo die Muschelseide bis heute noch in kleinen Mengen gefördert werde und in deren Namen ja vielleicht jetzt noch ein letztes Echo der antiken Großstadt Antiochien nachklingt. Diese Insel sei nun »der letzte Faden im Tuch des Meeres«.

Am 26. Juli bot ich meiner Redaktion in Berlin an, eine rasche Entdeckungsreise nach Sardinien zu machen: den letzten Fäden des Goldenen Vlieses hinterher! Aber die Idee fiel ins Sommerloch. Es ließ sich sogar herausgoogeln, dass es in Sant' Antioco die letzte überhaupt noch lebende Byssusweberin der Erde gebe. Signora Chiara Vigo habe deshalb die herausragende Rolle bei einer großen Ausstellung über die »Goldenen Fäden vom Meeresgrund« im Frühjahr 2004 im Museum der Kulturen in Basel gespielt. »Alles stirbt zweimal. Zuerst seinen eigenen Tod, unabänderlich und konkret«, hieß das Motto der Ausstellung, »später dann jenen anderen im Bewusstsein der Überlebenden.« Den zweiten Tod dieser faszinierenden und vergessenen Stoffkultur wollte ich nach meinen Kräften unbedingt noch etwas aufhalten. Doch da war Schwester Blandina inzwischen schon wieder schneller. »Gentile Signora Vigo«, begann sie am 3. August 2004 einen Brief nach Sardinien, in dem sie vom »Heiligen Gesicht« und ihrer neuen Entdeckung berichtete, entsprechende Fotos dazulegte und fragte, ob sie in dieser Sache vielleicht mit ihrem Rat als Expertin rechnen dürfe. Am Abend des 6. August – an dem in Maoppello immer mit Pauken und Trompeten der Verklärung Christi auf dem Berg Tabor gedacht wird – fand sie auf ihrem Anrufbeantworter eine Nachricht, dass alle zugeschickten Unterlagen darauf hindeuteten, dass der Schleier tatsächlich wie Byssus erscheine, obwohl sie einer persönlichen Prüfung natürlich nicht vorgreifen könne. Blandina hörte die Nachricht wieder und wieder ab. Es dauerte nicht lange, da hatte sie Signor de Luca, den Bürgermeister Manoppellos, so weit, dass er Chiara Vigo auf Kosten der Gemeinde einen Freiflug von Sardinien zum Festland anbot. Wohnen würde sie in der Eremitage Suor Blandinas. Den Transfer vom Flughafen zum Heiligtum hatten Ellen und ich ihr versprochen.

Der 1. September 2004 ist ein frischer Spätsommermorgen, mit einer kühlen Brise vom nahen Meer, als Ellen den Wagen vor der Halle A des Leonardo-da-Vinci-Airports in Fiumincino im Halteverbot parkt, wo sie auf mich warten will. Der Flughafen liegt noch im Halbschlaf. 7.35 Uhr zeigt das Display in der Halle an, als draußen auf der Rollbahn die Alitalia-Maschine AZ 1570 aus Cagliari aufsetzt. Um 7.24 Uhr hat in der fernen nordossetischen Kleinstadt Beslan ein mit Gewehren und Sprengstoffgürteln ausgerüstetes Terroristen-Kommando die Schule Nr. 1 gestürmt, als Lehrer, Kinder und Eltern zum ersten Schultag nach den großen Ferien in das Gebäude geströmt waren. Die Bilder, die in den nächsten Tagen über die Bildschirme huschen, sind ein Grauen. Über dreihundert ermordete Geiseln. Apokalyptische Gräuel aufzuzeichnen ist zum täglichen Brot vieler Reporter der Erde geworden, besonders in diesen Tagen. Ich aber höre an diesem Morgen nicht Radio und schalte es auch später auf der Autostrada nicht an. Reporter haben es leicht, geht es mir stattdessen in der Ankunftshalle noch einmal durch den Kopf, als mir die ständige Beweisnot Pater Pfeiffers in den Sinn kommt. Und die Angst wohl aller Professoren, dass man ihnen vielleicht irgendwann einen kleinen oder großen Fehler oder Irrtum nachweisen könnte. Reporter müssen nichts beweisen. Im Gegenteil. Sie haben ihre eigenen Leiden und Deformationen, aber sie sind keine Richter, Anwälte oder Professoren und Lehrer. Wenn sie sich trauen und nicht Professor, Lehrer, Richter oder Anwalt spielen wollen, dürfen sie nur berichten und erzählen von den Gegenständen und Ereignissen, die sie tagelang, bei jedem Licht und Schatten, von nah und fern beobachtet haben. Je mehr Stimmen, um so besser. Je widersprüchlicher, umso wahrhaftiger und lebendiger.

Als Chiara Vigo die Sperre durchschreitet, stecke ich das Papier gleich weg, auf das ich groß mit Filzstift ihren Namen zur Begrüßung geschrieben habe. Ihre Fingernägel sind Spindeln. Pier Paolo Pasolini hätte jeden seiner Filme mit ihr in einer Hauptrolle besetzen können. »In unserem Volk ist Byssus ein heiliges Gewebe«, sagt sie im Auto, »und absolut unverkäuflich.« Was soll das heißen, »in unserem Volk«? Zählt die Insel nicht einfach zu Sardinien? Nein, lacht sie rau. Sie entstamme einem Volk der *Maestri* und spreche Sardisch, Italienisch – und Aramäisch. Schon stimmt sie einen Gesang an, den die Fischer bei der Heimfahrt in den Hafen singen. Die Bevölkerung leite sich von Chaldäern, Aramäern und Phöniziern ab und führe sich auf die Prinzessin Berenike zurück, die Geliebte von Kaiser Titus, dem Bezwinger Jerusalems, Tochter des Königs Herodes. »Berenike?«, will ich gerade fragen, »Berenike?«, als sie plötzlich ein Büschel unversponnener roher Muschelseide in das Morgenlicht hält, feiner als Engelshaar. Das Gold der Meere! In ihrer Hand leuchtet es bronzen in der Sonne. Sogleich hat sich Ellen verfahren, so dass wir uns unversehens nicht auf der Umgehungsstraße, sondern mitten im Morgenverkehr Roms wiederfinden. Da lacht sie noch rauer. Dies sei jetzt das erste Mal seit dreißig Jahren, sagt sie, dass sie wieder in Rom sei. Damals wollte sie aus Sant'Antioco und vor ihrem Handwerk fliehen. Da saß sie in einem Bus, schaute verloren auf die tausend fremden Häuser der großen Stadt, als eine Zigeunerin ihr gegenüber Platz nahm, sie ansah und gleich ansprach. Was sie hier wolle? Wovor sie weglaufe? Sie solle schleunigst zurückfahren, heim, wo sie herkomme, wo sie noch vor ihrem 50. Geburtstag weltberühmt werden würde. Wann sie denn 50 werde, frage ich ungalant. »Im nächsten Jahr, am 1. Februar 2005.« Sie lachen zu hören, ist allein schon eine Freude. Eine ähnliche Freude ist es, das Büschel Byssus in ihrer Hand im Morgenlicht nur zu betrachten. Und ebenso ist es mit ihren Erzählungen. Sie ist eine Quelle. Jedes Jahr im Mai taucht sie bei Vollmondlicht fünf Meter auf den Grund der See nach den goldenen Fäden, um sie zu ernten, danach zu kämmen und zu spinnen und zu winzigen Preziosen zu verweben. Wir fliegen über die Autobahn nach Manoppello. Der Bürgermeister erwartet uns im Rathaus. Gerade heute hat er auch die feierliche Bestätigung Präsident Ciampis erhalten, dass das alte Manoppello zur Stadt erhoben worden ist.

Schwester Blandina erwartet uns auf dem Taragni-Hügel vor der Kirche. Als wir auf dem Mittelgang die billige Orgelattrappe an der Rückwand der Kirche hinter uns lassen, scheint im Gegenlicht das Fensterkreuz von hinten durch das milchige Viereck des *Volto Santo* über dem Tabernakel. Chiara Vigo geht vor dem Altar in die Knie und schaut hoch und schweigt. Dann geht sie noch einmal in die Knie, als wir die Stufen hinter dem Altar hoch gegangen sind und vor dem Bild stehen. Es ist ein Schleier, so fein gewebt, wie sie es noch nirgends gesehen hat, sagt sie. »Er hat die Augen eines Lammes«, sagt sie jedoch zuerst, »und eines Löwen«, und bekreuzigt sich. »*O Dio!* Er ist der Herr des Himmels und der Erde.« – »Das ist Byssus!«, sagt sie dann, einmal, zweimal, dreimal und schweigt und schaut und schweigt und schaut. »Das ist Byssus.« Es lasse sich zwar färben, doch nur mit Purpur, und sie ist die Einzige, die sich darauf noch versteht, für verschiedene Rot- oder Grünschattierungen, hat sie uns schon im Auto erzählt. »Doch Byssus lässt sich nicht bemalen. Das ist unmöglich. Und so fein zu weben ist auch nicht möglich. Alles andere ist möglich.«

Chiara Vigo bleibt fünf Tage. Sie ist wirklich die weltweit einzige überlebende Byssus-Weberin. Wie kommt sie aber ohne chemische Untersuchung zu der Gewissheit, dass das Gewebe des *Volto Santo* aus Byssus besteht, will ich von ihr wissen. »Weil es für mich wesentliche Merkmale dieses Materials hat, die es bei keinem anderen Stoff der Welt gibt«, antwortet sie mit ihrem Meereslachen. »Ich kenne es ja seit meiner Kindheit: es ist das einzige Gewebe, das helles Licht frei durchlässt, im Schatten bronzefarben wird und kupfergolden, wenn man es beleuchtet. Das sind die typischen Eigenschaften von Byssus. Es sind die gleichen Eigenschaften, die dieses *Volto Santo* hat. Mir läuft es kalt den Rücken runter, wenn ich das sehe. Natürlich muss es noch seriös untersucht werden, aber das ist das, was ich dazu sagen kann.«

Bei Blandina hat sie auf den mikroskopischen Vergrößerungen in einem silbernen Glitzern gleich die typischen Salzablagerungen gesehen und hat jetzt schon Stunden vor dem Schleierbild verbracht. Dieses Salz soll auch verhindern, dass das Material zu bemalen ist, weiß sie. Warum? »Versuchen Sie einmal, Perlmutt zu bemalen – dann fragen sie das nicht mehr. Es geht einfach nicht.« Sie verbringt Stunden vor dem Schleier. Den Rest ihrer Zeit in Manoppello sitzt sie bei Blandina, kämmt ihren Roh-Byssus, immer und immer wieder und gibt ihn in verschiedene Bäder. Im Zitronenbad wird er golden, erzählt sie, früher, in einem Urinbad von Kühen, wurde er eher blasser, heller. Verkauft hat sie noch nie ein einziges Stück davon, es sei vollkommen unverkäuflich, gegen jedes Angebot. Sie verschenke es nur nach ihrer freien Entscheidung: »Byssus ist ein heiliges Gewebe«, sagt sie, »es gehört Gott allein.« – »Ähnlich wie bei Ikonen«, sagt Blandina am Herd, »Ikonen sind streng genommen auch keine Handelsware. Der Empfänger gibt eine Spende nach seinen Möglichkeiten. So sollte es jedenfalls sein.«

Den fertig ausgekämmten, bronzenen Byssus zupft Chiara Vigo nach dem Essen mit einer Hand und verzwirnt etwa zehn bis zwanzig dieser Engelhaare mit ihrer mitgebrachten Spindel in uralten Bewegungen zu einem Faden, von dem sie unserer Tochter Christina als erstes ein Stück um das Handgelenk windet. Auf einem kleinen Webrahmen, den sie ebenfalls dabeihat, hat sie bald fünfzehn Kettfäden längs gespannt. Sie will mit einem Schiffchen von Hand ein Stückchen Vergleichstoff herstellen. Doch sie weiß sicher: Solch ein feines Garn, solch ein zartes Gewebe hat sie noch nie gesehen. Das wird sie niemals hinbekommen, »und auch kein anderer«. Während der Pausen sitzt sie wie die Prinzipalin eines Flamenco-Theaters in ihrem ärmellosen gemusterten Kleid auf der Veranda und teilt ihre Zigaretten mit mir – oder singt uns das Lied noch einmal vor, das die Fischer Sant'Antiocos im Morgengrauen bei der Ausfahrt aufs Meer singen.

In der Nacht, bevor ich sie zur Rückreise abholen komme, hat sie mir einen Rosenkranz aus Byssus geknüpft und geknotet, damit ich besser und leichter beten könne. »Mit ihm wird ihr Bericht über diese Entdeckung ein Gesang werden. Denken Sie einfach, Sie müssten in kristallklares Wasser tauchen und ihn aus der Tiefe nach oben holen.«

Wie lange reicht die Kunst schon in ihre Familie zurück, von der sie jetzt die letzte Erbin ist, will ich auf der Autobahn kurz vor dem Flughafen von ihr wissen. »*O Dio!*«, lacht sie da noch einmal, »in undenkbare Zeiten hinein – und die Linie lief immer über die Mütter. Ich habe es von meiner Großmutter gelernt und die wieder von ihrer Großmutter.« Zehn Generationen vor ihr kennt sie mit allen Lebensdaten. »Acht Frauen unter meinen Müttern und Großmüttern hießen Maddalena. Eine Nachbarinsel, wo früher einmal ein Zentrum der Byssus-Gewinnung war, heißt Santa Maddalena.«

Ein Kämmerer aus Äthiopien und der Kabbalist vom See Genezareth

Die Kirche Bēta Giyorgis, in Lalibela, Äthiopien

Wieder an meinem Schreibtisch, übertrug ich als Erstes die neuen Fotos auf meinen PC. Ich schaute mir noch einmal Chiaras griechisch-kanaanitische Gesichtszüge an, die Aura ihrer skeptischen Augen, ihre archaische Gestik, die Fingernägel, die Musik in ihrem Ausdruck, ihre Mimik. Ich schaute ihr noch einmal beim Weben zu, sah die ausgekämmten Byssus-Büschel auf der Mauer vor Blandinas Häuschen in einer Holzschachtel und vergrößerte dieses bronzene Leuchten in der Sonne auf dem Computer. Dann ließ ich in einer Bildfolge die sieben Fotos vor mir vorbeilaufen, die ich gemacht hatte, als Chiara ihre Webprobe in dem Heiligtum vor das Heilige Gesicht hielt. Verglichen mit den Fäden des Schleiers, waren ihre Fäden, bei deren Spinnen ich sie beobachtet hatte, dick wie Wollfäden und die Dichte der Webstruktur grob wie ein Fischernetz. Chiara Vigo wusste es. »Ich werde einen ganzen Weberkongress aus Turin hierhin bringen«, hatte sie vor dem *Volto Santo* geschworen. »Denn solch ein Gewebe hat noch keiner gesehen, das macht keiner nach.«

Die Fotos waren in der einen oder anderen Ebene unscharf, mit dem Abstand ihrer Probe zu dem Tuch war die Brennweite nur schwer in Einklang zu bringen. Doch alle zeigten hier am Bildschirm noch etwas, was ich vorher in Manoppello kaum wahrgenommen hatte. Der Farbton der Materialprobe stimmte auf allen Fotos, ob scharf oder unscharf, vollständig mit dem so schwer bestimmbaren Farbton des Heiligen Antlitzes überein. Dieser nicht einfangbare Ton, der sich dauernd dem Blick von neuem entzieht: bronze, gold, durchsichtig, grau, kastanie, umbra, braun – hier schien er in beiden Materialien stets völlig identisch. Auf dem Schleier aber war dieser Farbton der Muschelseide nicht überall, sondern nur an den allerdunkelsten Stellen: in den Haaren, den Augen, dem Offenen des Mundes.

Dieses Dunkel muss der Originalton des Tuches sein, nicht das Helle – wenn es Muschelseide ist.

Es war keine weiße Leinwand.

Ein neues Rätsel. Es beschäftigte mich wochenlang. Sollte der Schleier also wirklich aus Byssus sein – was gerade dieser Farbton noch einmal sehr nahe legte –, wie kann dann jemals das Helle des Gesichtes darauf gemalt worden sein? Und was heißt »gemalt«? Auch das war ja bei Byssus unmöglich. War dieses neue Rätsel aber nicht noch größer? Wie kommt ein helles Bild auf einen dunklen Stoff? Die Frage führte zum Kern der beharrlichen Ablehnung des Bildes durch viele kluge Männer und Frauen, die sich bisher stolz und standhaft geweigert haben, den Schleier auch nur anzusehen. Denn ihr Haupteinwand war immer einfach und überzeugend: Das alles sei gemalt. Wer sage, dass sich dieser Stoff nicht bemalen ließe, müsse schlicht spinnen, und einige notorische Spinner seien ja auch schon um das Bild versammelt. Jedes Foto zeige doch schon die feinen Pinselstriche. Schon daher lohne es kaum, es auch nur von nahem anzusehen (wo dann jeder allerdings sehen müsste, dass die »Pinselstriche« im Gegenlicht sämtlich verschwinden). Es sei zu fein, um nicht gemalt zu sein. Die Augen, die (erst in der Vergrößerung sichtbaren) Wimpern, die Tränensäcke, die Barthaare, die Zähne (!), all das sei schlichtweg zu delikat gezeichnet – und dazu auch noch künstlerisch unvollkommen! –, um nicht die Hand eines Künstlers und Meisters zu verraten, der sich in der Ikonografie der Alten Welt bestens auskannte, besonders auch im Vergleich zu anderen frühen Bildern und Ikonen. Dieses Objekt könne also keineswegs ein Vorbild sein, sondern höchstens eine Kopie anderer Kopien eines unbekannten Originals – oder eben des Originals auf dem Turiner Grabtuch.

Wenn sich nun aber erstens auch unter dem Mikroskop keine Farbreste finden und es, zweitens, überhaupt unmöglich ist, Muschelseide zu bemalen, und es, schließlich und drittens, auch jedem Laien ohne weiteres einsichtig ist, dass auf ein hauchdünnes dunkles Gewebe kein helles Bild aufgetragen werden kann, dann ist nur eine Antwort möglich, wurde mir eines Abends klar. Wenn es nicht gemalt und aufgetragen ist, muss es – geradezu umgekehrt – weggenommen worden sein.

Dann muss nicht das Dunkle auf das Helle aufgetragen, sondern das Helle aus dem Dunkel fortgenommen worden sein. Bei dem Gedanken überfiel mich die Erinnerung an einen Ort, an dem ich noch nie war und an den ich doch viele Jahre meines Lebens hinwollte, seit ich als Jugendlicher einen ersten Artikel in einer vergilbten Schweizer Kulturzeitschrift dazu gelesen hatte. Später wollte ich als Reporter für das alte Farbmagazin der *Frankfurter Allgemeinen Zeitung* unbedingt dorthin, doch es kam nie dazu. Nur einen Bildband, den ich mir zur Vorbereitung der Reise schon gekauft hatte, nehme ich noch immer bei jedem Umzug mit. Der Band erzählt von einem sagenhaften Ort im Hochland von Äthiopien, dessen alte christliche Kultur sich auf den Apostel Philippus und einen Kämmerer der Königin Kandake zurückführt, den Philippus wenige Monate oder Jahre nach der Auferstehung Christi zwischen Jerusalem und Gaza getauft hat. Die Kaiser und Könige dieser Kultur rechneten sich deshalb bis zum Verlöschen ihrer Herrschaft vor wenigen Jahrzehnten noch dem Haus des

Königs David von Jerusalem zu. »Löwe von Juda« war nur einer ihrer alten Titel. Deshalb wollten sie irgendwann im Mittelalter auch bei sich im Osten Afrikas eine Stadt Jerusalem bauen, die sie als fromme Pilger im Heiligen Land immer von neuem bestaunt hatten, mit allen Kirchen, die sie da verehrten, und allen wichtigen Orten und Räumen, die Jesus zu Lebzeiten dort betreten hatte. An dem Ort, an dem sie das vorhatten, stellte sich allerdings ein entscheidendes Problem. Es gab dort im Hochland keine Steine für den Bau dieser Stadt, erst recht nicht den weißen Stein Jerusalems.

Da verfielen die Berater und Architekten der Priester und Könige auf eine einzigartige Idee. Sie ließen ihre Arbeiter breite und tiefe viereckige oder kreuzförmige Gräben aus dem relativ weichen Tuffboden ausheben, bis sie tief genug waren, dass sie da unten auf dem Boden dieser Gräben große monolithische Steinblöcke vor sich hatten. Und in genau diese Blöcke, die das Niveau der Ebene nicht überragten, ließen sie von ihren Steinmetzen danach komplette Kirchenräume hinein- und herausmeißeln, mit Türen, Fenstern, Treppen, Altären und kunstvollen Friesen, mit allem, was eine Kirche braucht – und alles aus einem einzigen Block. Sie nahmen nur weg und fügten nichts hinzu, keinen einzigen Stein. Es ist das Prinzip der Bildhauer: nur durch Wegnahme etwas Neues zu schaffen. Es war das Prinzip Michelangelos, als er mit seinem Meißel die Pietà aus dem Marmorblock befreite. Er nahm nur alles weg, was die vollkommene Skulptur bedeckte: die Mutter mit ihrem toten Sohn auf dem Schoß, der Sohn mit Mittelscheitel, leicht offenem Mund, freien Zähnen und lichtem Bart wie auf dem Schleier von Manoppello. In Äthiopien aber sind alle Kirchen der Priesterstadt Lalibela auch auf ebendiese Weise als Skulpturen geschaffen worden; durch pure Wegnahme wurden sie zu einem

Wunderwerk der Weltkultur. Erst jetzt, im Alter und vor diesem Bild in den italienischen Abruzzen, will ich nicht mehr dorthin. Denn gleicht dieses Antlitz nicht auch dem Wunderwerk der Priesterstadt Lalibela? Denn muss nicht auch hier das Weiße und Helle etwas Weggenommenes aus dem Goldbraun der Muschelseide sein? Muss das Gesicht also aus dem Originalton nicht herausgebleicht worden sein?

Über zweitausend Meilen weit entfernt von Lalibela liegt hoch über dem Nordufer des Sees Genezareth eine andere alte Stadt, die eine ähnliche Geschichte erzählt. Safed ist einer der ganz wenigen Orte im heiligen Land, die nach der Vertreibung der Juden durch die Römer während der folgenden zweitausend Jahre immer eine jüdische Gemeinde behalten haben. Schon Jesus muss dieser Ort als »Stadt auf dem Berg« vor den Augen gestanden haben. Nach der Vertreibung der Juden aus Spanien im Jahr 1492 aber war Safed zu einem wahren neuen Zentrum der jüdischen Lehre geworden. Es war jene Zeit, im 16. Jahrhundert, als sich da oben ein Kabbalist namens Isaak Luria auch Gedanken über die Frage machte, wie es denn überhaupt eine Freiheit des Menschen geben kann, wenn Gott allmächtig sein soll. Drückt seine Allmacht nicht alles an die Wand und in die Unfreiheit? Sind wir dann nicht nur ohnmächtige Staubkörnchen – und völlig unfrei neben dem allmächtigen Gott? Immer wieder wohl ließ Isaak Luria bei dieser Frage den Blick aus seiner Gelehrtenkammer über den in der Ferne und Tiefe flimmernden Silbersee schweifen. Und irgendwann kam ihm bei dieser schweifenden Schau von da unten folgende Antwort über das Wesen und Handeln Gottes zurück: Der Schöpfungsakt Gottes ist nur als ein Akt äußerster Zurückhaltung zu verstehen – anders ist es gar nicht möglich. Gott hat sich bei der Schöpfung der Welt selbst beschnitten und zurückgenommen: um den Geschöpfen ob seiner Allmacht überhaupt Raum und Luft zum Leben und Atmen zu bieten. Um der Welt und den Menschen in seiner Zurücknahme Platz für ihre eigene Existenz und Wahlfreiheit einzuräumen. Gott denkt anders als wir. »Meine Gedanken sind nicht eure Gedanken«, hat er seine Propheten schon Tausende Jahre vorher sagen lassen. – »Zim-Zum« nannte der Kabbalist aus Safed auf Hebräisch dieses Prinzip der Selbstbeschneidung Gottes. Im letzten Jahrhundert hat der Philosoph Hans Jonas aus Mönchengladbach in seinem amerikanischen Exil aus dieser kleinen Entdeckung Isaak Lurias vom See Genezareth noch einmal seine komplexe und neue Philosophie der Verantwortung abgeleitet. Kann dann nicht auch in unserem neuen Jahrhundert dieser Gedanke noch einmal helfen, die Entstehung dieses einzigartigen Christusbildes in Manoppello zu erklären? Dass es nämlich – technisch gesehen – auch ein Ausweis der Zurücknahme Gottes ist? Als wolle Gott auf diesem Schleier wie mit einem Fingerabdruck auch einen Ausweis seiner Schöpferkraft hinterlassen, und einen Hinweis darauf, wie er schafft? Dass er schafft, indem er Raum und Luft zum Atmen gibt. Indem er sich zurücknimmt. Gott drückt nichts auf. Neues schafft er so, wie Jesus die Apostel angehaucht hat, als er nach der Auferstehung bei verschlossenen Türen plötzlich wieder unter ihnen stand, unter Petrus, Philippus, Johannes, Jakobus, Judas Thaddäus – und später auch vor Thomas.

»Mach endlich das Licht aus!«, sagte Ellen im Bett. Es war sehr spät geworden.

Pater Pio und Pater Domenico

Pater Pio, Foto eines Fotos von ca. 1960 in
San Giovanni Rotondo

Das Akkordeon des kleinen Albaners, das normalerweise im Sommer nicht aufhören will, unten auf der Straße zu wimmern, war schon längst verstummt. Ein erster Herbststurm fegte durch die Straßen Roms. Ich wälzte mich im Bett. Die Zeit hatte sich beschleunigt wie der jagende Wind vor dem zitternden Fenster. Das Leben tat immer gewaltigere Sprünge. Erst im Frühling hatte ich die Veronika »entdeckt«. Bei einer Auftragsreise zum Grab Pater Pios im März hatte ich das Bild doch erstmals richtig gesehen, zusammen mit Schwester Blandina, die ich mittlerweile schon lange zu kennen schien. Auf der Reise zur Stätte des größten italienischen Heiligen des 20. Jahrhunderts hatte ich das Heilige Gesicht und eine gesprächige Trappistin kennen gelernt. Und jetzt schien sich Pater Pio selbst in die Geschichte einzumischen, der geheimnisvolle Mann, dessen Wirken immer noch unzählige Gespräche und Erinnerungen im Süden Italiens durchwebt.

Denn es sollte nicht bloß eine Woche dauern, bis die Redaktion in Berlin meinen Bericht von der sensationellen Entdeckung der Muschelseide durch Chiara Vigo abdruckte, von der ich dachte, es sei die Enthüllung meines Lebens – und mehre den Ruhm meiner Zeitung. Eine zweite Woche verstrich, als hätte es die Entdeckung nicht gegeben; als hätte ich meinen Bericht darüber nie geschrieben. Jeden Tag klopfte ich auf Vorzeichen ab, wie passend er wohl sein könnte für die Veröffentlichung. Jedes Mal vergeblich. Täglich wurde von der Redaktionskonferenz als wichtiger erachtet: die Vorstellung eines neuen Hitler-Films, eine Dienstreise des deutschen Innenministers, die Modewoche in New York, ein Schülertreffen mit den Deutschen Philharmonikern, ein Fußballskandal in Neapel, ein Sexskandal in Hongkong und so weiter. Jeden Tag schob eine andere Sensation meinen Bericht – über das Gesicht Gottes! – von der Reportage-Seite im Blatt.

In der dritten Woche resignierte ich. »Die Zeit ist vorbei für solche Berichte«, sagte ich zu Ellen. Zumindest in Deutschland schien das christliche Zeitalter vorüber, wo Geschichten über den Ursprung unserer Kultur noch Interesse erregen. Oder ich hatte es den Kollegen irgendwie nicht mehr richtig erklären können. Ja, ich wurde alt. Bald würden gewiss jüngere italienische Kollegen Wind von der Geschichte kriegen und sie auf ihre Weise an die große Glocke hängen. Ich hatte mir die Beine umsonst ausgerissen und vergeblich viele Nächte lang in Büchern gestöbert. Es wurde Zeit für andere Abenteuer.

So erwartete ich deshalb am Donnerstag, dem 23. September 2004, schon gar nichts mehr, als ich morgens beim Kiosk neben den Kolonnaden eine *WELT* aus dem Zeitungsständer herausnahm, um nachzublättern, was heute wieder die große Neuigkeit des Tages sein sollte. Deutschlands »Aufbau Ost« mache Fortschritte, erfuhr ich auf der ersten Seite, mit sechs Fotos des Bundesbauministers aus Berlin. Doch dann sah mich – auf der Seite 10 – in einer fast halbseitigen Nahaufnahme »Das wahre Gesicht Jesu« aus Manoppello in den Abruzzen an, das ich an meinem letzten Geburtstag aufgenommen hatte, mit einem ganzseitigen Bericht, wie man ihn nicht besser in einer Zeitung platzieren konnte. Die Sonne schien gleißend hell, Tauben flatterten über dem Kiosk in der Höhe. Der Ressortleiter, Wolfgang Büscher, war extra aus seinem Urlaub noch einmal in die Redaktion zurückgekommen, um meinen Bericht für den Druck fertig zu machen. Es war unsere letzte Zusammenarbeit, bevor er das Haus und die Firma verließ für eine neue Wanderung durch die Welt und in ein anderes Haus, wie ich später erfahren musste.

Neben der *WELT* sah mich in dem Zeitungsständer aber auch noch ein großes Porträt des Kapuzinerpaters Pio auf dem Titelblatt des *Osservatore Romano* an, als würde er mir zuzwinkern. Heute war sein Todestag; seit seiner Heiligsprechung im Jahr 2002 feiert die römische Kirche am 23. September den Feiertag des mystischen Paters. »Das *Volto Santo* in Manoppello ist sicher das größte Wunder, das wir haben«, hat er 1963 einem seiner Mitbrüder einmal anvertraut. Dabei hatte er das Bild selbst weder gesehen noch jemals aufgesucht – zumindest nicht auf die Weise normaler Sterblicher. Auch davon habe ich jedoch erst später erfahren.

Nun aber nahmen sich meine italienischen Kollegen der neuen Nachricht vom *Volto Santo* mit angemessenem Patriotismus an. Dass das Tuch davor unbekannt war, kann keiner sagen. Immer wieder war es in die Schlagzeilen gekommen – und dann immer wieder vergessen worden, zumindest im Rest Italiens, jenseits der Adria. Schon seit Jahrhunderten wird es in vielen Liedern und Gedichten besungen. Die Kirche hat das Bild als wertvolle Reliquie nie verleugnet. Papst Clemens XI. hat im Jahr 1718 für sieben Jahre allen Pilgern zu diesem Heiligtum einen »vollkommenen Ablass« zeitlicher Sündenstrafen zugestanden. Immer wieder haben Bischöfe ehrfurchtsvoll davorgestanden, und Kardinäle haben private Pilgerreisen dahin gemacht, wie erst in den letzten Jahren Kardinalstaatssekretär Sodano, Kardinal Tettamanzi, Kardinal Martini oder Kardinal Laghi, um nur diese vier zu nennen, die vor meiner Reise mit Kardinal Meisner schon hier waren. *»Ho visto Gesù!«*, schrieb Ex-Premier Giulio Andreotti erschüttert in das Gästebuch: »Ich habe Jesus gesehen!« In den siebziger Jahren des letzten Jahrhunderts hatte sich ein Professor Bruno Sammaciccia mit Leidenschaft und mehreren Veröffentlichungen um die Verbreitung des Ruhms der einzigartigen Reliquie bemüht. In den achtziger Jahren war ihm darin ein Pater Antonio da Serramonesca gefolgt, mit reichen Quellen und vielen Vorarbeiten, die er schon in den sechziger Jahren veröffentlicht hatte. In den neunziger Jahren waren es Pater Pfeiffer und Professor Resch in Innsbruck für Deutschland und Österreich. Vom nächsten Tag an nannten meine Kollegen in Italien das *Volto Santo* fast nur noch eine *Seconda Sindone*: ein zweites Grabtuch. Sogleich gab es Artikel in allen größeren und vielen kleineren Zeitungen Italiens über die Entdeckung der Muschelseide. Aufwändigere Berichte in Illustrierten folgten, zusammen mit Fernsehsendungen, zu denen Chiara Vigo aus Sardinien und Pater Pfeiffer aus Rom eingeladen wurden. Übersetzt erschien mein Bericht bald in zwei amerikanischen Magazinen. Am 6. Januar 2005 erschien er erstmals in Moskau, kurz danach auf Französisch. Am 30. Dezember erschien eine große Gruppe Griechen und Russen in Manoppello, kurz darauf eine Familie aus Shanghai, die nur chinesisch sprach und mit leuchtenden Augen vor dem Bild auf die Knie ging. In meinem Urlaub zog ich mich deshalb für Recherchen und Arbeiten zu diesem Buch in den Konvent der Kapuziner von Manoppello zurück, als Gast Pater Carmine Cucinellis, des neuen Guardians. An einem Sonntag klingelte es an der Pforte, weil mich ein Besucher sprechen wollte. Der untersetzte Mann mit kurzem schwarzen Bart und freundlichen Augen stellte sich vor als Antonio Bini, Diplomvolkswirt aus dem nahen Pescara, der sich seit vielen Jahren um die Erforschung des heiligen Gesichtes und die Verbreitung seines Ruhms bemühte und jetzt von meinem Artikel gehört und gelesen hatte. Als eigentliche Referenz jedoch holte er aus seiner Aktentasche seinen Taufschein hervor, der dokumentierte, dass er am 6. Januar 1953, dem Fest der Erscheinung Christi, in der Pfarrei San Donato in San Giovanni Rotondo (in der Provinz Foggia) von einem gewissen »Rev. P. Pio di Pietralcina, Cappuccino« getauft worden war. Der heilige Pater Pio selbst hatte ihn getauft.

Ein Stapel Bücher, den er für mich dabeihatte, und eine ganze Reihe von Berichten erzählten jedoch noch eine ganz andere Geschichte, nicht nur von dem legendären Pater Pio, sondern auch von einem kleineren Bruder, den Pio hier in Manoppello hatte: von einem *Padre Domenico da Cese del Volto Santo*. Er war ein Fass von zwei Metern Körpergröße, mit langem Bart und himmelhoch schweifendem himmelblauen Blick, der für das letzte Jahrhundert ebenfalls als wichtiger Beförderer der Verehrung des Heiligen Gesichts gelten muss – lange bevor Schwester Blandina erstmals davon hörte. »Warum kommt ihr den weiten Weg zu mir?«, hatte Pater Pio einer seiner Verehrerinnen einmal gesagt, die aus den Abruzzen zu ihm in das Garganogebirge gepilgert kam, »ihr habt doch Padre Domenico.« – Domenicos Grab in seinem Geburtsort Cese bei Avezzano in einem Hochtal der Abruzzen sei auch ein Pilgerziel, wie das von Pater Pio, wusste Antonio Bini, bevor er für mich in einem Buch eine bestimmte Stelle suchte, wo dieser Pater Domenico am Sonntag, dem 22. September 1968, »morgens gegen sechs vom Konvent in die Kirche kam, um das Portal zu öffnen und bei seinem Rückweg Pater Pio auf den Knien in der ersten Bankreihe des Chores unter dem *Volto Santo* vorfand, den Kopf in die Hände gestützt«.

Der legendäre Heilige war zu der Zeit seit langem schon in ganz Italien berühmt für seine Fähigkeit der »Bilokation«, das heißt: für die gut bezeugte gleichzeitige Anwesenheit seiner Person an zwei verschiedenen Orten. Beide,

Pio und Domenico, waren auch bekannt für ihre Stigmata, die Wundmale Christi, die sie beide an ihren Händen, Füßen und an der Brust trugen. »Ich traue mir selbst nicht mehr. Bete für mich«, antwortete ihm an diesem Septembermorgen vor 36 Jahren der Mönch, als Domenico ihn ansprach und fragte, was er hier mache. »Und auf Wiedersehen im Paradies!« – »Gelobt sei Jesus Christus«, antwortete Domenico entgeistert. Rund zwanzig Stunden später starb Pater Pio rund zweihundert Kilometer weiter in seiner Zelle, die er seit langem schon nicht mehr verlassen hatte.

»Es war wie im alten Rom«, lächelt Antonio Bini scheu, »vor dem Raub der Reliquie. Pio war zu diesem Bild vor seinem Tod noch einmal gekommen, wie es der Dichter Petrarca in einem seiner Sonette von einem alten Mann erzählt, der sich auf eine letzte Pilgerfahrt zum Schleier der Veronika in den Petersdom begab, weil – wie es da heißt – ›die Sehnsucht ihm gebot, hier das Abbild dessen zu betrachten, den er im Himmel bald zu schauen hoffte‹. – Pater Pio war in seiner letzten Nacht wie dieser Pilger geworden. Es war auch seine letzte wunderbare Bilokation, bevor er starb: zu diesem Bild Christi hin – obwohl er doch selbst schon so viele persönliche Christus-Visionen gehabt hatte.«

Pater Domenico selbst hingegen starb erst am 17. September 1978, unter kaum weniger merkwürdigen Umständen. Ein so genanntes *Bambino,* ein »Cinquecento«, ein Fiat 500: kurz, das damals wohl kleinste Auto der Welt, hatte den Riesen in Turin umgefahren und tödlich verletzt. Er tröstete noch den jungen Todesfahrer, der ihn mehrmals im Hospital besuchen kam: »Lass es dich nicht unglücklich machen. Ich bin alt und es macht nichts, wenn ich sterbe. Du aber bist jung. Leb deshalb in der Gottesfurcht, und bereite dich gut auf deine Ehe vor!« Die Bürde des guten Rufs sei das Kreuz vieler Heiliger, schrieb kurz danach der Bischof von Aquila in seinem Nachruf. Und so sei es auch bei

Pater Domenico gewesen. »Im Heiligtum von Manoppello hat er den Kult des Heiligen Antlitzes mit außerordentlichem Eifer befördert. Und am Schluss war es gerade diese Verehrung vom Gesicht des Herrn, die ihn nach Turin brachte, um das Heilige Grabtuch zu besuchen – wo ihn dann Schwester Tod erwartete und mit einer plötzlichen Umarmung empfing.«

Zu dem Zeitpunkt war der Konvent von Manoppello schon seit vierzehn Jahren seine letzte neue Heimat. Am 27. März 1905 war er als Emidio Petrarca geboren worden, genau am Ostertag 2005 wäre er hundert Jahre alt geworden. Doch in seiner Kindheit sah es fast so aus, als sollte er nicht einmal zehn Jahre alt werden dürfen. Übermütig wie ein kleiner Bengel, der schulfrei verkündet, hatte er am 12. Januar 1915 laut in seine Klasse hineingerufen: »Heute Nacht wird es ein Erdbeben geben!« Am Morgen darauf, genau um halb acht, suchte dann das schlimmste Beben seit Menschengedenken die Gegend um Avezzano heim, als er gerade mit seinem Vater die Messe besuchte. Die Kirche stürzte ein und begrub beide unter den Trümmern. Ein unbekannter Mann mit blutbeflecktem Gesicht rettete zuerst ihn, dann seinen Vater aus dem Schutt. Er sah ihn danach für viele Jahrzehnte nicht mehr wieder, bis er im Oktober 1964 eine Pilgerreise nach Manoppello unternahm. – »Da ist er ja!«, rief Pater Domenico, als er vor dem Tuch aus Muschelseide stand und erstmals bang das Heilige Angesicht betrachtete. »Das ist der Mann, der mich 1915 gerettet hat! Das ist sein Gesicht!« Fünfzig Jahre nach seiner Rettung ließ er sich deshalb von seinen Ordensoberen nach Manoppello versetzen, um den Rest seines Lebens nur noch dem Bild vom Gesicht seines Retters zu dienen, dessen immaterielle Schönheit er vor Pilgern und im Konvent mit den Farben und der Zeichnung von »Schmetterlingsflügeln« verglich, wie sich der freundliche Pater Lino in

Manoppello erinnert, der nach dem Tod Domenicos dessen Posten übernahm, wenn auch ohne seinen Glauben an die Authentizität des *Volto Santo*. Jahre später erst wurde entdeckt, dass tatsächlich auch in Schmetterlingsflügeln Farbeffekte ohne alle Farbpigmente entstehen – allein durch Lichtbrechung und Überlagerung von Lichtwellen, wie bei einem Regenbogen.

»Domenico war nicht unumstritten«, sagte Pater Emilio kurz nach dem Besuch Dottore Binis zu mir im Konvent der Kapuziner. »Unter manchen Brüdern galt er sogar als eine Art Zauberer mit unheimlichen Kräften, wegen seiner merkwürdigen Heilerfolge. Doch die Bevölkerung hat ihn im großen Umkreis als Heiligen und Weisen verehrt und geliebt.« Jetzt saß ich mit Pater Emilio und Pater Carmine und Pater Lino in der Früh im Chorgestühl auf dem letzten Platz Pater Pios, um die tapferen drei bei ihrem Morgengebet zu verstärken. Hier muss auch Pater Domenico gekniet und gesessen haben, und die dunkelbraune Farbe des Gestühls sieht nicht danach aus, als wäre sie seitdem erneuert worden. Pater Pfeiffer aus Rom hatte mich schon vor Monaten auf ein Ölporträt des hünenhaften Paters aufmerksam gemacht, das in dem rührenden Museum über dem Heiligtum inmitten der wahllosen Exponate verstaubt: ein charismatischer Bär mit himmelblauen Augen, einem schneeweißen langen Bart über der braunen Kutte, der mit der mächtigen Pranke seiner Rechten eine Kopie des Heiligen Gesichts zärtlich wie einen Liebesbrief vor sein Herz drückt. Ein wenig muss er damals wohl so ausgesehen haben wie neben mir in der Bank Pater Emilio, der Jahrzehnte seines Lebens als Missionar bei den Indianern des kolumbianischen Hochlands verbracht hat und heute mit Leidenschaft den Garten des Konvents bestellt.

Bis auf den Schein von zwei Leselampen hinter uns ist es noch dunkel in der Kirche, deren Portal Pater Carmine um sechs Uhr geöffnet hat wie Pater Domenico am 22. September 1968. Wir sitzen hier im Takt der Jahrzehnte und Jahrhunderte, in Gebeten der Jahrtausende. »Meine Seele dürstet nach dem lebendigen Gott«, hieß es heute in den Psalmen, »wann endlich werde ich sein Angesicht sehen?« Im Sitzen kann ich jetzt nur die Augen des *Volto Santo* über der Brüstung erkennen. Erst wenn ich mich stelle, sehe ich das vollständige Gesicht da oben, in dessen Blick sich hier schon Pater Pio und Pater Domenico versenkt haben in der Hoffnung, dass ihnen dieses Augenpaar in der anderen Welt einmal entgegenkommen würde, im Gesicht des gnädigen Richters.

Nach dem frühen Stundengebet der »Laudes« bleibe ich noch ein wenig im Chorgestühl sitzen, während Pater Carmine und Pater Emilio sich in der Sakristei auf die Feier der Messe vorbereiten und umkleiden. Oswaldo, der bärtige Sakristan, ist gekommen, wie am Schritt seiner quietschenden Turnschuhe zu hören ist. Er zündet auf der anderen Seite der Brüstung auf dem Altar unter dem *Volto Santo* wohl schon die Kerzen an. Neonlampen flackern auf. Träume ich? Wache ich? Ich ziehe mir den Mantel in der Kälte um die Schultern. In gewisser Weise ist das Christentum die Seele der modernen Welt geworden, geht es mir im Aufleuchten der Lampen durch den Kopf. Von Europa aus hat diese moderne Welt den ganzen Globus bedeckt und erleuchtet, im Guten wie im Bösen. Kein Fernseher wird in Peking an- oder ausgeschaltet, der nicht in Europa entwickelt und vorausgedacht worden ist – nachdem das Christentum für die Welt des Westens einmal den Ring aus Tabus gesprengt hat, der die antike Welt umklammert hielt. Die Seele Europas und des Christentums aber ist immer noch die Kirche der Apostel. Das Wesen dieser Kirche findet sich immer noch in den Sakramenten und Evangelien. Irgendwie kann man sich die Struktur und den

Zusammenhang der modernen globalisierten Welt also auch wie eine russische Matroschka-Puppe vorstellen, in der es immer noch ein weiteres Inneres gibt, ging es mir weiter durch den Kopf, als müsste ich noch einmal eine Geschichtsstunde vorbereiten, wie vor vielen Jahren in Frankfurt am Main. Da, wo es nicht mehr weitergeht im Auseinandernehmen vom Begreifen unserer Welt, stoßen wir schließlich auf den Glauben an die Auferstehung des ermordeten Gottessohnes, von dem der Apostel Paulus schon sagte, dass unser Glauben ohne ihn nur ein leeres Gerede wäre.

Sehen wir uns die frühesten und wichtigsten Zeugnisse über diesen Glauben aber noch einmal unter der Lupe in ihrem Kern an, dann stoßen wir da ganz im Innern – nach der Entdeckung des leeren Grabes durch Maria Magdalena – auf einen schlichten Text von wenigen Zeilen aus dem ersten Jahrhundert, in dem bei dem Evangelisten Johannes in drei Versen vor allem von zwei Männern und zwei Tüchern die Rede ist. »Der Jünger, den Jesus liebte«, heißt es da, kam nach einem Lauf durch das Morgengrauen zum Grab, »beugte sich vor und sah die Leinenbinden liegen, ging aber nicht hinein. Da kam auch Simon Petrus, der ihm gefolgt war, und ging in das Grab hinein. Er sah die Leinenbinden liegen und das Schweißtuch, das auf dem Kopf Jesu gelegen hatte; es lag aber nicht bei den Leinenbinden, sondern zusammengebunden daneben an einer besonderen Stelle. Da ging auch der andere Jünger, der zuerst an das Grab gekommen war, hinein; er sah und glaubte.« Das ist der Kern.

Die Leinenbinden, von denen Johannes da spricht, sind gewiss nichts anderes – das kann in Anbetracht aller Indizien schon lange als sicher gelten – als das Grabtuch aus feinem Leinen, das in Turin als Reliquie der Passion Christi verehrt wird. Das Schweißtuch aber, von dem hier die Rede ist, da gab es weder für den heiligen Pater Pio noch für Pater Domenico selig irgendeinen Zweifel, kann nichts anderes gewesen sein als das Muschelseidentuch da oben in dem Rahmen. Es ist das Herz der Welt, müssen sich diese beiden Männer gedacht haben.

Doch »Schweiß« oder Blut kann das hauchfeine Gewebe im Ernst ja so wenig aufgefangen haben wie ein Nylonstrumpf. Ein buchstäblich so genanntes »Schweißtuch« Christi ist aber – und das haben die beiden Männer wohl gar nicht gewusst – schon mehr als dreimal so lange wie das *Volto Santo* von Manoppello bekannt und gut bezeugt, jedoch nicht in Italien, sondern in Oviedo in Asturien, der gebirgigen Provinz im Norden Spaniens. Im Mittelalter wussten noch viele Pilger davon. In der Neuzeit jedoch war diese Reliquie außerhalb Spaniens bis vor wenigen Jahrzehnten fast ganz vergessen worden.

Heiliges Blut

Das Schweißtuch von Oviedo aus der San-Salvador-Kathedrale
im spanischen Asturien

Im Herbst wird es in Oviedo sehr viel später hell als in Rom, bemerken wir auf unserer letzten Forschungsreise. Noch um acht ist es ganz und gar dunkel. Regen hat die grünen Täler ringsum die Stadt aufgeweicht. Er hat aufgehört, aber die steinern roten Straßen glänzen immer noch im Schein der Lampen, als Ellen mit mir im linken Portal der San-Salvador-Kathedrale wartet und ich mir den Mantel zuziehe. Die alte Königsstadt liegt in einem Tal am Ende des Jakobsweges nach Santiago; jetzt ist sie in keltischen Nebel gehüllt. Einen halben Tag sind wir am Meer entlang hierhin gefahren, zur Linken die steil aufragenden Picos de Europa, rechts die Gischt der Biscaya im Augenwinkel. Vor zwei Wochen erst hat Ryan-Air eine Verbindung von Rom nach Santander eingerichtet. Einen Tag Urlaub zu nehmen war diesmal genug, um über das Wochenende dorthin und zurückzukommen, wohin einmal meine erste Fernreise als Jugendlicher ging, damals über viele Wochen hinweg. Mehr als eine Reise in die Ferne aber war es diesmal eine Reise in die Tiefe der Geschichte. Denn dass hier in Oviedo auch ein *Sagrado Rostro* – auf Deutsch: ein »Heiliges Antlitz« – oder »Heiliges Schweißtuch« *(Santo Sudario)* aufbewahrt wird, und zwar schon seit dem 8. Jahrhundert, ist jedem vertraut, der sich in den letzten Jahren nur ein wenig mit dem Turiner Grabtuch befasst hat.

Die *Cámera Santa* ist die älteste Schatzkammer Spaniens. Das Tuch, das hier verwahrt wird, trägt jedoch kein Bild, sondern nur Blut und Wasserflecken. Es ist ferner gut erforscht, und in den letzten Jahrzehnten gab es auch einen intensiven wissenschaftlichen Austausch der Spanier mit Forschern aus Turin. Ein Abgleich ihrer Ergebnisse hat ergeben, dass sich die Spuren auf beiden Tüchern auf frappante Weise entsprechen, nicht nur mit derselben Blutgruppe AB eines männlichen Toten, obwohl es doch völlig verschiedene Objekte sind. Sie sind auf geheimnisvolle Weise kompatibel und komplementär, das heißt, beide erzählen einiges gemeinsam über den Tod eines grausam Gekreuzigten, und beide erzählen jeweils für sich noch etwas mehr. Vor Jahren wollte ich deshalb schon einmal hierhin. Diesmal musste ich.

Denn vielleicht, dachte ich mir, ist es ja so gewesen: dass es wirklich ein Schweißtuch gab, mit dem eine Frau dem Ausgepeitschten auf seinem Weg zur Hinrichtung das Blut abgewischt hat – auch wenn die Evangelien nichts davon erzählen –, und dass die kollektive Erinnerung das in einer ihrer Traditionen abgespeichert hat. Dass diese authentische Erinnerung dann aber irgendwann einmal auf das unerklärliche »Wahre Antlitz« übertragen worden ist, um doch noch an eine plausible Erklärung für dessen unerklärliche Entstehung kommen zu können. Ist es also vielleicht so zu der sechsten Station des Kreuzwegs gekommen, die in einer allegorischen Verdichtung zwei verschiedene Tücher zu einem Ereignis verschweißt hat?

Klar war jetzt nur: Der Schleier von Manoppello konnte niemals ein Schweißtuch gewesen sein. Dazu ist er viel zu dünn, viel zu fein. Weder Blut noch Schweiß ließen sich jemals damit auftupfen und abwischen; und mit diesem Stoff hätte es auch sicher keine Frau versucht. War dann also vielleicht das Tuch in Oviedo in Wahrheit jenes Objekt, dem der alte Schleier der Veronika seinen Namen und seine Legende verdankte?

Was ich in Oviedo genau wollte, weiß ich nicht. Das Tuch

vor die Augen zu bekommen war aussichtslos. Es war eher ein alter journalistischer Reflex, einfach da gewesen zu sein. An dem Ort sein zu müssen, über den man berichten will und muss. »Ich erhoffe alles und erwarte nichts«, hatte ich aus Rom einem unbekannten Jesús María nach Oviedo gemailt, der uns hier erwartete. Ein Freund in Rom hatte mich an den Mann verwiesen.

So dunkel-hell wie jetzt muss es wohl auch zu der Stunde gewesen sein, in der Magdalena zum Grab eilte und Johannes und Petrus. Morgengrauen liegt über dem leeren Platz. Die gotische Kathedrale wird gerade von einem Kastellan geöffnet. Frischer Wind vom Atlantik fährt uns in die Mäntel. Den ganzen Weg haben wir eigens für diesen Moment gemacht. Gestern Abend hatte ich an der Rezeption einen Zettel gefunden, dass wir um Viertel vor acht hier warten sollten. Dreimal im Jahr wird das Schweißtuch den Menschen in dem Dom gezeigt, jeweils nur kurz für die Zeremonie des Segens, am Ende der Liturgie: am Karfreitag, am Tag der Kreuzerhöhung im September und noch einmal acht Tage später, am Tag des Evangelisten und Apostels Matthäus. Dreimal, nicht mehr. Sonst bekommt es kein Mensch zu sehen. Doch dann platzt die Kirche jedes Mal aus allen Fugen. Pilger aus der ganzen Welt kommen, allein dieses Segens wegen. Vor kurzem hat sich ein Kardinal aus Polen vergeblich um die Erlaubnis bemüht, das Leintuch einmal außer der Reihe sehen zu dürfen.

Jetzt sehe ich Jesús im Morgengrauen über den Platz auf das Portal zukommen, mit einem Mann an seiner Seite, den er uns als Pedro vorstellt. Sie begrüßen uns kurz, gehen mit uns in den dunklen Dom hinein, verschwinden in der Sakristei, kommen mit einem Domherrn wieder heraus, der uns die Hand reicht. Zusammen gehen sie vor uns her zur rechten Seite der Kathedrale, öffnen da eine Tür, schließen sie hinter uns ab. Wir steigen einen uralten Turm hinauf, von dort in die *Cámera Santa* hinunter. Jesús hat uns gestern in einer Bar erzählt, wie Anarchisten im Jahr 1934 versucht haben, die ganze Schatzkammer aus der Krypta unter uns mit einer riesigen Ladung Dynamit in die Luft zu jagen. Die Decken flogen in die Höhe, alle beide, aber mit der Wirkung eines Kamins, alle wesentlichen Schätze blieben unbehelligt.

Jetzt traue ich meinen Augen kaum. Pedro hat das schwere Gitter geöffnet. Er ist um eine Schatztruhe herumgegangen, zu einem großen vergoldeten Holzrahmen, setzt den Schlüssel in das Schloss einer Glastür darin, holt dahinter einen großen Karton mit einem Foto des Tuches heraus, der sonst hinter dem Glas zu sehen ist, öffnet eine doppelte Holztür, schlägt einen roten, goldbestickten Samtvorhang zurück, und plötzlich stehen wir vor dem Schweißtuch Christi, dem *Santo Sudario*. Es ist, als schliefe und träumte ich noch. Jesús und der Domherr treten zurück. Ich starre auf das Gewebe und die Flecken und hebe eine Quaste des Vorhangs hoch, den Pedro zurückschlägt, damit der Schatten das Bild nicht stört. Das Bild? Es ist kein Bild. Es ist nichts als ein blutbeflecktes Tuch in Handtuchgröße, sandfarben, wüstenfarben. Es ist wie eine Audienz beim Papst. Ein Vaterunser lang dürften wir es anschauen, sagt Don Benito, der Domherr, dann müsse es wieder verschlossen werden. Die drei ziehen sich hinter uns zurück. Nichts ist zwischen uns und dem Tuch – und dem heiligen Blut. Ich schaue ungläubig.

»Lebendiges Blut« ist dem Mann aus Verletzungen des Hinterkopfs aus den Haaren in das Tuch gesickert, und »Blut eines Sterbenden« ist ihm aus dem Mund und der Nase gebrochen. Es lief ihm bis zur Stirn hinauf, als der Kopf auf die Brust fiel, hat Jesús erzählt. Er sei mit Dornen gekrönt worden. Sein Sterben sei typisch für einen Tod am

Kreuz. Aus Rom hatte ich meinen Fotoapparat mitgebracht, aber schon der Gedanke ist völlig unmöglich, dieses Tuch zu fotografieren. Es hat den matten Bronze-Ton eines alten Gewebes und wurde zerknautscht, wie es aussieht – darauf ruhen rostfarbene Flecken: das heilige Blut. Es schimmert leicht im Schatten, in einer Variation verschiedener Braun-Töne. Kein Glas hindert unseren Anblick, gar nichts. Ich könnte es küssen und tue es nicht. Berühren und tue es nicht, meine Stirn gegen die Blutflecken legen und tue es nicht. Doch all das merke ich erst viel später, im Regen Oviedos. Jetzt umgibt nur eine Aura der Unberührbarkeit, der Unfassbarkeit, die kostbare Reliquie. Der Heilige Gral wird von alters her als ein »Gefäß« beschrieben, das das heilige Blut Christi aufgefangen hat. Hier ist dieses gleiche Blut vor mir, zwei Handbreit vor meinen Augen – ein gutes Vaterunser lang. Alles ist vergessen vor diesem Tuch.

Dann ist alles vorbei. Pedro verschließt den Schrein wieder. Ich schaue Ellen an und ungläubig auf die kalten Neonlampen auf dem Boden, die den uralten Stoff von unten beleuchtet haben. Wir schauen uns gemeinsam nebenan in einem Schrank die fünf Dornen eines Akazienbaums an, die in dem Schweißtuch steckten, als es nach Oviedo kam, dann die große Schatztruhe, mit Silber beschlagen von König Alfonso. Auf der Vorderseite zitiert es in kufischer arabischer Schrift die Apokalypse des Johannes, auf dem Deckel ist in lateinischen Lettern das »*SUDARIO*« unter den Reliquien aufgeführt, die in dieser Truhe seit 1113 aufbewahrt werden. Ich kann es alles nicht ganz fassen. Es ist ein Traum, der sich erst verflüchtigt, als ich mich mittags zum Fisch etwas betrinke in einer der vielen Bodegas Oviedos.

»Lehnen Sie sich jetzt ganz zurück wie im Kino«, hat Blandina mir als SMS aus Manoppello hinterhergeschrieben. »Seien Sie jetzt vor allem ruhig, wie ein Zuschauer im

Kino. Der hier handelt, ist der Herr!« Ich kann den Rat gebrauchen. Was nämlich Jesús, die Bücher und die Untersuchungsberichte, die ich mir in Oviedo gekauft habe, über das gleiche Tuch erzählen, ist zunächst nur in einem eindeutig. Es ist auf gar keinen Fall, wie ich mir als Möglichkeit vorgestellt hatte, ein Schweißtuch, mit dem vielleicht wirklich eine Frau dem Ausgepeitschten auf seinem Weg zur Hinrichtung das Blut aus dem Gesicht abgewischt hat – auch wenn man es vielleicht in früheren Jahrhunderten geglaubt haben mag. Sehr wahrscheinlich haben die Menschen dieses blutverschmierte Tuch früher sogar dafür gehalten, wofür denn sonst, wenn sie es mit der Passion Christi in Verbindung gebracht haben, wie die Tradition es ihnen überliefert hatte?! In Wirklichkeit ist es aber, wie erst seit 1989 in minutiöser Arbeit herausgefunden wurde, ein Dokument, das den exakten Verlauf und Moment vom Tod eines Gekreuzigten erzählt, genauer als das Turiner Grabtuch, genauer als jedes andere Dokument, die Evangelien eingeschlossen.

Als der Mann, dem dieses Tuch vor das Gesicht gepresst wurde, seinen Geist in einem letzten lauten Aufschrei aushauchte, sagt dieser Stoff, sackte sein Körper, der oben an den Handgelenken am Kreuz festhing, nach unten wie ein nasser Sack. Die Rippen und Lungen wurden von dem Sturz eingedrückt, eingequetscht und leergepumpt, gleichzeitig fiel der Kopf nach vorne, das Kinn auf die Brust, die rechte Wange zur Schulter, und aus dem Mund brach ein großer Schwall von »Totenblut«: ein Gemisch von serösem Wasser und Blut, das sich im Lauf der Agonie in der Lunge gesammelt hatte – und das sich deutlich vom Blut jeder normalen Wunde unterscheidet. Während des Sterbens muss sich in seiner Lunge ein Ödem gebildet haben. Beim Tod erbrach er Blut aus Mund und Nase. Der Schwall war so heftig, dass eine fromme jüdische Hand in der Nähe –

denn Römer waren in der Hinsicht nicht so empfindlich – da rasch nach diesem Tuch gegriffen haben muss und es dem Toten vor den Mund und das Gesicht presste. Er schlug es noch einmal doppelt ein, weil die Blutung so stark war, und schlug es dann nach hinten um den Kopf, nach rechts, und um den Hinterkopf, bevor er das ganze Tuch festband. Die Länge reichte nicht, um den ganzen Kopf zu umhüllen; es ist rund 82 Zentimeter lang und etwa einen halben Meter breit. Am Hinterkopf aber bedeckte es noch einige kleine Wunden, wie durch Nägel oder Stacheln, aus denen noch vor dem Tod »lebendiges Blut« geströmt sein muss, wie Mediziner festgestellt haben. Eine Stunde vor der Berührung mit dem Tuch müssen sie noch frisch geblutet haben. Die Nase war gebrochen. Auch Blut aus dem Bart und einem Pferdeschwanz im Nacken hat sich in das Tuch abgedrückt. Etwa eine Stunde muss der Tote danach noch am Kreuz gehangen haben. Nach einer dreiviertel Stunde hat noch einmal jemand versucht, den Blutfluss aus der Nase durch den Verband mit der Hand zu stoppen. Schließlich lag der Tote waagerecht und wurde nicht weit weggetragen; dabei brach noch einmal Blut aus der Nase hervor. Noch einmal versuchte jemand, die Blutung zu stoppen, der dabei seinen Fingerabdruck hinterließ. Im Grab soll es abgenommen worden sein. All dies konnte bis vor wenigen Jahren kein Mensch wissen; bis vor wenigen Jahren musste es nur als eine blutbefleckte, sehr alte und sehr verehrte Reliquie gelten.

Die Windung der Fäden des Tuches in Oviedo deutet auf einen antiken Ursprung aus dem syro-palästinensischen Raum hin. Der Züricher Kriminologe Max Frei fand neben den Verschmutzungen auf dem Tuch außerdem Spuren von Pollen einer Distelart, die um Jerusalem im Frühjahr blüht, und andere Blütenspuren, wie sie vor allem für Nordafrika und Südspanien typisch sind – nachdem er

Jahre zuvor mit ähnlichen Spuren einen Reiseweg des Turiner Grabtuchs aus Jerusalem über Edessa, Konstantinopel und Lirey in Frankreich nach Turin hatte rekonstruieren können. Sein Befund zum *Sudarium* von Oviedo aber entsprach nur noch einmal mehr zahlreichen alten spanischen Quellen, die schon immer angenommen hatten, dass diese Reliquie mit anderen vor dem Ansturm des jungen Islam über Nordafrika nach Nordspanien in Sicherheit gebracht worden war – wo zu jener Zeit auf wunderbare Weise auch die Gebeine des Apostels Jakobus aus der Sinaihalbinsel auftauchten.

»Wird es jetzt nicht bald eng im Grab?«, fragte Ellen im Flieger zurück nach Rom. »Ist da jetzt nicht ein Tuch zu viel von denen, die wir kennen? Johannes spricht von zwei Tüchern in Jerusalem: den Leinenbinden und dem Schweißtuch. In Turin, Oviedo und Manoppello liegen aber drei Tücher – um einmal nur diese drei zu nennen.« Ich schaute durch das Fenster auf die Lichter Barcelonas unter uns. Ich wusste es nicht. Nur an einem konnte ich überhaupt nicht mehr zweifeln: dass alle drei auf erschütternde Weise authentisch sind. Ich hatte keine Theorie, die zusammenbrechen konnte: Ich wusste ganz einfach nicht, wie sie zusammengehören. Dass das Bluttuch aus Oviedo zu einem Toten und aus einem Grab stammte, schien überwältigend einleuchtend. Dass es »auf dem Kopf gelegen hatte«, wie Johannes sagt, war unwahrscheinlich. Es war ja um ihn gewickelt. Ob es nun »zusammengebunden an einer besonderen Stelle« lag, wer wollte das beantworten? Aber vielleicht beruhten alle Widersprüche ja auch auf Übersetzungsproblemen aus dem Griechischen, die ich ohnehin nicht durchschauen konnte, erst recht nicht, wenn ich mich in die entsprechende Fachliteratur vertiefte. Ob der Schleier von Manoppello nun vielleicht nicht aus dem Grab Christi stammte, ich wusste es nicht mehr, keiner wusste es. Und ich erwartete auch nicht, dass irgendjemand die Frage jemals schlüssig beantworten könnte, erst recht nicht Suor Blandina, der ich meine Bücher- und Dokumentensammlung aus Oviedo zusammen mit den entsprechenden Fotos bei nächster Gelegenheit vermachte. Ich sah keine Möglichkeit, mich da auch nur hindurchzulesen.

Wochen später rief sie an, ich müsse dringend kommen. Ich hatte keine Zeit. Dann müsse ich so bald wie möglich kommen, sie sei völlig erschüttert. Inzwischen hatte sie aus dem Material, das ich ihr mitgebracht hatte, in Deutschland Fotos in Originalgröße herstellen lassen. Das müsste ich mir anschauen! Was? Ich würde es schon sehen, solle nur bald kommen! Wieder eine ihrer »Soprapositionen«, fragte ich. Ich würde es schon sehen. Und dann sah ich es bald wirklich und sehe es jetzt noch vor mir und war bewegter als jemals von einem ihrer Experimente mit dem Turiner Grabtuch. Sie hatte wirklich wieder Referenzpunkte auf den beiden so verschiedenen Tüchern ausgemacht und zeigte mir eine durchsichtige Folie des Gesichtes aus Manoppello, das sie mit Tesafilm über den blutigen Gesichtsabdruck aus Oviedo geklebt hatte, in einer erschreckenden Entsprechung, zum Hochklappen. Es war erschütternder als jede ihrer früheren Arbeiten und schien mir beweiskräftiger als das ganze Bildmaterial verschiedenster Forscher für das Oviedo-Tuch.

Hier brach nun plötzlich das Blut nicht aus einer ungefähren phantasievollen Rekonstruktionszeichnung des Gehenkten, von denen die Bücher aus Oviedo voll waren, sondern in einem Schwall aus dem wahren Gesicht dieses Menschen hervor: aus dem halboffenen Mund des freundlichen Gesichts, das ich jetzt schon an so vielen Morgen und Abenden betrachtet hatte. Es breitete sich zur linken Wange aus, in den Bartansatz hinein, unter dem die Haut in Manoppello im Gegenlicht jetzt noch einen zarten Rosaton hat, und lief dann, als der Kopf nach vorne und unten kippte, links und rechts die Wangen hoch, den Nasenrücken entlang zur Stirn, genau und deutlich zwischen den beiden Ansätzen seiner Augenbrauen hindurch, bis die Blutung da oben in einem Dreieck zum Stillstand kam. Es passte erschreckend genau aufeinander. »Ich habe mich jetzt schon ein wenig beruhigt«, sagte Blandina, »aber ich habe mich furchtbar aufgeregt, als ich das entdeckt und diese Position gefunden hatte.«

»Aber es ist vor dem Begräbnis abgenommen worden, habe ich gelesen«, sage ich, »dann ist dieses Tuch also wohl das zusammengebundene Tuch an der besonderen Stelle, von dem Johannes spricht.«

»Die Grabtuchforscher von Oviedo sagen das so. Aber nach dem, was ich hier sehe, muss es anders gewesen sein. Es gibt zu viele vollkommen exakte Entsprechungen. Für mich sieht es deshalb so aus, als wäre dieses Schweißtuch auch im Grab auf dem Antlitz geblieben – aber unter dem Grabtuch! Die Untersuchungen in Oviedo haben ergeben, dass es nur aufgelegt, nicht aber zum Abwischen benutzt wurde, die Blutspuren sind nicht verwischt. Und so sehe ich es auch. Es wurde ihm unmittelbar nach dem Tod vor das Gesicht gepresst und festgebunden. Dieses Tuch hat danach keiner mehr abgenommen, es wird unter dem Grabtuch geblieben sein. Warum soll das Tuch abgenommen worden sein im Grab? Es war Brauch in Israel, Toten das Gesicht zu verhüllen. Lazarus kam bei seiner Erweckung auch mit den umgebundenen Binden und einem ›Schweißtuch‹ vor seinem Gesicht aus dem Grab. Darum bat Jesus doch die Umstehenden, sie ihm abzunehmen. Sicher handelte es sich aber auch bei Jesus um eine jüdische Tuchbestattung, bei der verschiedene ›Tücher‹ verwendet wurden. In Cahors in Südfrankreich wird zum Beispiel noch eine Art Haube als Reliquie verehrt, die nach der dortigen Tradition ebenfalls bei Jesu Bestattung verwendet worden sein soll – und die auf der Innenseite Blutspuren aufweist, wie ich gelesen habe, und in deren Gewebe Aloe nachgewiesen wurde. Bei jüdischen Begräbnissen wurden solche Hauben *pathil* genannt. Sie werden benutzt, um den Unterkiefer geschlossen zu halten. In Cahors wird diese Haube seit 1239 bezeugt und davor in Konstantinopel, wo sie freilich ›*Soudarion*‹ genannt wurde. Das ist für mich alles überhaupt kein Widerspruch. Im Gegenteil sehe ich immer deutlicher, wie sich all diese Objekte gegenseitig zu ergänzen scheinen wie in einem Puzzle. Man wird das Schweißtuch von Oviedo am Kopf mit der Haube von Cahors befestigt haben, bevor der ganze Leichnam mit aloe- und myrrhegetränkten Tüchern eingehüllt wurde. Danach wurde er wahrscheinlich mit einer Art Bindfaden verschlossen. Das lässt sich jedenfalls an den Tüchern, die über dem Gesicht lagen, ablesen: Alle zeigen verschiedene Querlinien mit einer kleinen senkrechten Fältelung, wie sie entsteht, wenn man Stoff abbindet. Die Spuren sind sehr zart, aber durchaus wahrzunehmen. Und darum ist auf dem Turiner Grabtuch, das den Körper doch von unten her einhüllte und dann über dem Kopf auf die Vorderseite umgeschlagen worden war, auch nicht das blutbeschmierte Haupthaar auf dem Kopf zu sehen, sondern nur die Stirn und der Hinterkopf. Darauf ist schon oft sehr kritisch hingewiesen worden. Von der Schädeldecke selbst gibt es auf dem Turiner Grabtuch überhaupt keinen Abdruck. Doch diese Stelle hatte die Haube bedeckt! Seit sich diese Beobachtung immer mehr für mich erhärtet, stelle ich mir – besonders mit dem Tuch aus Oviedo – auch immer mehr vor, dass Jesus wirklich eingewickelt und in seiner ›Verpackung‹ auch fixiert worden war, so wie es die Eile möglich werden ließ. Aus dieser mehrschichtigen Hülle muss er am Ostermorgen ausgeschlüpft sein wie ein Vogeljunges aus einem Ei – doch ohne die Schale zu zerbrechen. Oder sollen wir uns die Auferstehung vielleicht so vorstellen, dass Jesus sich die Binden ächzend von den Augen nahm, dann langsam und müde das erste Bein von der Grabbank herunterstellte, danach das zweite, herzlich gähnte, schließlich sein Bett im Grab machte und das Schweißtuch zusammenfaltete und fein säuberlich in die Ecke legte? Die Vorstellung ist doch absurd. Es wird, denke ich, alles anders gewesen sein bei der Auferstehung Jesu. Er wird von Binden umwickelt gewesen sein wie jeder jüdische Tote seiner Zeit; darunter müssen wir uns diese verschiedenen Stoffe vorstellen, die wir als ›Grabtücher‹ kennen, und vielleicht noch andere mehr. In diese Tücher war der Leib des Herrn eingeschlagen wie in einen Kokon. All diesen Tüchern wird er auch wie ein Schmetterling entstiegen sein – mit dem Unterschied, dass sein ›Kokon‹ unversehrt bliebt. Es war nicht der einzige Unterschied. Denn danach ist er doch auch durch Mauern gegangen, ohne dass sie einstürzten. Die Auferstehung war ein leises Augenaufschlagen, sie war ein von ungeheurem Staunen begleiteter Augenblick.«

Blandina ging in ihr Nebenzimmer und kam mit einem Blatt zurück, auf dem sie mit kräftigen Strichen ihren Jesus in einem – allerdings durchsichtigen – Kokon gezeichnet hatte: Es war das Gesicht auf einem großen viereckigen Tuch, mit einer Haube, einem rechteckigen Schleier von den Haaren bis zum Kinn und einer Art Binde, die alles umhüllte. »Die vier ›Grabtücher‹ bzw. die drei ›Sudarien‹« hatte sie dazu in die linke obere Ecke geschrieben, und unten links: »Reihenfolge: (von oben nach unten) 1. Manoppello, 2. Turin, 3. Cahors, 4. Oviedo«.

»Wo soll denn danach dieses Bluttuch aus Oviedo im Grab gelegen haben?«, wollte ich wissen und gab ihr das Blatt zurück.

»Dieses Schweißtuch wird unter dem zusammengefallenen Grabtuch an der ursprünglichen Stelle vom Kopf gelegen haben, hart geworden durch das eingetrocknete, verkrustete Blut. Wo denn sonst? Es wird mit dem zusammengefallenen Grabtuch und dem darüber gelegenen Schleier oder Taschentuch aus Muschelseide als eine Einheit angesehen worden sein. Zwei Tage nach dem Tod Jesu war das Tuch von Oviedo ein durch trockenes Blut und Serum gehärtetes Gewebe. Wie eine unsichtbare versteifte Trägersubstanz markierte sie nach dem Verschwinden des Körpers am Ostermorgen noch deutlich die Stelle des Kopfes. Mit der Haube aus Cahors wird es hier wie zusammengeknülltes Papier als irgendwie gerundete Form unter dem Laken gelegen haben. Die anderen Tücher oder Binden und auch das weiche Grabtuch hatten sich bis zum Zeitpunkt der Ankunft von Johannes und Petrus flach auf die Grabbank gesenkt. Zweimal heißt es deshalb im griechischen Originaltext, dass sich diese Tücher in *liegendem* Zustand befanden – im Gegensatz zum Schweißtuch, das an der Stelle des Kopfes *wie aufgebläht* hervorragte.«

»Welches Schweißtuch denn? Gerade haben Sie doch noch gesagt, dass das wirkliche Schweißtuch aus Oviedo unter dem Grabtuch *verborgen* lag.«

»Ja, aber da gab es noch diesen Schleier hier aus Manoppello.«

»Aber warum nennt Johannes das Tuch denn *Soudárion*? Dieser Schleier kann doch niemals ein Tuch gewesen sein, mit dem man Schweiß auffing. Er ist doch viel zu fein, um auch nur einen Tropfen Wasser aufzufangen.«

»Stimmt, aber er hatte hier eben die Position des Schweißtuchs. Er wird sicher ganz oben, als letztes zartes Tuch, als äußerste Hülle direkt über dem Antlitz gelegen haben. Darum ist auch kein einziger Tropfen Blut mehr in ihm zu sehen. Hier oben brauchte es nichts mehr aufzufangen, weder Schweiß noch Blut. Hier war das kostbare Stück nur noch eine letzte Ehrenbezeugung für den toten Herrn, ein letztes liebendes Adieu.«

»Von wem? Von Maria Magdalena?«

»Das könnte sein. Ich habe immer an die Gottesmutter gedacht, an Maria – bevor ich von der Muschelseide erfahren habe. Doch wer will das heute noch wissen?«

Es gab also mehr Tücher im Grab, obwohl Johannes nur von zweien spricht?

»Ganz sicher gab es mehr! Denn es stimmt auch nicht, dass Johannes nur von zweien spricht. Er spricht einmal explizit und gesondert von dem ›Schweißtuch‹, weil es für ihn wegen des darauf enthaltenen Bildes eine besondere Bedeutung hatte. Und wie hätte er es auch sonst nennen sollen? Von allen anderen Tüchern spricht er aber im Plural unter dem griechischen Begriff ›othonia‹. Johannes hat eine sehr eingeschränkte, aber sehr bewusste Wortwahl. Andere Stellen reden überhaupt von Binden und nicht von einem großen Tuch. Bei einem antiken jüdischen Begräbnis wurde jedenfalls an Stoff sicher nicht gespart. In Kornelimünster bei Aachen wird noch ein weiteres ›Schweißtuch des Herrn‹ verwahrt, das aus alexandrinischem Byssus gefertigt sein soll. Schon zur Zeit Harun Al Raschids kam es vom Patriarchen von Jerusalem an den Hof Karls des Großen, der es im Jahr 814 dort einer Benediktinerabtei geschenkt hat. Es ist auch spinnwebenfein, wie es heißt, und riesengroß und ohne jedes Bild oder Blutspuren – und natürlich auch noch nie im Zusammenhang mit den anderen Puzzlesteinen der Begräbnisreliquien untersucht worden. Vielleicht war auch das dabei, oder vielleicht hat es nachher nur alle diese Reliquien eine Zeit lang einmal umhüllt. Also auch, wenn der Evangelist nur von zwei Tüchern sprechen würde, können wir von vielen Tüchern ausgehen. Das war einfach die Norm. Die zwei aber wird er dann gesondert erwähnt haben, weil sie besonders waren. Weil etwas Besonderes mit ihnen vorgegangen war. Weil auf zwei Tüchern Bilder zurückgeblieben waren!«

»Und warum sprechen die Evangelisten nicht ein einziges Mal von diesem Schleierbild? Johannes sagt doch beim Anblick des ›Sudariums‹: ›Er sah und glaubte!‹ Von einem Bild spricht er aber nicht.«

»Die Evangelisten konnten nicht alles aufschreiben. Dass sie die Tücher überhaupt erwähnten, war erst mal ein erster Beweis dafür, dass keine Grabräuber Jesus fortgeschleppt hatten, wie es schon sehr früh unterstellt wurde. Darauf hat schon Johannes Chrysostomos hingewiesen, glaube ich, im 4. Jahrhundert. Denn Räuber würden Jesus ja nicht zuerst entkleidet haben, um ihn fortzubringen. Das macht doch überhaupt keinen Sinn. Räuber hätten den Toten rasch mitsamt den Tüchern weggetragen! Zweitens schrieb Johannes seinen Bericht der Auferstehung ja noch mitten in der jüdischen Welt des strengen Bilderverbots, wo die ersten Gemeinden genug Sorgen hatten. Johannes durfte und konnte deshalb wohl nicht öffentlich darüber sprechen, es war doch so heilig! Denn wie leicht wäre es in der jüdischen Welt gewesen, dieses Bild als Götzenbild zu diffamieren – und zu zerstören. Es musste doch von Anfang an geschützt werden. Paulus spricht auch nicht von Maria. Soll das vielleicht einen Mangel an Ehrerbietung vor der leiblichen Mutter des Messias belegen, die er ja sicher noch gekannt haben muss – oder gar ein Beweis dafür sein, dass Jesus keine Mutter hatte?«

»Aber Moment mal, Schwester Blandina, ein letztes Mal bitte! Sie haben jetzt von einem großen Paket geredet, zu dem Jesus mit mehreren Tüchern verschnürt worden war, bevor er ins Grab gelegt wurde – ein zugeschnürtes Bündel nach orientalisch-jüdischer Weise. Die Bilder auf dem Tuch in Turin und hier in Manoppello zeigen aber doch das Gesicht und den Körper eines Mannes auf eine Weise, wie er sich nur abbilden kann, wenn die Tücher dafür alle beide in einer Position waren, die so flach gewesen sein muss wie eine Fotoplatte – oder wie ein gespannter Film in einer Kamera. War der Körper aber in die Tücher eingewickelt, wie Sie sagen, dann müssten die Bilder doch völlig verzerrt sein! Dann müsste dieses Gesicht hier in Manoppello doch zum Beispiel aussehen wie der Abdruck Ihres Gesichts, wenn Sie sich zuvor mit Farbe einreiben und Ihr Gesicht danach in ein Handtuch abdrücken würden. Das ist doch verrückt, das ergäbe doch einen Abdruck, der rein gar nichts mit diesem Bild hier zu tun hätte. Und in Turin wäre es doch auch so!«

»Ja, da haben Sie Recht. Das stimmt. Die Bilder in Turin und Manoppello sind kein Abdruck. Und sie waren es nie. Sie sind auch keine fotografische Abstrahlung oder was man sich an Theorien und Hypothesen auch immer dafür in den letzten Jahrzehnten hat einfallen lassen. Wäre es anders, hätten die Bilder wirklich völlig verzerrt auf den Tüchern erscheinen müssen – so verzerrt wie der Abdruck auf dem Schweißtuch von Oviedo. Die Bündelung und Einwicklung Jesu im Grab nämlich scheint mir inzwischen tatsächlich ein Faktum, das sich bei sorgfältigen Untersuchungen nur immer weiter belegen und beweisen lässt. Das heißt aber auch, dass diese ›Bilder‹ von Turin und Manoppello wirklich unerklärlich sind und bleiben werden. Dass sie nichts anderes als Wunder sind. Das ist wohl ganz schlicht so, auch wenn diesen Ausdruck heute kaum noch einer hören mag – und am wenigsten vielleicht die Theologen, die ich kennen gelernt habe.«

Sie lachte hell und strahlte mich durch ihre spiegelnden Brillengläser an.

»Gott kann auch auf krummen Linien gerade schreiben, hat mir mein Vater beigebracht. Hier sehen sie es auf ergreifende Weise: Diese Tücher waren ganz und gar krumm und verwickelt und schief und scheel, als Gott sie zur Leinwand erwählte, um darauf Bilder seiner Passion und Auferstehung zu malen – wie kein Künstler nach ihm sie jemals auf die plansten Flächen der Welt zu zaubern verstand. Denn die Hauptfrage ist ja nicht, ob dieses Bild nun vielleicht so oder so zustande gekommen ist, sondern dass es dieses Bild – ebenso wie das Bild auf dem Turiner Grabtuch – doch eigentlich gar nicht geben kann und darf! Nirgendwo sonst in der Welt gibt es Bilder, die diesen auch nur entfernt gleichen.«

Es ist schwer, bei Schwester Blandina einmal das letzte Wort zu haben – und ich will es auch nicht, als ich erneut auf das Doppelbild aus ihrer Hand schaue, das sie in ihrer kleinen Eremitage neu zusammenmontiert und geschaffen hat, wo dem Heiligen Gesicht aus Manoppello das heilige Blut des Schweißtuchs von Oviedo aus dem offenen Mund bricht. Ich schien mit meiner Arbeit an ein Ende gekommen; mehr gab es wohl dazu nicht zu sehen.

Regen von Rosen auf dem Berg der Verklärung

Der Berg Tabor in Galiläa, Israel

Ich kannte das Tuch nun seit Jahren und seitdem auch fast alle Argumente dafür und dawider. Ich hatte Bücher gewälzt, Kataloge geblättert, stapelweise *Bolletini* und unzählige Fußnoten studiert. Die Argumente für und gegen die Echtheit des Antlitz-Bildes wiederholen sich. Fast kaum ein Besucher, der sich nicht erst einmal an der »Hässlichkeit« des Gesichtes stört, Ellen, meine allerbeste Frau, und meinen Freund Peter eingeschlossen (»grässlich«) – oder auch mein Freund Christian (»grauenhaft«). Und fast alle sind sich zuerst einmal in einem einig: »So nicht!« Ich konnte sie irgendwie alle verstehen.

Flüchtige wie aufmerksame Besucher können die tausend Gesichter in diesem Bild zuerst kaum sehen: die unendliche Zahl. Eher sehen dies die Hand voll Frauen, die die Kirche putzen oder jeden Morgen zur Messe in die Kirche kommen. Eher sehen es also Rita aus der zweiten, Teresa aus der dritten oder Pia und Silvia aus der vierten Bank – oder Oswaldo, der bärtige Messner mit seiner rauen Stimme, der bei keinem Gottesdienst fehlt. Und am allerbesten sieht es natürlich ohnehin Schwester Blandina. Kein Mensch in der Geschichte – von der Madonna einmal abgesehen – hat wohl so viele Stunden davor verbracht wie sie in den letzten paar Jahren. »Nein!«, sagt jedoch Pater Lino im Konvent, »ich persönlich – und das können Sie ruhig schreiben – habe gesehen, wie Padre Domenico jeden Morgen um vier Uhr – um vier Uhr! – schon im Gebet vor dem *Volto Santo* kniete. Er hat mehr Zeit als jeder andere davor verbracht!«

»Stellen Sie sich einmal hierhin«, sagt Blandina einmal wieder zu mir, »hier ist er so besonders schön.« Ich stelle mich an ihre Stelle und sehe ein vollkommen anderes Bild. Weil ich einen Kopf größer bin, sehe ich durch das Bild die Neonleuchte an der Säule dahinter, von der Blandina an der gleichen Stelle gar nichts sieht. Zehn Leute vor dem Tuch sehen alle etwas anderes – alle durch ihren verschiedenen Winkel. Deshalb versperren Fotos auch eher den Weg, als dass sie ihn hierhin ebnen. Es gibt in der Stirn, den Schläfen und unter dem rechten Auge ein inneres helles Blutrot in den Fasern, das fast nur sichtbar wird, wenn es keine direkte Beleuchtung gibt – oder das erst am Computer wieder hervorgeholt werden kann. Dieses Gesicht verlangt nach Ikonen. Es verlangt nach Übersetzungen. Jedes Foto von jedem alten Meister ist wirklichkeitsgetreuer als von diesem changierenden Lichtbild. Es lässt sich nicht vervielfältigen, ebenso wie sich Personen – bisher noch – nicht klonen lassen.

Eines Abends im Dezember drängt mir Schwester Blandina eine schwere Taschenlampe auf, als ich im Dunkel von ihrer Einsiedelei zum Konvent der Kapuziner hinuntergehen will. »Nein«, sage ich, »brauch ich nicht.« »Doch«, sagt sie, »man kann da draußen seine Füße nicht sehen.« »Nein«, sage ich, »ich nehme die Sterne« – und nehme ihre Lampe mit. Am nächsten Morgen bringe ich sie ihr vor dem Heiligen Antlitz zurück, wo wir uns verabredet haben. Ich habe wieder zwei Stühle nach oben geholt; wir schauen uns das Bild an, die Kirche ist wieder menschenleer, Blandina hat die Beleuchtung ausgeschaltet. Draußen regnet es. Da schalte ich die Taschenlampe an und richte den schmalen Lichtkegel auf die Stirn, wandere zu den Augen hinunter, zum Mund. Der Wechsel von statischem zu bewegtem Licht ist verblüffend. Das Bild ändert nicht seine Natur, aber seinen Ausdruck, es ändert völlig das Empfinden des Betrachters. »Oh!«, ruft Blandina, »oh, oh!« Das hat sie noch nie gesehen, die das Bild doch jetzt schon so lange kennt. Ich reiche ihr die Lampe hin, dann tastet sie das Gesicht mit dem Lichtkegel ab wie Maria Magdalena das Gesicht Jesu abgetastet haben mag, im Leben mit ihren Blicken, bei seinem Tod mit ihren Fingerspitzen. In dem tastenden Licht ist dieser Blick, als gehöre er jemandem, der gerade durch die Mauern in dieses Zimmer getreten ist. So muss er Thomas angeschaut haben.

Und so ähnlich kommt er den Menschen hier zweimal pro Jahr entgegen – wenn das Bild sich jedem, der es anschauen kommt, selber mitteilt: wenn es aus der Kirche in einer Prozession ins Freie tritt.

Die längere dieser Prozessionen findet am dritten Sonntag im Mai statt, die kürzere am 6. August, dem Festtag der Verklärung Christi auf dem Berg Tabor. Beide Male ist es eine Aussetzung des Lichtbildes an natürliches Licht, einmal am hellen Tag, das andere Mal vor der Dämmerung: ein Akt unglaublicher Verlebendigung. Schon am Abend vor der Maiprozession ist Manoppello nicht wiederzuerkennen. Bus an Bus reiht sich dann unterhalb der Kirche auf einem sonst das ganze Jahr über verwaisten Parkplatz. Vom Norden und vom Süden sind die Menschen ins Dorf geströmt. Am Abend zuvor übt Manoppello. Dann wird eine Holzfigur des heiligen Pankratius aus der Kirche von der Piazza Garibaldi im gegenüberliegenden Städtchen im sinkenden Abendlicht zum Heiligtum herübergetragen, wo sie am nächsten Tag das Christusbild »abholen« kommt. Alle Frauen sind, wenn man von hinten in die Kirche hineinschaut, gerade frisch beim Friseur gewesen. Eine Blaskapelle aus Tarent begleitet den Zug. Solange sich die Prozession mit Pankrazius noch durch die engen Gassen der Stadt drängt, wird sie aus den oberen Fenstern von Rosenblättern beregnet, die Frauen hinunterwerfen, sobald sie das Städtchen verlässt, um hinüber auf den Tarigni-Hügel zu pilgern. Dort wird Pankratius von allen Hügeln mit einem Böllergewitter begrüßt und einem Feuerwerk vor dem Spätnachmittagshimmel. Doch das ist, wie gesagt, nur die Generalprobe.

Das Pilgerhotel *Il Volto Santo* neben der Kirche platzt aus allen Nähten. Auf dem Parkplatz davor sind Bratküchen und Buden für Süßigkeiten aufgebaut und dringend notwendig. Wer sollte die Pilger sonst beköstigen können? Manoppello ist voll mit alten Ehepaaren, Bauern und Bäuerinnen, die in der Bar des »Heiligen Gesichts« schon frühmorgens eingelegte gelbe Bohnen und Schweinespießbraten essen und Bier dazu trinken. Aus Amerika, Deutschland und Italien sind diesmal drei leibliche Schwestern Blandinas angereist. Nebenan in der Kirche wird seit der Früh eine Messe nach der anderen gelesen, alle bis auf den letzten Platz besetzt. Besonders die Frauen singen noch lauter als sonst, mit enormem Druck in den Stimmen. Vor dem Altarraum steht ein schweres Tragegestell, mit silbern bemaltem Holzaufbau. Der 87-jährige Pater Ignazio hat schon nach der ersten Messe in goldenen Brokatgewändern den Pater Guardian zu der riesigen Monstranz begleitet und eine feierliche kleine Prozession von dem Schrein über dem Hauptaltar durch das Seitenschiff und den Mittelgang hierhin geleitet, wo das Heilige Gesicht nun für die Reise auf diesem Gestell befestigt wird. Frauen und Männer drängen sich nach vorn, um dem Bild Kusshände zuzuwerfen, das Glas zu berühren oder Blumensträuße vor ihr Heiligtum zu legen. Das Hauptportal der Kirche ist weit offen.

Während der Messen räkelt sich ungestört ein herrenloser Hund im Mittelgang vor dem Altar, wälzt und juckt sich gemütlich und betreibt mit der Schnauze Körperhygiene. »Der ist immer hier«, habe ich in der Bar gehört.

»Manche halten ihn für einen reinkarnierten Kapuziner, der noch einiges gutzumachen hat.« Raue Stimmen versammeln sich zum Credo an den »Schöpfer des Himmels und der Erde und aller sichtbaren und unsichtbaren Dinge«. Dan wird das Heilige Antlitz auf der Tragbahre von vier Männern einer Bruderschaft in roten Gewändern vor das Hauptportal getragen und noch einmal abgesetzt, wo es vom Kircheninneren her schneeweiß durchsichtig gegen den Himmel leuchtet. Der ehrenwerte Bürgermeister wartet draußen mit seiner Trikoloren-Schärpe im Kreis anderer Honoratioren, neben sich den Bürgermeister aus Pescara und andere Gemeindeoberhäupter der Umgebung. Die Blaskapelle ist wieder da, Menschen von der Küste und aus dem Gebirge, der Platz vor der Kirche ist schwarz vor Menschen. Schließlich setzt sich eine Gruppe mit der schwankenden Pankratius-Statue als Anfang des Zuges in Bewegung. Eine Kindergruppe in weißen Kleidern und angenähten Engelflügeln führt die Gruppe der Kapuziner in ihren braunen Kutten an, die mit Gesängen und rauchenden und schwingenden Weihrauchfässern dem Heiligen Gesicht den Weg bereiten, hinter ihnen zwei Carabinieri in ihren Paradeuniformen, mit roten Federbüschen auf ihrem Dreispitz. Dann wird das *Volto Santo* aus der Kirche getragen.

Ich warte an der linken Säule des Portals. Sobald das Heilige Gesicht die Kirche verlässt, wechselt es in ein helles Silbergrau gegen den Himmel. Und von nun an wechselt es mit jedem Schritt sein Aussehen, in jeder Kurve. Auf diesem Weg verändert das Bild an jeder Ecke und jeder Biegung des Weges und aus jedem Winkel sein Aussehen – bei strikt gleichbleibender Identität. »Wie freundlich er doch schaut!«, sagt Ellen an der ersten Kurve, »er hat gelacht, als er aus der Kirche herausgetragen wurde. Hast du das gesehen? Als hätte er das ganze Jahr darauf gewartet.« – »Er ist nicht immer freundlich«, sagt da der alte Signor Blasioli neben uns, der im Krieg erlebt hat, wie ganz Manoppello mit Nebel bedeckt war, als die Alliierten es beim Rückzug der Deutschen angreifen wollten. Er könne mir noch die Stellen zeigen, hat er mir gesagt, wo sie durch diesen Nebel hindurch vier Bomben abgeworfen hätten die weder einem Menschen ein Haar gekrümmt hätten noch einem Tier ein Haar oder eine Feder oder auch nur ein einziges Haus angekratzt hätten. Das Heilige Gesicht habe Manoppello vor jedem Schaden bewahrt. »Doch nein, er ist nicht immer freundlich«, sagt der alte Luigi noch einmal, »er ändert sich immer, und manchmal ist er auch streng.«

Die Akazien stehen in voller Blüte und duften betörend links und rechts der Serpentinen des Weges der Prozession, die sich sehr langsam, in vier Windungen den Tarignihügel hinunterzieht, bis zur Hauptstraße, die wieder in die Stadt hochführt. Vor dem Grün des Hügels wird das Gesicht fast fleischfarben, mit grünen Augen, über der nächsten Brücke wird es wieder silbern vor dem Himmel, zwischendurch verschwindet es – und schaut hier jeden und jede doch fortwährend an. Ganz zart und ganz stark. Im seitlichen Schatten schaut er manchmal wie einer, der hinter einem Vorhang aus dem Fenster herausschaut. Zwei Schritte weiter sieht es so aus, als schiebe er selbst den Vorhang zur Seite. In dem Städtchen haben die Frauen an jedem Haus, an dem es vorbeizieht, ihre schönsten und kostbarsten Tücher und Brokate und Damast aus den Fenstern gehängt, von wo sie das Bild, wie von jedem Balkon, mit Händen voller Rosenblätter überrieseln, als wären es Feuerzungen, die auf die Pilger herabregneten. Das Feuerwerk ist wieder da, am Morgenhimmel, danach wieder die allerfeinsten Weisen der Blaskapelle. Die Einführung der Prozession war ein genialer Einfall. Denn nur so – im natürlichen Licht – gibt das Bild ja sein volles Aroma frei wie ein geöffneter

Flakon sein Parfüm. Früher muss der Kontrast zum Rest des Jahres noch viel intensiver gewesen sein, als sich das »Heilige Antlitz« das ganze Jahr über verborgen in einer schattigen Seitenkapelle der Kapuzinerkirche befand. Bis zur Erfindung Thomas Edisons sah es – in diesem permanenten Dunkel und Dämmer – vermutlich wirklich so dunkel aus wie das Mandylion des Vatikans oder das aus Genua. Keine noch so raffinierte Beleuchtung aber kommt der Steigerung der Erfahrung nahe, die von diesem Gesicht ausgeht, wenn es unterwegs der Sonne im Morgen-, Tages- und Abendlicht ausgesetzt wird. Es ist das wahre Licht dieses Gesichts.

Inzwischen sind wir durch das romanische Löwen-Portal in die San-Nicola-Kirche eingezogen. Pater Pfeiffer zelebriert als Ehrengast aus Rom die Festmesse, in der er vom Paradies predigt, selig, gerötet, immer lächelnd. In diesem Himmelsgarten ist er zwar noch kein Ehrenbürger, wohl aber – seit Jahren schon und immerhin – in Manoppello. Er lädt uns zum Abendessen in einen Landgasthof außerhalb des Städtchens ein, wo er natürlich auch Ehrenkonditionen genießt und die einfache Küche noch eine Ahnung davon vermittelt, dass früher einmal alle Köche der Päpste Abbruzzeser zu sein hatten. »Pater Pfeiffer«, sage ich schon auf dem Weg dahin, an dem er sich an diesem Festtag gefahrlos mitten auf der Straße gehen lässt, »ich hatte noch ein paar Fragen vergessen. Wenn es wirklich wahr ist, dass in diesem kleinen Abruzzenstädtchen das einzige authentische und wahre Bild Christi auf der Erde verwahrt wird, wenn das so ist, sind dann nicht all Ihre Argumente Kinkerlitzchen, die nicht wirklich erklären können, warum das vierhundert Jahre einfach unbekannt geblieben sein soll? Wenn das wahr ist, hätte es sich doch längst wie ein Lauffeuer verbreiten müssen! Alles andere ist doch einfach unglaublich. Warum, frage ich Sie also noch einmal, warum soll Ihnen das irgendjemand glauben und nicht stattdessen Sie – oder jeden und jede andere, die Ähnliches behaupten – viel einfacher für verrückt halten? Warum?«

»Warum, fragen Sie? Warum soll man dem christlichen Credo glauben, wie es eins Komma zwei Milliarden Katholiken und rund zwei Milliarden Christen insgesamt tun – oder zumindest tun sollten, wenn sie sich Christen nennen? Das muss man doch nicht: ›Ich glaube an Gott, den allmächtigen Vater, den Schöpfer des Himmels und der Erde, und an seinen einzigen Sohn …‹ Das muss man doch nicht glauben und kann es doch auch kaum. Dass der ›Schöpfer der Himmels und der Erde‹ jemals Mensch geworden sein soll, wie Christen es für wahr halten, das scheint in sich doch einfach verrückt – und so haben die Juden diesen Glauben, der aus ihrer Mitte hervorgegangen war, doch auch von Anfang an gesehen. Und so sehen sie ihn ja auch heute noch, zusammen mit den Muslimen und Buddhisten und Hindus und Heiden und Agnostikern und Atheisten. Dass Gott für Katholiken seitdem nie mehr fern ist, sondern ganz und gar präsent sein soll in einem kleinen Stück geweihten Brotes, das in jeder römischen Kirche in einem goldenen Tresor über oder neben dem Hauptaltar verwahrt wird – Der Schöpfer des Himmels und der Erde, eingeschlossen in die Materie und hinter einem Riegel! –, das scheint einfach vollkommen absurd. Es ist eine Herausforderung an Sinn und Verstand! Doch das ist der Glaube der römischen Kirche, auch wenn er de facto selbst von immer weniger Katholiken geteilt wird. Denn es bleibt ja einfach unglaublich. Ist es da, frage ich nun Sie, nicht eine viel geringere Herausforderung an Sinn und Verstand, dass Gott von dieser seiner Menschwerdung zweitens auch noch ein authentisches Bild hinterlassen haben soll und dass – drittens – dieses Bild, das früher nur der byzantinische Kaiser mit dem höchsten Klerus zu ganz besonderen Gelegenheiten, in den kaiserlichen Gemächern von Konstantinopel für jeweils nur wenige Minuten im Kerzenschein sehen durften, dass dieses gleiche Bild heute für jedermann offen im Licht von Halogen-Strahlern zu sehen ist, der es anschauen will? Dass es jederzeit, und so lang man will, hier in den Abruzzen zu besichtigen ist? Keiner muss irgendetwas glauben. Doch was ist denn da das größere und was ist das kleinere Wunder? Das ist das eine. Eine andere Sache, die mit Glauben oder Nichtglauben überhaupt nichts zu tun hat, ist die Tatsache, dass es sich bei dem ›Heiligen Gesicht‹ von Manoppello schlicht um eine technische Unmöglichkeit handelt, die jeder, der will, selbst und mit bloßem Auge überprüfen kann.«

Jetzt kam ich wieder in Fahrt und fragte: »Nehmen wir nun aber einmal an – und sei es nur für einen Moment –, dass dieser oder der nächste Papst Ihren Argumenten folgen und nach Manoppello pilgern würde, wie Johannes Paul II. noch im Jahr 1998 nach Turin gepilgert ist. Nehmen wir weiter an, dass das Schleierbild danach für alle Forschungen und Untersuchungen freigegeben würde. Nehmen wir weiter an, dass Sie – entweder zu Ihren Lebzeiten oder danach – in allen oder den meisten Ihrer Theorien und Hypothesen bestätigt und gerechtfertigt würden. Was würde sich dadurch ändern, für die Kirche und für die Welt?«

»Es würde ein gewaltiges Erdbeben geben. Es ist das letzte Maß des Menschen, das damit in die Kirche zurückkommen wird. Es ist das Inbild jeder Person und seiner Freiheit – ganz Mensch und doch ganz unserer Willkür entzogen. Vor diesem Blick werden sich viele Streitfragen und Irrlehren in nichts auflösen. Vor diesem Blick schmilzt jede Feindschaft um in Erbarmen. Denn die Kirche hat ein einziges Haupt, und das ist Christus. Er ist der Herr. Und hier ist ein wahres Bild von ihm. Älter als jeder Text! Wenn wir also auch materiell noch gemeinsam ein wahres Bild von ihm haben, ist die Wiedervereinigung der Christenheit viel leichter – mit den protestantischen Kirchen ebenso wie mit den orientalischen Kirchen und der Orthodoxie der Griechen und Russen, bei denen die Ikone von jeher einen unvergleichlich höheren Rang innehatte als im Westen. Im Osten hatte das Bild – auch ohne dieses Original und diese Bildmutter all ihrer Christusikonen – schon immer den gleichen Rang wie die Heilige Schrift; im Osten galt das Bild schon immer selbst als Schrift. Das wird mit dieser Entdeckung noch einmal eine ungeahnte Dimension bekommen. Für die Ökumene wird die volle Wiederentdeckung und Anerkennung und Annahme der Ur-Ikone des wahren Christusbildes also eine geradezu revolutionäre Bedeutung haben, mit enormen Folgen; daran ist überhaupt kein Zweifel möglich. Vielleicht liegt Manopello darum – an der Adriaküste – ja auch an der alten Schnittstelle und Bruchlinie zwischen der östlichen und westlichen Christenheit. Eine andere gravierende Auswirkung wird die Wiederentdeckung dieses Bildes jedoch auch für die Rolle des Papsttums spielen und spielen müssen.«

»Wieso?«

»Weil das, was die Menschen und Pilger früher nach Rom gezogen hat, die Veronika war: Das war das wahre Bild Christi. Den Päpsten fehlte also während der letzten 400 Jahre das wichtigste Stück, das die Leute angezogen hat: nämlich die Veronika. Ihretwegen sind sie gekommen. Den Papst wollten die Pilger eigentlich nicht sehen. Der war ein Potentat wie alle anderen. Und oft war er auch nicht gerade ein Vorzeigeexemplar; er war nicht besser als jeder andere Herrscher auch. Das hat sich heute Gott sei Dank sehr geändert – und das wird und muss auch so bleiben. Als Nachfolger des Petrus, also jenes Apostels, auf dessen schwachen Schultern die Kirche von Jesus selbst errichtet worden ist, wird die Bedeutung der Päpste noch wachsen. Ihre Rolle als Stellvertreter – als *Vicarius Christi* – aber, die wird sich nicht nur gewaltig ändern, sondern überhaupt wieder von ihren Schultern genommen werden. Denn diese Rolle war ursprünglich überhaupt nicht bei den Päpsten, und das Verständnis der Rolle des Stellvertreters stammt auch überhaupt nicht aus dem Westen, sondern dem Osten, aus dem byzantinischen Verständnis des oströmischen Kaisertums. Dort in Konstantinopel galt nämlich immer der Kaiser als der erste *Vikarius Christi* – seit den Tagen Kaiser Konstantins des Großen, seit dem Jahr 313. Und das war nur möglich, wenn er sich dabei auf ein Bild berufen konnte, das ihm irgendwie in den Schoß gefallen sein musste. Denn im Osten konnte immer nur ein Bild den Kaiser selbst vertreten, nie eine andere Person. Wenn der Kaiser selber nicht in die Provinzen kommen konnte, hat er sein Bild geschickt – und das Bild wurde an den Stadttoren mit Kerzen und Fackeln empfangen, als wäre es der Kaiser selber. Keine Person konnte ihn vertreten, immer nur sein eigenes Bild! Allein das Bild war immer Stellvertreter des Kaisers; das fing auf den Münzen an und ging bis zu den Bildern der Staatspräsidenten, die wir heute noch in den Amtsstuben hängen haben. Daher kommt das. Und so wie das Bild des Kaisers der Stellvertreter des Kaisers war, so kann auch nur das Bild Christi wahrer und unkorrumpierbarer Stellvertreter Christi sein. Dass wir nun das stellvertretende Bild Christi wieder vor uns haben, das wird nicht nur der Schlussstein für die Ökumene sein. Das wird auch ein Erdbeben geben in der Kirche. Ich habe Kollegen, die sagen mir: ›Wenn du Recht hättest, wäre es eine Revolution.‹ – Die können die Sache aus dem einfachen Grund nicht anerkennen und für wahr halten, weil sie ihnen zu groß erscheint. Das ist das Problem – auch wenn das Glück noch viel größer ist.«

Jetzt habe ich mein Buch fertig, dachte ich, noch bevor wir uns in dem Gasthof auf die Veranda setzten und überlegen konnten, womit wir diesen Tag feiern wollten. Mehr als die pfingstliche Prozession des Heiligen Gesichts unter Rosenblättern und Feuerzungen würde ich nicht mehr zu sehen bekommen. Gott ist Mensch geworden und kein theologisches Lehrgebäude, sagte das Antlitz an jeder Biegung des Weges den Hügel hinab und hinauf. Wie es doch leuchtete! Das Christentum ist keine Buchreligion. » Das wundervolle Bild von Manoppello ist in der Welt und die Welt erkennt es nicht«, sagte eine Frau am Nebentisch, die mit ihrem Mann aus Hamburg zu der Prozession gekommen war: »Es ist darin zutiefst ein Christus-Bild«. Unterwegs hatte ich auch noch Fabrizio, einen jungen Mann aus Manoppello, kennen gelernt. Er sammelt seit zwanzig Jahren alle möglichen Informationen über das Heilige Gesicht und wollte sie mir alle erzählen. Doch mehr wollte und brauchte ich zu der Geschichte nicht mehr erfahren und zu hören und zu sehen bekommen als die Geschichte vom Stellvertreter – und dieses unvergleichliche Leuchten des Heiligen Gesichts in Gold und Bronze im Licht der Sonne und im Schatten der Bäume.

Im innersten Verlies des Vatikans

Treppenaufgang Bramantes im Veronika-Pfeiler des Petersdoms in Rom hinauf zur innersten Schatzkammer, am 13. März 2005

Es gab auch kaum noch etwas zu recherchieren, was mich wirklich interessierte. Die letzten Argumente waren ausgetauscht, die letzten verschlossenen Türen würde ich nicht mehr geöffnet bekommen, die letzten Rätsel wollte und musste ich Rätsel sein lassen. Die echte Veronika des Vatikans aus Jerusalem – die *Sancta Veronica Ierosolymitana* – würde ich nicht mehr zu sehen bekommen. Lange hatte ich noch darauf gehofft wie auf das letzte fehlende Stück eines Puzzles, das es brauchte, um das Bild meiner Nachforschungen zum »wahren Bild« Christi komplett zu machen. Inzwischen hatte ich es aufgegeben wie meine Hoffnung, noch einmal das Edessa-Mandylion der Päpste sehen zu dürfen. Mittlerweile wusste ich, »die echte Veronika« des Vatikans zu sehen oder gar zu fotografieren war aussichtslos – und die Domherren würden schon ihre Gründe dafür haben. Ich konnte nicht traurig darüber werden. Der Pfeiler unter der Peterskuppel würde sein Geheimnis über meinen Tod hinaus bewahren. Sollte er.

Vom Erzpriester der Basilika, Kardinal Marchisano, hatte ich auf meine letzte Anfrage keine Antwort mehr erhalten. In dem ebenso gedanken- wie lehrreichen Buch Ian Wilsons über die »Geheimen Orte und Heiligen Gesichter« hatte ich zum Trost noch einmal über seine vergeblichen Versuche gelesen, dieses »zentrale Bild« auch nur ein einziges Mal vor sein Gesicht zu bekommen. »Ein neuer Wind von *Glasnost*«, hieß es in seinem resignierten Schlussappell, »müsse endlich einmal durch die dunkleren Ecken von

Sankt Peter und des Apostolischen Palastes wehen.« Doch die Kanoniker von Sankt Peter blieben wohl auch in Zukunft die einzige Menschengruppe in Rom, die die Veronika ungehindert sehen dürfen. Wie im 15. Jahrhundert, als König Friedrich III. sich von Papst Nikolaus V. zu einem Domherren der Petersbasilika weihen lassen ließ, nur um die Veronika aus der Nähe verehren zu dürfen – und wie nach ihm König Christian von Dänemark.

Anfang des Jahres 2005 wiederholte ich ein letztes Mal in einem Brief an den Kardinal mein Anliegen, um den Fall danach zu den Akten zu legen. Doch eine Woche später war diese Akte wieder geöffnet. »Ausnahmsweise«, hieß es nun in einer raschen Antwort in piemontesischem Deutsch aus dem Vatikan, »gebe ich Ihnen gern eine positive Antwort, auch wenn ich Ihnen im Voraus sagen muss, dass die Reliquie, die in der Höhe des Pfeilers verschlossen ist, in einem sehr schlechten Zustand und unerkennbar ist.« Ich traute meinen Sinnen nicht. Ich sollte die Veronika sehen dürfen, ohne mich zum Kanoniker weihen lassen zu müssen? »In Erwartung eines Termins, wann Sie die Reliquie anschauen möchten«, verabschiedete sich der Präsident der Bauhütte von Sankt Peter von mir. Schon am nächsten Sonntag ging ich ihm nach der Vesper im Petersdom, wo er den Einzug und Auszug der Domherren immer als Letzter abschließt, mit Ellen in die Sakristei nach. Über eine rückwärtige Treppe war er da schon wieder in sein Palais eine Etage tiefer zurückgekehrt. Der Pförtner meldete uns an. Nach einigen Minuten öffnete er die Tür, wir stellten uns freundlich vor. »Gut«, sagte er, »dann wollen wir mal sehen, welchen Termin wir da am besten finden können.« Er holte einen Notizblock hervor, blätterte vor und zurück. »Wie wäre es am Donnerstagmorgen um 10.00 Uhr?« Der Termin passte perfekt.

»Dringend ein Metermaß mitnehmen!«, ließ Schwester

Blandina mich per SMS wissen. »Sie müssen das Bild dringend ausmessen«. Es war gleißend hell, als wir am Donnerstagmorgen pünktlich bei Kardinal Marchisano in der *Fabbrica di S. Pietro* vorsprachen. Der Marmor des Doms leuchtete wie Schnee in der Sonne. Ich hätte mich kneifen können: Heute war *der* Tag! Meine Tasche war ausgebeult von der Kamera, für alle Fälle, mit frisch aufgeladenen Batterien. Wir hatten eigens eine Stablampe gekauft, um auch die hintersten Winkel der geheimen Verliese des Vatikans durchleuchten zu können. Ich hatte das Metermaß in der Manteltasche. Der Kardinal bat uns in seinen Salon. Über der Sitzecke hing ein Christusporträt Mantegnas an der Wand, wenn ich mich nicht täuschte, mit byssusfarbenem Haar, in einem kostbaren Barockrahmen. »Nein, nein«, lächelte der Kardinal leise, »das sind hier natürlich alles nur Kopien«, als er vor uns Platz nahm. Ich schaute über seine Schulter auf zwei Bilder des Turiner Grabtuchs, die dort gerahmt neben dem Fenster an der Wand hingen. Er war meinem Blick gefolgt »Über die sollten Sie etwas machen!«, meinte er mit dem Stolz des Lokalpatrioten; der Kardinal stammt selbst aus der Nähe von Turin. Da oben hat er auch sein ausgezeichnetes Deutsch gelernt. »Gern«, sagte ich, »und auch über Oviedo und Cahors. Ich möchte gern einmal ein Mosaik all dieser Grabreliquien zusammenstellen und beschreiben, was sie uns heute zu erzählen vermögen. Darum bin ich ja jetzt auch hier.« Er hörte aufmerksam zu. Wir parlierten ein wenig über Deutschland und Italien, Gott und die Welt – und wie er als Kind nach dem Abessinien-Feldzug Mussolinis die ersten Schwarzen in den Straßen Turins bestaunte. Er ist ein rundherum gebildeter, feinsinniger Mann. Auch ich hörte ihm gebannt zu. Plötzlich erhob er sich. Hatte er etwas gehört? Hatte er vor der Tür vielleicht das leise Schlüsselklirren eines seiner Bediensteten gehört, der uns nun zu dem Tresor im Innern der Säule hochgeleiten würde, um dort die Schatzkammer für uns aufzuschließen? Ich hörte nichts. Doch jetzt ging es jedenfalls endlich los. Ich hätte mich wieder kneifen können. Er ging uns voraus durch den Flur, öffnete die Tür und reichte uns die Hand. »Wie?«, fragte ich, »Eminenz, wollten wir nicht die Veronika-Reliquie anschauen?« Er nickte: »Ja, ja, ich weiß. Sie werden einen Brief bekommen.«

Ein Schweizergardist salutierte, als wir den Vatikan durch den Bogengang unter dem linken Glockenturm verließen. Es war frisch und kühl. Der Tag schien auf dem Petersplatz noch gleißender geworden, der Marmor noch weißer, der Himmel noch polierter. Ich spielte mit dem Metermaß in meiner Manteltasche und fotografierte den Obelisken und Ellen statt der »wahren Veronika« in ihrem Tresor. Hatte ich etwas falsch gemacht? Hatte der Kardinal die Beule des Fotoapparates in meiner Tasche gesehen? Hätte ich meine Frau nicht in das Reich der Männer mitnehmen dürfen? Verstieß meine eigene Erscheinung mit all diesen verdächtigen Indizien zusammengenommen einfach viel zu sehr gegen die ungeschriebenen Sitten des Vatikans? Oder hatte ich etwas Falsches gesagt? Ich wusste es nicht, und auch Ellen fiel nichts ein, was uns vielleicht früher hätte auffallen sollen. Es gab keine Antwort auf unser Rätseln, und es gab auch keine Antwort mehr aus dem Vatikan. Zuerst wartete ich Tag für Tag, dann Woche für Woche, dann gab ich es auf. Ich würde die Veronika-Reliquie nie mehr zu sehen bekommen.

Dieses Buch musste aber dennoch fertig werden. Mein Lektor in Berlin verlangte erste Leseproben. Es blieb kaum noch Zeit für den Rest des Manuskripts. Zu meinem nächsten Geburtstag nahm ich mir wiederum ein paar Tage frei und fuhr mit meiner Frau zu einem kleinen Landgasthof in der Nähe von Manoppello, wo weder eine Internetverbindung noch ein Mobilfunknetz mich von der Arbeit abhalten konnte, um endlich die letzten Kapitel fertig zu schreiben. Der Wirt kannte uns schon, wir kannten das Zimmer schon. Ellen nahm sich ein Buch vor; ich packte meinen Laptop aus, schob den Tisch vors Fenster, um auf die Hänge und Höhen der Abruzzen zu schauen, und lehnte mich gegen die warme Heizung. Schnee lag auf den Hügeln, noch mitten im März; es war ein kalter Winter. Doch hier kam er nicht an uns heran. In der Wirtsstube unter uns war unser gedeckter Tisch wieder vor die Feuerstelle gerückt, vor deren glühenden Ölbaumscheiten morgen Mittag eine offene Flasche Wein auf uns warten würde und der Koch ohne zu fragen irgendeine Vorspeise aus der Küche zu uns hertragen würde, danach zwei Teller mit seiner fabelhaften Pasta und noch einen Hauptgang hinterher, bevor er uns fragen würde, ob wir zum Dessert und Kaffee einen besonderen Wunsch haben würden.

Happy Birthday! Ich mache mir sonst nicht viel daraus. Doch diesmal war es kein schlechtes Jahr gewesen, wirklich nicht. Das durfte ruhig gefeiert werden. Oh Leben – oh, auf der Welt sein! Zuerst aber wollte ich diesen Abend und die Nacht noch nutzen, um aufzuschreiben, was die Erinnerung und der Verstand noch hergaben. Ich machte mich gleich daran und schrieb und schrieb und schrieb, bis mir leicht kühl wurde. Kein Telefonklingeln störte die Arbeit. Ich stand auf, um mich an der Heizung ein wenig aufzuwärmen. Vielleicht sollte ich den Tisch ja überhaupt näher an die Wärme ziehen. Ich legte die Hände auf die Heizung. Sie war lauwarm. Ich ging ins Schlafzimmer: Dort war es ebenso. Ich ging zum Wirt hinunter; er war ratlos. So viele Schalter und Knöpfe er auch unten und in unserem Zimmer umlegte oder drehte, es half nichts. Abhilfe konnte er leider gar nicht schaffen. Es war ein Missgeschick, wie es jedem Hausbesitzer passieren konnte, zumal in den Abruzzen, zumal in diesem Winter, es schien der klassische Fall einer höheren

Fügung. Eine halbe Stunde später war die Heizung eiskalt. Im Bett war es nicht wärmer. Die Decken waren zu dünn. Der Mantel, den ich über das Bettzeug legte, glitt immer wieder zu Boden. Es war eine grausame Nacht, zu kalt, um zu schlafen, ich zu müde, um mir noch einen Pullover und zwei paar Socken anzuziehen. »Wir müssen fort«, sagte Ellen, als es hell wurde, »wir schauen uns zu deinem Geburtstag noch einmal das *Volto Santo* an, dann müssen wir so rasch wie möglich nach Rom zurück, im warmen Auto, zu einer warmen Badewanne. Hier ist auch das warme Wasser ausgefallen.« Ich zitterte. »Ja, hier kann ich nicht arbeiten. Wir können unmöglich bleiben. Ich hab' gefroren wie ein Schneider.«

Im Auto endlich wärmten sich meine Finger wieder auf. Italiens Berge glänzten unter dem Schnee in der Sonne: ein Fest für die Augen. Mittags hatte ich beinahe wieder den gedeckten Tisch vor der Feuerstelle unserer Lieblingsherberge vergessen und in Rom sogar die warme Badewanne, die ich mir einlaufen lassen wollte. Der erste Frühlingstag schien endlich gekommen. Wir packten das wenige Gepäck wieder aus, und als ich meinen Laptop wieder anschließen wollte, sah ich an dem flimmernden roten Lämpchen, dass ein Telefonat auf meinem Anrufbeantworter eingegangen war. Ich drückte auf die Abhörtaste. »Buon giorno«, meldete sich eine unbekannte Frauenstimme zu meinem Geburtstag, »ich rufe Sie aus dem *Ufficio* von seiner Eminenz Kardinal Francesco Marchisano an, dem Erzpriester der Sankt-Peters-Basilika und Präsidenten der Bauhütte, und zwar wegen eines Termins, um den Schleier der Veronika zu sehen. Ich habe jetzt versucht, Sie anzurufen. Vielleicht können Sie mich aber auch zurückrufen.« Es gab ein Krachen in der Leitung, als sie ihre Nummer durchgab. »Fragen Sie nach Signorina René. Buon giorno.« Ich hörte den Anruf noch einmal ab, dann noch einmal und noch einmal, bis ich die Nummer verstanden und notiert hatte, und rief gleich zurück. Sie war nicht mehr an ihrem Platz, sagte eine Männerstimme. Ich könne sie erst am Freitag, das heißt am nächsten Vormittag wieder erreichen, und am Samstag überhaupt nicht. Ich rief am nächsten Morgen an. »Ah«, sagte Signorina René, »gut, dass sie anrufen. Ich hatte schon gedacht, ich erreiche sie nicht mehr. Am Sonntag um 16 Uhr können Sie die Veronika sehen, während der Prozession der Domherren. Doch keine Fotos, bitte! Kommen Sie bitte um 16 Uhr in die Sakristei von Sankt Peter, und fragen Sie da nach Signore Mauro, er wird Ihnen alles erklären.«

Eigentlich hätten Ellen und ich erst einen Tag später, am Samstag, zurückkommen wollen. Bei unserer geplanten Rückkehr hätte Signorina René mich und ich sie nicht mehr erreicht. Ein Engel musste uns in Manoppello die Heizung abgedreht haben, oder Judas Thaddäus.

Am Samstagabend legte ich mir, wie als Kind vor einem großen Ausflug, den besten Anzug und Schlips heraus. Am Sonntagmorgen putzte ich noch einmal Schuhe und Brille. Stablampe, Notizbücher, Fotoapparat mit Zoom hatte ich wieder bereitgelegt, das Metermaß steckte noch von meinem letzten Besuch im Vatikan in meiner Manteltasche. Am Sonntagvormittag waren wir hinter der Tiberinsel zu einem Fest eingeladen. Als wir nach Hause wollten, hatte plötzlich ein Marathonlauf Rom lahm gelegt, auf römische Weise gab es dazu keine Busse, kein Taxi, wir mussten zu Fuß durch Trastevere zurück, das Essen verschob sich nach hinten, die Suppe war verpfeffert, mir brannte der Mund, wir bekamen Streit, plötzlich rief Ellen: »Das darf doch nicht wahr sein. Schau mal auf die Uhr, in zehn Minuten ist es vier Uhr. Lauf!« Ich lief, hatte Hut und Schal vergessen und rief Ellen noch in der Warteschlange vor den Sicherheitsscannern in den Kolonnaden an, dass ich auch meine Schreibblocks vergessen hatte und das Teleobjektiv. Sie solle es bitte in die Vesper nachbringen, falls es dann noch etwas nutzen könnte. Atemlos kam ich in der Sakristei an, auf die Minute pünktlich.

Signor Mauro Benzoni war ein kleinerer, sehr freundlicher Herr, der Sakristan der riesigen Basilika. Wie viele gebe es davon, wollte ich wissen. »Einen«, lächelte er, »*ich* bin der Sakristan.« Folgendes müsse er mir erklären: Heute, am Passionssonntag, würden die Domherren zur Vesper zunächst mit dem Chor in einer großen Prozession zum Hauptaltar ziehen, der heute überdeckt war mit Reliquien, die sie feierlich mit Weihrauch einräuchern würden. »Welche Reliquien sind das?«, wollte ich wissen. »Gebeine von vielen Märtyrern und Heiligen Roms. Heute feiern sie mit, heute sind auch sie bei dem Segen dabei.« Dann aber ziehe die Prozession langsam zum Gesang der Allerheiligenlitanei zurück zum Hauptportal, fuhr er fort, quer durch den Kirchenraum und wieder zurück, bevor sie sich endlich im Chor niederlassen würden, um die Vesper zu singen, nach der die Gläubigen mit der Veronika vom Balkon gesegnet würde. Davor möge ich bitte am Fuß des Veronika-Pfeilers warten. Wir würden dann während der Vesper zusammen hochgehen, wo er die Reliquien aus dem Tresor holen würde. Im Kirchenraum zeigte er mir genau den verabredeten Punkt.

Ich schaute zum Pfeiler hoch. Die Brüstung der Loggia da oben war heute mit burgunderrotem Samt bedeckt, darauf standen sechs Kerzenleuchter. Ich folgte gebannt der Prozession mit den Augen, dem Kruzifix vorweg, dann dem Chor der Päpstlichen Kapelle in weißen Obergewändern, dahinter den Domherren in Violett, schließlich den Zelebranten in kostbaren alten Rauchmänteln, ganz zum Schluss Kardinal Marchisano in Purpurrot. »*Sancta Maria*«, hörte ich Pablo Colina, den Leiter des Chores, mit seiner rauchigen Stimme im Wechselgesang mit den Römern den riesigen Raum auf Latein mit der Allerheiligenlitanei füllen.

»*Ora pro nobis!* Bitte für uns!« »*Sancte Michael, Sancte Bartholomae, Sancte Joánnes, Sancte Simon, Sancte Thaddae, Sancte Thoma, Sancta Maria Magdalena.*« Es ging minutenlang. Und immer wieder: »*Ora pro nobis,* bitte für uns, bitte für uns, bitte für uns.« Das ergreifende Flehen ging durch Mark und Bein. Neben dem Kardinal kam Signor Mauro aus dem Zug heraus auf mich zu, ganz in Zivil, nickte, öffnete hinter mir eine kleine Tür in der Umbrüstung am Fuß des Pfeilers, ging vor mir vier freie Stufen hinab, öffnete eine weitere Tür im Pfeilersockel, schaltete das Licht in einem kleinen Flur an, der über vier Stufen nach oben in einen kleinen Raum ins Innere des Pfeilers führte, den Bramante hier als ersten Träger für die riesige Kuppel gebaut hat: in das Innere des Grundsteins dieser Jahrtausendbasilika. Der Raum war schmucklos weiß, sauber gekalkt, hell erleuchtet. Am Ende des Flurs nahm der Sakristan eine alte rote Damasttasche von einem Stein, es klirrte darin, und setzte den Fuß daneben in eine elegant geschwungene enge Wendeltreppe. Ein lockeres Seil verlief als Geländer rechts, ein Seil hing in der freien Mitte dieses hochgezogenen Schneckenhausgewindes als Geländer für die Linke herab. Signor Mauro drehte sich um: »Wir gehen etwas langsam hinauf. Die Treppe ist ermüdend. Mich erinnert sie immer an den Aufstieg zum Golgatha.« Ich versuchte die Stufen zu zählen und kam sofort durcheinander, wie mit Wespen im Kopf. Auf den letzten Stufen hörten wir schon wieder den lauten lateinischen Gesang der Vesper, hier oben noch lauter als unten. Über der Wendeltreppe öffnete sich eine Kammer zu einem geräumigen Flur, der geradewegs auf die Loggia des Pfeilers führte. Es war keine dunkle Kammer, es war kein düsteres Verlies, im Gegenteil. Alles war sehr hell, frei; sehr deutlich und nach vorne hin offen zu dem immensen Raum der Basilika hin. »*Dominus a dextris tuis, / conquassábit in die irae suae reges*«, tönte es von unten hoch, »*De torrénte in via bibet, proptérea exaltabit caput* – Der Herr steht dir zur Seite / er zerschmettert Könige am Tag seines Zornes. / Er trinkt aus dem Bach am Weg, / so kann er das Haupt erheben.« Der Klang der Stimmen schien sich hier oben noch viel reiner und schöner zu fangen als unten in der Tiefe. Signor Mauro sang leise mit.

Eine schönere Schatzkammer hatte ich noch nie betreten. Über dem gewölbten offenen Ausgang zum Balkon war ein Gitter ganz aus Bienen gefertigt, dem Wappentier der Barberinis, der Familie Papst Urbans VIII. Der Flur hatte die Breite eines schmalen Zimmers. Die beiden Längswänden waren mit täuschend naturgetreuen purpurroten Wandteppichen ausgemalt. Nach vorne führte der Raum über den Balkon ins innere Freie des gewaltigen Raumes der Basilika, in vielleicht dreißig Metern Höhe. Der Sakristan griff in die Damasttasche mit den Silberstickereien und holte vier große schwere Schlüssel hervor, dazu ein kleines altes Handbuch, handgeschrieben, wie ich sah, und schloss mit einem der Schlüssel ein großes Gitter zur Rechten auf. »Die Anlage ist aus dem 16. Jahrhundert, der Tresor ist seit damals unverändert in Gebrauch.«

Hinter dem Gitter schob er ein dunkelrotes Tuch zur Seite, setzte in die nächste schwere Eisentür zwei Schlüssel links oben und unten in zwei passende Schlüssellöcher, drehte sie und schloss danach mit dem letzten Schlüssel dreimal schnappend drei weitere Schlösser in drei weiteren Schlüssellöchern auf der rechten Seite auf, die einem anderen Mechanismus folgen müssen. Die Anlage muss perfekt geölt sein. Danach schlug er die schwere Eisentür lautlos nach links herum auf. Sie ist mit Brokat beschlagen. Auch vor dem Innenraum der Schatzkammer hängt ein Brokatvorhang, der in schweren Goldstickereien die Passionswerkzeuge Christi zeigt und in der Mitte ein farbiges Medaillon mit Christi Gesicht.

Ich traue meinen Augen nicht. »Darf ich nicht ein Foto machen, zumindest davon?«, frage ich. Signor Mauro schüttelt den Kopf. Nein, das gehe leider nicht – das Privileg sei ohnehin schon völlig außergewöhnlich. Es tue ihm leid. Er nimmt den Vorhang mit zwei Fingern links und rechts aus einer Aufhängung heraus und hängt ihn an eine eigene Hängevorrichtung an die Innenseite der offenen Tresortür. An alles ist gedacht, für alles ist gesorgt. Der Tresorraum ist nicht tief und ganz und gar mit goldbesticktem Brokat ausgekleidet. Ich sehe die Veronika-Reliquie im Schatten stehen, daneben ein Kreuz, doch zuerst holt der Sakristan einen großen Bergkristallbehälter heraus, in dem oben eine Lanzenspitze steckt. »Die Spitze hiervon ist leider abgebrochen«, sagt er, als er mir die Reliquie zum Kuss hinhält, »sehen Sie. Es ist genau das kleine Stück, das sich in Paris befindet.« Ich höre Wespen summen, als ich auf die Lanze schaue. Wie klein sie doch ist! »All diese Reliquienbehälter sind aus der Zeit Papst Urbans VIII.« Er nimmt den Bergkristall und trägt ihn in eine Wandnische links neben dem Tresor, die mit weinrotem Damast ausgekleidet ist. Von oben schaut ein kleines Christusbild aus dem Damast heraus nach unten auf die geheimnisvollen Kultgegenstände, denen dieser Raum vor dem Segen vorbehalten ist. Eine kostbare Stola liegt gefaltet in der Nische und ein paar alte Damasthandschuhe. »Mit dieser Lanze sind die Menschen schon am zweiten Sonntag der Fastenzeit gesegnet worden, wie jedes Jahr. Heute werden sie mit der Veronika gesegnet und mit der Kreuzreliquie. Am Karfreitag dann noch einmal mit dem Kreuz. Stola und Handschuhe sind nur für diese Feierlichkeit vorgesehen.« Dann geht er mit mir drei Schritte zurück und holt die Veronika aus dem Tresor heraus, trägt sie ins Licht und stellt sie in die Nische.

Die echte Veronika! *La Sancta Veronica Ierosolymitana*. Ich gehe in die Knie, um sie besser betrachten zu können. Ich stelle mich, ich gehe nach links, nach rechts. In Gegenwart all der Preziosen dieses Raums muss ich mich fast zwingen hinzusehen, denn da ist ganz und gar nichts zu erkennen. Nichts, was den Blick oder die Neugier oder den Sinn nach Schönheit anzieht. Der Kontrast zum Rest der einzigartigen Schatzkammer könnte nicht größer sein. Glas bedeckt die Ikone. Darunter ein Objekt in Auflösung. Ein fleckiger dunkler grau-schmutziger Stoff ohne jede Kontur. Ohne jede Zeichnung oder Farbe. Die einzige Kontur bekommt er durch den dreizackigen Gesichtsausschnitt in der Goldverkleidung mit einem Zacken für den Bart und zwei Zacken links und rechts, wo auf anderen Christusbildern das Haar herabfällt. Es ist eine Abdeckung wie bei dem Edessa-Mandylion, das Ellen und ich kurze Zeit später in der Sakristei der Sixtina zu sehen bekommen, oder wie in Genua, die wir nach unserem Streit schon gesehen haben – und offensichtlich eine Anlehnung an diese alten und ehrwürdigen Bilder. Nur darum könnte man dieses Objekt von sehr entfernt auch für ein Gesicht halten, nur dieser ausgeschnittenen Abdeckung wegen. Keine Bildspuren sind zu erkennen, gar nichts. Hier scheint auch gar nichts alt und ehrwürdig. Von einem Gesicht oder auch nur der Idee eines Gesichts keine Rede. Es ist in gar keiner Weise kompatibel zu allen alten Abbildungen der Veronika oder auch nur den kritischsten oder böswilligsten alten Berichten über die Reliquie. Das ist kein »klaret Linn«, wie Luther es im Spott noch beschrieb. Oben rechts wirkt der Stoff zerfressen und zerstört. Ein feiner netzartiger Maschendraht ist merkwürdigerweise hinter dem Glas vor den Stoff gespannt. Ich hole meine Stablampe heraus und taste mit dem Strahl von nahem das Gewebe ab, jeden einzelnen Flecken: Doch es ist kaum auszumachen, dass es überhaupt Gewebe ist. Mit Lampe ist so wenig zu sehen wie ohne Lampe. Vielleicht könnte ein Blitz mehr zutage fördern, aber an Fotografieren ist gar nicht zu denken bei der Freundlichkeit des Herrn Mauro. Das Gewebe hinter der Goldverkleidung ist von einem schweren Rahmen mit Edelsteinen umgeben. Links und rechts sind zwei Griffe. »Heben Sie einmal an, wie schwer das ist«; ich fasse links und rechts und schätze das Reliquiar auf mindestens fünf, sechs, sieben oder noch mehr Kilo. »Auch der Rahmen ist von Urban VIII. gestiftet, lesen Sie einmal die Rückseite.« Der Rahmen ist tadellos erhalten. Alles ist hier tadellos erhalten und konserviert. Alles an und in diesem Tresor ist in bestem Zustand, als wäre es vor kurzem erst hergestellt. Alles ist bestens erhalten. Nur das Bild ist eine Ruine. Es ist ein Rätsel, was es jemals war oder gewesen sein mochte.

Hier hat die Natur der Sache dem Urheber dieses Kunstwerks einen völligen Strich durch die Rechnung gemacht, wenn das jemals ein gemaltes Bild gewesen sein sollte. Vielleicht war das Material auch nur einfach zu minderwertig oder die Farben, falls je welche darauf waren. »*A fácie Dómini contremísce terra / a fácie Dei Jacob*«, klingt von unten der gregorianische Wechselgesang der Vesper hoch: »Vor dem Gesicht des Herrn erbebt die Erde / vor dem Antlitz des Gottes Jakobs.« »*Qui convertít petram in stagna aquárum, / et sílicem in fontes aquárum*«. Es ist der 113. Psalm, den ich nun unwillkürlich ein wenig mitsinge: »Der den Fels in sprudelndes Wasser verwandelt, / und den Wüstensand in glitzernde Quellen«. Es ist so schwer, sich auf dieses Bild zu konzentrieren. Ich schaue und starre. Die Zeit drängt nicht, sie löst sich auf. Signor Mauro hat nun auch noch die Reliquie vom Heiligen Kreuz aus dem Tresor genommen – der nur für diese drei Kostbarkeiten gebaut scheint: Mehr passt nicht hinein. Ich weiß gar nicht, wohin ich überall schauen soll, auch der Blick über den Balkon ist grandios. Signor Mauro weist mich links und rechts daneben auf die Säulen aus dem Jerusalemer Tempel hin. Über dem Flur des Tresors ist ein Geläut mit drei Glocken, erfahre ich, die nur bei diesen Segnungen mit den Reliquien geschlagen werden. Ich hole das Metermaß aus meiner Manteltasche und messe das Bild aus. Signor Mauro schaut mit und hält die Werte fest. Das Sichtfeld des inneren Rahmens mit der Goldabdeckung (aus mehreren Teilen, die vernietet scheinen) misst genau 32 mal 20 Zentimeter. Die Aussparung für das »Gesicht« bemisst vom oberen »Scheitelpunkt« bis zur »Bartspitze« 28,1 Zentimeter und von links nach rechts 13,1 Zentimeter. Hat der Kanoniker Rezza sich im Jahr 2000 vielleicht vertan, als er hier 25 mal 13 Zentimeter nachgemessen hat? Wie auch immer, da ist jedenfalls kein Gesicht. »Doch sagen Sie«, frage ich den freundlichen Sakristan, aus dessen Zügen ein Lächeln nie ganz weicht. »Warum gibt es denn eigentlich kein Foto davon«, frag ich ihn. »Warum darf das nicht fotografiert werden?« Er errötet fast bei der Antwort: »Damit da kein Gerede entsteht. Damit keiner darüber lachen soll, dass das Bild verschwunden ist – oder dass es so aussieht, wie es aussieht. Da soll sich keiner drüber lustig machen. Denn Sie sehen ja, wie alt und ehrwürdig es ist. Auch wenn es jetzt verblasst ist oder sonst etwas.« Er sagt es so respektvoll vornehm und scheu, als würde er von seinem kranken Vater oder Großvater reden, den keiner mit Schmerzen auf dem Krankenbett fotografieren soll.

Er verabschiedet mich, bevor zwei Domherren nach oben kommen, um von hier den Segen zu spenden. Benommen und mechanisch zähle ich die Schritte abwärts in dem Wendeltreppenhaus. Zweiundsechzig fein behauene Marmorstufen führen in dem Korkenziehergewinde nach unten. Schon nach zwanzig Schritten möchte ich schnell wieder hinaufgehen, noch einmal von vorne alles noch viel genauer ansehen, systematischer untersuchen – besonders die Veronika wollte ich mir für immer einprägen. Wie lange war ich oben? Ich weiß es nicht. Ich hätte so gern ein Foto gemacht, bevor ich nach oben ging. Den Fotoapparat hatte ich geladen dabei. Schade, dachte ich mir jetzt, während ich noch schnell ein Foto des Treppenhauses machte, dass nicht zumindest einmal der Tresor fotografiert werden darf, die Lanze, das Schloss. Der kleine Bogengang. Der mit Goldbrokat ausgelegte Schrank. Das Vorhängetuch. Vor allem aber das gestickte Christusbild auf dem Brokat des Vorsatzschutzes und dasjenige auf dem Damast der Decke in der Abstellnische. Doch es ist nicht schade, dass es kein Foto von der Veronika geben darf. Denn die Veronika des Vatikans ist das pure Nichts.

Unten dauerte die Vesper immer noch an. Das »Magnifikat« hatte begonnen: »Hoch preise meine Seele den Herrn …« – Nach der Vesper, kündigte der Chorleiter an, werde noch ein Segen mit den alten »Reliquien« geschenkt. Er sagte nicht »Veronika« oder »*Volto Santo*«; nur vornehm zurückhaltend nannte er jenes Objekt »Reliquie«, das als Angesicht Gottes einmal der Weltmagnet Roms gewesen sein soll. Es ist, als glaube hier schon längst keiner mehr daran. Ich drängte schnell zurück zum Hauptaltar, um besser hoch zu der Loggia schauen zu können, hinter der ich vorhin so erhoben stand. Nie gehörtes Glockengeläut kommt aus dem Pfeiler, dann kommen zwei Domherren vor den Rand des Balkons, heben das schwere Reliquiar der Veronika kreuzweise einmal nach oben und einmal nach links und einmal rechts. Vielleicht fünf Sekunden lang, vielleicht auch nur drei. Jetzt konnte ich endlich durch den Sucher des Fotoapparats hinaufschauen. Es ist zu weit für ein Foto, das etwas taugen soll, auch mit einem Teleobjektiv wäre nicht viel mehr herauszuholen. Das Licht der Festbeleuchtung von Sankt Peter reflektiert in dem Silberrahmen, den ich vorhin da oben noch selber hochgehoben habe. Hier muss niemand ein Fernglas mitbringen. Von tief unten und entfernt erkennt man so viel wie oben von dicht davor: nichts.

Es passt nicht in den alten leeren Rahmen der Veronika mit dem zerbrochenen Kristall im Tresor, weiß ich jetzt, weder das ganze abgedeckte Tuch noch die Aussparung in dem Gold. Was in dem alten, zerborstenen Rahmen gezeigt worden ist, kann nicht diese Veronika aus der Säule sein. Die Längsseite der Reliquie ist zu groß. *Diese* Veronika war auch nie durchsichtig; *dieser* Rahmen hatte von Anfang an keine zwei Sichtseiten mehr – mit zwei Kristallscheiben. Was jetzt gut vom Sucher der Kamera erfasst wird, ist die Marmorfigur des Engels im Hintergrund, der das profilierte Gesicht Christi – mit weit offenen Augen – vom Himmel herabträgt: aus der Schule Gianlorenzo Berninis. Die Glocken läuten noch einmal, jetzt kommen die Kanoniker mit der Kreuzreliquie, segnen auch damit, jedoch dreimal, zuerst in der Mitte, dann links und dann rechts auf dem Balkon. Der Chor singt »*Vexilla Regis*« (Das Siegesbanner des Königs), eine Hymne aus dem 6. Jahrhundert. Mit einem Schlag ist das Summen und Wogen der Menge im Petersdom zur Ruhe gekommen. Enormes Schweigen fällt über das Haus. Staunen. Nicht einmal ein Kind schreit, nichts. Einige Römer und Pilger knien. So still ist es selten im Petersdom. Dann läuten die Glocken wieder in dem Pfeiler. Die große Festbeleuchtung erlischt. Endlich hat mich Ellen gefunden; die Notizblocks hat sie leider vergessen.

Draußen vor dem Hauptportal ist es noch hell. Der weite Petersplatz ist abgesperrt und menschenleer. Gleich wird Johannes Paul II. aus der Klinik zurück im Vatikan erwartet. Es ist Sonntag, der 13. März 2005. Es ist, als tanzten Roms Stare jetzt schon zur letzten Heimkehr des schwer kranken Papstes über den Kolonnaden. Sie formieren Wolken vor seinem Fenster, als Schleier in unzähligen Faltenwürfen. Als Symphonie aus Formen und Bewegungen eines himmlisch geordneten Durcheinanders und Ineinanders gefiederter Fahnen und Schleier und Schlieren, in denen kein Vogel je einen anderen stößt. Ein Wunder vor den Augen. Ich suche verzweifelt all meine Taschen nach Papierfetzen ab, auf denen ich mit meinem Kuli hastig die wichtigsten Eindrücke frisch festhalten kann, die ich so gern fotografiert hätte, bevor sie mir aus der Erinnerung gleiten. Vor allem eines hätte ich leidenschaftlich gern und scharf und von sehr nahem fotografieren wollen: dieses wunderbar gestickte Gesicht auf der Mitte des alten goldbestickten schweren Brokatvorhangs in dem Tresor. Und die ähnliche Stickerei in dem Damast über der Nische. Sie zeigen das *Volto Santo* von Manoppello, in all seinen Maßen, ganz und gar deutlich: mit den offenen Augen – es ist das Gesicht der wahren Veronika, im innersten Verlies des Vatikans, deutlich wie auf einem Fahndungsfoto.

Doch ich finde kein Papier in all meinen Taschen. Rasch wird es dunkel. Das Mosaik Marias, der »Mutter der Kirche«, schimmert zart im Licht der Lampen über den Kolonnaden auf. Ich fotografiere den Giebel der Sixtinischen Kapelle im letzten Abendlicht, mit dem Obelisken davor als messerscharfer Kontur. Plötzlich nähern sich Sirenen und flackerndes Blaulicht jagt außen an dem Säulenring der Piazza entlang. Carabinieri haben mit einer Absperrung aus leuchtenden Plastikbändern eine Gasse durch die Menschenmenge freigehalten. »Viva!«-Rufe und Chöre begrüßen den Papst. Diesmal kommt er nicht mehr in seinem beleuchteten Papamobil in den Vatikan zurück, sondern zusammengekauert auf dem Beifahrersitz eines Kleinbusses. In hohem Tempo biegt er auf den leeren Petersplatz. Der Passions-Sonntag neigt sich dem Ende zu. Ostern will der Papst zu Hause sein. Aufgleißende Scheinwerfer über den Säulen tauchen das Rund plötzlich in helles Licht. Noch weiß keiner, dass es die letzte Heimkehr Johannes Paul II. zurück nach Sankt Peter ist.

Heimkehr und Abschied

Kupferstich der Grablegung Christi, Erfurt 1735

Von diesem Abend an hatte Johannes Paul II. noch einundzwanzig Tage und Nächte zu leben. Die Suche nach dem Gesicht Gottes war seit langem zur Grundmelodie seines Lebens geworden. »Dir selber spricht mein Herz es nach: ›Sucht mein Angesicht!‹«, heißt es im 27. Psalm in einer Kassette, die wir oft auf unseren Autofahrten gehört haben, mit seiner melodiösen starken Stimme: »Dein Angesicht, Herr, will ich suchen. Verbirg nicht Dein Gesicht vor mir!« – »Verehrter, lieber, Heiliger Vater«, hatte ich ihm deshalb zuletzt am 6. August 2004 geschrieben, ich müsse ihm von einem Bild Christi berichten, »dem kein Bildnis auf der Erde gleicht«. Dem Couvert hatte ich sechs großformatige Abzüge meiner Digitalfotos beigefügt – ein dunkles, ein durchsichtiges, und verschiedene Details in verschiedenem Licht – und hatte weiter geschrieben: »Es befindet sich in der Obhut der Kapuziner von Manoppello in den Abruzzen, in der Diözese Chieti, wo es von der Bevölkerung seit 400 Jahren als »Volto Santo« verehrt wird. Durch die Jahrhunderte haben viele Quellen davor von demselben Bild als »Veronika« (oder *vultus sancti*) gesprochen – und vieles spricht dafür, dass die kostbare Reliquie eines Tages auf mysteriöse Weise aus dem Vatikan verschwunden ist, wo sie lange in der Veronika-Kapelle der alten Konstantinischen Petersbasilika aufbewahrt wurde. Sie passt perfekt in den alten Rahmen der Veronika, der heute noch in der Schatzkammer von St. Peter verwahrt wird.« Ich erzählte ihm dann ein wenig von den technischen Unmöglichkeiten und den Farben ohne Farbspuren dieses »Bildes«, und von seinen Entsprechungen zu dem Turiner Grabtuch. Beide Tuchbilder würden nach meinen Beobachtungen den Rahmen menschlicher Kunstfertigkeit sprengen. »Am 24. März durfte ich in der Sala Clementina Zeuge sein«, beendete ich den Brief, »als Sie Ihre Vision eines Europas des Menschen vorstellten, über dem das Angesicht Gottes leuchtet«. Dürfe ich ihn da mit diesen Zeilen nicht bitten, in Köln, wohin er für den Sommer 2005 die Jugend der Welt eingeladen habe, den jungen wie den alten Menschen die »Veronika aus Manoppello« zu zeigen? – »Wir wollen Jesus sehen«, hätte er doch selbst als Leitsatz für dieses Weltjugendtreffen gewählt, nach jener Bitte, die einige »Griechen« in Jerusalem einmal an die Apostel gerichtet hätten. »In der Veronika werden sie Jesus sehen«, schrieb ich ihm als Letztes. Einen guten Monat später lag eine Antwort aus dem Apostolischen Palast mit dem päpstlichen Wappen in meinem Briefkasten.

»Ihre Ausführungen zum *Volto Santo* von Manoppello wurden sehr aufmerksam zur Kenntnis genommen«, schrieb mir darin ein päpstlicher Monsignore aus dem Staatssekretariat. »Seine Heiligkeit hat mich beauftragt, Ihnen dafür und für Ihre Teilnahme am universalen Hirtendienst des Nachfolgers Petri aufrichtig zu danken. Auf die Fürbitte U.L. Frau von Guadalupe erbittet Papst Johannes Paul II. Ihnen und Ihrer Familie von Herzen Gottes Schutz und Geleit sowie viel Freude im Dienst des Evangeliums.« Neun Tage später erschien mein erster Bericht über das Heilige Gesicht von Manoppello in Berlin in meiner Zeitung. Kardinal Meisner in Köln las ihn und sprach mich im Januar 2005 bei einer zufälligen Begegnung in der Bartholomäuskirche auf der Tiberinsel darauf an. »Ja«, sagte ich ihm, »dieses Bild zeigt wohl wahrhaftig das Gesicht Gottes – zumindest nach dem, was Katholiken glauben und davon halten.« Tage später rief er mich abends aus Deutschland an und fragte, ob wir – wie ich ihm angeboten hatte – wirklich einmal zusammen nach Manoppello fahren könnten. Im April sei er wieder in Rom, und am 4. habe er sich einen ganzen Tag für die Reise freigenommen. »Ah, der populärste deutsche Bischof will mit dir einen Ausflug machen!«, lachte mein Freund Peter aus München, der mich kurz danach anrief.

Am Abend des 1. Februar leuchteten kurz vor elf die Fenster der obersten Etage des Apostolischen Palastes über dem Petersplatz alarmierend hell auf, wo sonst um diese Zeit die Lampen immer verlöschten. »Der grippale Infekt, an dem der Heilige Vater seit drei Tagen leidet, hat sich an diesem Abend durch eine akute Luftröhrenentzündung und eine Kehlkopfverengung kompliziert«, hieß es knapp in einem ersten Kommuniqué, das der Vatikan noch in der gleichen Nacht herausgab. »Aus diesem Grund wurde eine Noteinlieferung in die Poliklinik Agostino Gemelli beschlossen. Sie erfolgte am 1. Februar um 22.50 Uhr.« Das lange Sterben des Pontifex hatte begonnen. Er kam noch einmal im Triumph zurück aus der Klinik, doch dann wurde er Hals über Kopf wieder eingeliefert für einen dringend notwendig gewordenen Luftröhrenschnitt, der ihm für den Rest seiner Tage die Sprache raubte. Und nun kommt er gerade zum letzten Mal nach Hause zurück. In zwei Wochen ist Ostern.

Wenige Tage nach dem erschütternden Ostersonntag, als Johannes Paul II. von seinem Fenster »der Stadt und der Welt« seinen letzten stummen Segen gibt, ruft Kardinal Meisner noch einmal bei uns an, um an den Termin unserer Reise nach Manoppello zu erinnern. Der Papst stirbt am Samstagabend des 2. April, da oben, hinter diesem Fenster. Am Montag früh um 7 Uhr steht Kardinal Meisner vor unserem Haus. Ich muss eigentlich dringend arbeiten und für die Redaktion in Berlin über die Ereignisse berichten; das

Pressezentrum ist in diesen Tagen ein Bienenhaus. Italien leuchtet, als wir über die Autostrada nach Manoppello rasen. Auf der Höhe von Tagliacozzo bekommt der Kardinal über Handy eine Einladung, heute Vormittag noch von dem aufgebahrten Papst in der Sala Clementina des Apostolischen Palastes im Vatikan Abschied zu nehmen, bevor der Leichnam in den Petersdom überführt werden wird. Ich gebe noch mehr Gas.

Pater Carmine und Schwester Blandina erwarten uns am Portal und auf dem Parkplatz schon zwei Engel in Gestalt junger Männer in Lederjacken, die dem Kardinal aus Köln, den sie gleich erkennen, Kraft und Gottes Segen für das Konklave wünschen. Er soll doch bitte dafür sorgen, dass nur ja der richtige Nachfolger des Papstes gewählt werden wird!

Wir gehen durch den Mittelgang nach vorne. Kardinal Meisner kniet vor dem Tabernakel nieder und sieht zu dem Bild hoch, steht auf, geht mit uns die Treppen hinter dem Altar hinauf und kniet sich direkt vor dem Bild wieder nieder und schaut hoch, stumm, bevor er seufzt: »Mein Herr und mein Gott!« Ich gehe die Treppen wieder hinab, um das Hauptportal zu öffnen, damit der Schleier im Gegenlicht transparent werden kann, und schaue auf die Uhr. Knapper ist die Zeit für einen Besuch bei dem Heiligen Gesicht noch nie gewesen. Als ich die Türflügel wieder schließe, bringt Pater Carmine den Schlüssel des Tresors herbei, um den Schrein für eine private Prüfung zu öffnen. Ich habe Angst, der Kardinal könnte stolpern, als er mit der schweren silbernen Monstranz die Stufen hinabgeht; Ellen, Schwester Blandina, Pater Carmine und ich schreiten in einer kleinen Prozession hinterher. Meisner bringt das Schleierbild in das Büro Pater Carmines und auf meinen Wunsch noch einmal hinaus auf den Hof, für ein Foto, das ich im Tageslicht machen will. Noch nie bin ich dem Bild so nah gewesen, zum Küssen nah, und bin doch viel zu aufgeregt, um zu begreifen, was um uns geschieht. Fast alle Fotos, die ich mache, verwackeln. »Das Antlitz ist die Monstranz des Herzens. Im *Volto Santo* wird das Herz Gottes sichtbar. *Pax vobis!*«, schreibt der Kardinal ins Gästebuch des Konvents und sagt zu Pater Carmine: »Er schaut uns nicht nur ins Gesicht, er schaut uns ins Herz. Doch nicht mit dem Blick eines Befehlshabers oder strengen Richters, es ist der Blick eines Bruders, eines Freundes. Es ist der Blick des guten Hirten.« Dann lächelt er: »In Köln feiern wir mit den Reliquien der Drei Könige in gewisser Weise das ganze Jahr über Weihnachten. Sie haben hier mit diesem Schleier immer Ostern. Zweifeln sie nur ja nicht daran, dass er echt ist!« Zwei Pilger aus Kanada warten schon vor dem leeren Schrein, als wir mit dem Heiligen Gesicht zurückkommen, der Kardinal wieder vorneweg. Er gibt mir die Monstranz, dass ich sie zurück in die Halterung stelle, bevor Pater Carmine den gläsernen Tresor wieder verschließt. Wir holen drei Stühle hoch vor das Fenster, beten den »lichtreichen« Rosenkranz und gehen wieder zum Auto hinaus, um nach Rom zurückzufliegen, zur Bahre seines toten polnischen Freundes. Eine Zeitmaschine bringt uns quer durch das Land zurück. Gegen Mittag biegen wir vor dem Petersplatz schon wieder in den Vatikan ein. Die Schweizergarde salutiert.

Über Hintertreppen, die ich noch nie gesehen hatte, werden wir zum toten Papst durchgewunken. Jeder Schmerz ist aus seinem Gesicht gewichen. Die lange verkrampften Gesichtsmuskeln des Parkinsonkranken sind entspannt. Er ist nicht mehr krank, er ist nicht verjüngt, doch jetzt ist er wieder schön. Nur noch ernster als am Mittwoch zuvor, als ich ihn das letzte Mal an seinem Fenster gesehen habe, scheint er jetzt geworden. Sein Haar von einer schlichten Mitra bedeckt, in ein rotes Gewand gehüllt, mit roten

Schuhen an den Füßen: abmarschbereit. Sein Hirtenstab, mit dem er die Erde so oft umrundet hat, liegt in seinem linken Arm, diesmal für seine letzte Reise. Ich schaue auf die spitz gewordene Nase, seine großen, vielfach gewundenen Ohren. So nah bin ich dem Pontifex Maximus noch nie in meinem Leben gewesen, und so lange. Ein Rosenkranz ist ihm um die Finger geschlungen, den er ein letztes Mal mitzubeten scheint. Die Osterkerze flackert an seinem Kopfende. In der Kniebank gegenüber, auf der linken Seite des Katafalks, auf dem der tote Papst ruht, versucht ein Erzbischof verzweifelt, sein klingelndes Handy mitten in dem wechselnden Gebet zum Verstummen zu bringen. Neben ihm kniet Kardinal Gantin aus Benin. Der alte Mann ist extra aus Afrika noch einmal zum Papst geeilt, auf den er jetzt seine halbblinden Augen richtet. Ich lasse meine Augen über die Fresken an der Decke des prächtigen Saales gleiten. Ja, es war hier, in der Sala Clementina, wo es schon fast wehtat, ihm nur zuzuhören. Hier quälte er sich im letzten März noch einmal durch seine Vision und sein Vermächtnis für Europa, durch seinen »Traum«, den er »kommenden Generationen anvertrauen« wollte: »ein Europa des Menschen, über dem das Angesicht Gottes leuchtet«.

Ich schaue ihn noch einmal an, als wir uns nach einer halben Stunde wieder erheben. Als er im Herbst 1978 gewählt wurde, wollten wir im folgenden Frühjahr unseren vierten Sohn nach ihm nennen – der dann aber unsere erste Tochter wurde: Maria Magdalena. Eine Stunde später ruft mich unsere zweite Tochter Christina an und sagt, Kardinal Meisner habe ihr gerade in einem Interview für ein amerikanisches Magazin gesagt: »Heute habe ich den österlichen Herrn gesehen!«

»In der Zeit des Bilderstreits hat die Kirche die Bilder verteidigt«, sagt Archimandrit Zenon in Russland seit Jahren, »heute kommen die Bilder zurück, um die Kirche zu verteidigen.« In diesen Frühlingstagen 2005, das ist offenkundig, kommen die Bilder in einem wahren Sturm zurück. Manche kann ich berühren und sogar küssen, andere huschen vor meinen Augen vorbei und regnen auf die ganze Erde herab. Sie huschen von Rom aus in zahllose Zimmer und Räume oder flattern über den Petersplatz, in Zeitungen von gestern und heute, die der Wind vor meine Füße weht.

Drei Tage nach unserem Abschied vom Papst, nach dem noch Millionen vor seine Bahre drängen werden, erschüttert mich im *Corriere della Sera* das Bild eines ganz anderen Abschieds, vom letzten Adieu Stanislaus Dziwisz', des Privatsekretärs und engsten Vertrauten Johannes Paul II. durch viele Jahrzehnte. Das Foto zeigt einen der letzten Momente, bevor der Leichnam im Dunkel verschlossen wird. Links von dem offenen Sarg aus schmucklosem Zypressenholz, in den der Papst in Purpur und Weiß hineingelegt wurde, steht der Zeremonienmeister Piero Marini in bischöflichem Violett und Weiß mit unbewegtem Gesicht. Von rechts hat Erzbischof Dziwisz, ebenfalls in Violett, in unendlich melancholischer Gebärde einen Arm, der sein eigenes Gesicht verbirgt, mit offener, herabhängender Hand über den Rand des Sargs gelegt, schlaff vor Trauer: ein vaterlos gewordener alter Mann. Seinem heiligen Vater aber hat er gerade, als letzten Liebesdienst, ein »Schweißtuch« aus feinster weißer Seide über das Gesicht gelegt, das ihn jetzt schon oberhalb der gefalteten Hände vor den Blicken aller Betrachter verbirgt. Es sei eine Sitte unbekannten Ursprungs, heißt es in einem Text zu dem Bild. Tatsächlich ist es jedoch ein neuer Bestattungsritus für die Päpste, den Johannes Paul II. mit einer bisher geheim gehaltenen Verordnung selbst eingeführt hat, wie Erzbischof Marini drei Tage vorher der Öffentlichkeit mitteilte. »Seine Augen, /

die unserem Blick entzogen sind, / sollen deine Schönheit schauen«, heißt es in dem Gebet, das der Papst und Seher und Dichter für diese letzte Verhüllung seines Gesichts verfasst hat.

Zehn Tage später höre ich Kardinal Ratzinger im Petersdom zu, wie er vor dem Einzug der Kardinäle zum Konklave in der Capella Sistina davon spricht, dass Gott »uns sein Gesicht« offenbart habe. Die übergroße Veronika aus Marmor schaut ihm über die Schulter, in der Vierungssäule unter der Kuppel, deren Inneres ich erst einen Monat zuvor besuchen durfte. Unbewegt hält die allegorische Symbolfigur des »wahren Bildes« das flatternde Schweißtuch hoch, in dem sich das Gesicht Christi abgedrückt hat – doch diesmal über dem Kopf des schwer bedrückten Kardinaldekans. Aus der Bilderfülle des Ereignisses wählen zahllose Redaktionen genau dieses Bild als Blickfang ihrer Titelseiten für den nächsten Tag, den 19. April 2005.

Verwandelte Hände

Detail vom Eingang des Heiligen Grabes in der Grabeskirche in Jerusalem

Dies ist der Tag, an dessen Abend Joseph Kardinal Ratzinger in der Sixtinischen Kapelle von einer großen Mehrheit der hundertfünfzehn versammelten Kardinäle zum neuen Papst gewählt wird. Es ist jedoch nicht der erste Abend, an dem der neue Papst Benedikt XVI. mit dem Gesicht Christi in Berührung kommt, natürlich nicht. Denn das unglaubliche Herzstück des christlichen katholischen Glaubens – über den er zuvor jahrzehntelang gewacht hat – ist ja, dass der Schöpfer des Himmels und der Erde Mensch geworden ist, keine heilige Kuh, keine Graugans, kein Bergpavian, keine Eiche oder ein anderer heiliger Baum. Gott hat ein ganz bestimmtes menschliches Gesicht angenommen (das nur noch dem Gesicht seiner Mutter gleicht). Das ist der Glaube der Christen. Christus ist das Bild des unsichtbaren Gottes, sagt Ambrosius. Dass der eine und einzige Gott abgebildet werden durfte, hat die christliche Welt des Morgen- und Abendlands deshalb von Anfang an von allen anderen Religionen und Kulturen wesentlich unterschieden. Im Gegensatz zu *Jahwe* und *Allah* haben Christen ein Bild ihres Gottes. Alle, vom kleinsten Bauern bis zum Kaiser, vom klügsten Schriftgelehrten bis zum tumben Toren, dürfen ihn anschauen und erkennen. Nur wenige Schriftgelehrte unserer Zeit haben das Gesicht Christi wohl so intensiv bedacht wie der ehemalige Chef der Glaubenskongregation. Für seine Erklärung »Dominus Jesus« (Jesus, der Herr) hat er sich vor einigen Jahren sogar von seinen Mitkardinälen kritisieren lassen müssen, weil er da noch einmal ganz schlicht an den Gründungsglauben der Christen erinnerte. Das Antlitz von Turin lässt ihn schon seit Jahren nicht mehr los. Nach der Jahrtausendwende hielt Joseph Ratzinger an der päpstlichen Urbaniana-Universität den Einführungsvortrag zu einem Internationalen Kongress über das »Gesicht der Gesichter – Das verborgene und verklärte Gesicht Christi«. Im Mittelalter, wusste der Kardinal, war Gott in unserer Geschichte zum *Beau Dieu* geworden, zum »schönen Gott«, den die Steinmetze an den Portalen der Kathedralen aus dem Stein herausmeißelten. Ich hatte schon Hunderte solcher Porträts gesehen, doch ergriffen wie nie zuvor hatte mich der Gedanke erst gut ein Jahr zuvor, als mein ältester Bruder Karl Joseph in Berlin starb.

Zu seinem Begräbnis waren wir mit dem ersten Flieger in der Nacht aus Jerusalem gekommen, und ich konnte nicht richtig traurig werden, weil Pfarrer Goesche, der meinen großen Bruder an diesem hellen Wintertag zum Grab geleitete, ihn in den Wochen davor auch in das Haus des Glaubens unserer Eltern zurückbegleitet hatte – nach einer langen Rundreise durch alle fünf Kontinente und viele Kulturen, auf der er gleichwohl überall ein Foto des Gesichts von dem Turiner Grabtuch mitgenommen hatte. Wo immer ich ihn besuchte, hing das Bild in seinem Zimmer. Von einer üblichen Bekehrung konnte deshalb bei ihm vielleicht auch nicht wirklich die Rede sein. In seiner Grabrede in der Kapelle am Olympiastadion war es jedenfalls vor allem der Pfarrer selbst, der noch regelrecht leuchtete, als er von den letzten Gesprächen mit meinem Bruder sprach. »Glauben Sie mir, Herr Pfarrer, hat er mir vor Tagen noch gesagt«, strahlte er und rang nach Worten, »ich habe die ganze Welt gesehen, das Tadsch Mahal in Indien, die Pyramiden in Ägypten, die Kathedralen in der Champagne, den Felsendom in Jerusalem. Ich habe immer und überall nach dem Allerkostbarsten und Wertvollsten der Welt gesucht, von den Sufis bis zu den Weisheiten des alten China, in vielen fremden Religionen und Kulturen. Ich habe Hunderte und Tausende von Büchern gelesen. Aber nirgendwo und auch in keinem Text – und auch nicht einmal in der Bibel – habe ich dieses Gesicht wiedergefunden! Es ist alles, was ich wiedersehen will.« Dr. Gocsche lachte fast.

Wenige Wochen später sahen wir uns in Rom wieder, wo er Joseph Kardinal Ratzinger dafür gewinnen wollte, sich für die Errichtung eines päpstlichen Instituts zur Pflege der alten Liturgie, die Pater Pio bis zu seinem Tod in Süditalien noch gefeiert hat, im neuheidnischen Berlin einzusetzen. Offensichtlich waren es glückliche Gespräche gewesen; der Kardinal hatte ihm alle nötigen Türen geöffnet. Kurz danach trafen wir uns in einem chinesischen Restaurant bei Santa Maria in Trastevere. Wie sich herausstellte, war Dr. Goesche ein Schüler Professor Pfeiffers und in seiner Studienzeit viele Male nach Manoppello gepilgert. Noch feuriger als die Chilis auf unserem Teller wurde er deshalb rasch, als Ellen ihn nach dem Bilderverbot der Bibel fragte: »Widerspricht nicht jedes Bild diesem Verbot? Haben die Juden und Muslime nicht also Recht mit ihrem Widerspruch gegen die Christen?« Der leidenschaftliche Pfarrer verschluckte sich fast: »Um Himmels willen, nein! Gott hat diesen wichtigen Verzicht doch nur verlangt, um selbst eine viel wunderbarere Erfüllung schenken zu können, wunderbarer, als die Menschen sie sich vorstellen können. Gleich im ersten und wichtigsten Gebot hält er diese Freistelle deshalb schon offen, weil nur er selbst sie ausfüllen wollte. Ähnlich war es doch auch mit seiner Forderung an das alte Israel, dass sie keinen König haben sollten. Alle hatten doch Könige! Für die Israeliten war es eine grauenhafte Forderung. Warum sollten sie keinen König haben? Nur aus diesem einen Grund: weil Gott selbst ihr König sein wollte!« Dr. Goesche nahm einen Schluck: »So war es auch mit seiner Forderung, dass keiner sich ein Bild von ihm machen dürfe – und folglich auch von den Menschen, die nach seinem Ebenbild geschaffen sind. Nur er selbst wollte dieses Bild schenken – unvorstellbarer, als jeder Künstler es auch nur ahnen konnte.«

»Aber das Gesicht Jesu wird doch von keinem einzigen Evangelisten auch nur erwähnt«, sagte Ellen. Ich pflichtete ihr bei: »Ja, nur einmal bei der Verklärung Christi auf einem Berg.«

»Das stimmt. Ja, im Grund wird es nur an dieser Stelle beschrieben. Doch wie? Matthäus schreibt, dass es ›leuchtete wie die Sonne‹, wo Lukas sagt: ›Während er betete, veränderte sich das Aussehen seines Gesichts.‹ Ist das vielleicht eine Beschreibung? Und auch seine Gestalt schildert keiner der vier Evangelisten – doch rund fünfzigmal wird sein Blick erwähnt. In Nazareth dreht er sich vor einem Abgrund plötzlich um, in den er gestürzt werden soll, und *schaut* die Menge seiner Verfolger an – die sich da plötzlich vor ihm teilt wie das Rote Meer vor Moses. Bei Markus heißt es ein anderes Mal, dass er in der Synagoge zu einem Mann mit einer verdorrten Hand sagte, er solle sich in die Mitte stellen. Danach fragte er die Umstehenden: ›Was ist am Sabbat erlaubt: Gutes zu tun oder Böses, ein Leben zu retten oder es zu vernichten?‹ Als sie schwiegen, ›*sah* er sie der Reihe nach an‹, heißt es da weiter, ›voll Zorn und Trauer über ihr verstocktes Herz, und sagte zu dem Mann: ›Streck deine Hand aus!‹ Der tat es, und seine Hand war wieder gesund. Nach diesem Augeblick gingen die Pharisäer hinaus und fassten den Beschluss, Jesus umzubringen. So war es mit seinem Blick. Markus erzählt, dass er ihn einmal ›voller Liebe‹ auf einen reichen Jüngling richtete, von dem er sich wünschte, dass er ihm folgen sollte. Da ging der junge Mann traurig von ihm weg, weil er doch lieber bei seinem großen Besitz bleiben wollte. – So war das mit seinen Augen.«

Bei unserer letzten Begegnung in Berlin hatte sich mein Bruder sehr gewünscht, mich in Rom noch einmal besuchen zu kommen. Jetzt war es, als hätte er Dr. Goesche geschickt. Bald hatte er uns mit dem Blick auf die beiden Gesichter von Turin und Manoppello in ein kleines gegenseitiges Ereifern gebracht – und weil es die besten Antworten nur bei guten Fragen gibt, erinnerte ich mich noch einmal an den Fundamentaleinwand gegen dieses besondere Bild Christi in den Abruzzen. »Ist das denn überhaupt wichtig«, hatten mich unabhängig voneinander Isolde, die Frau meines Freundes Peter, und Stephan, unser Schwiegersohn, kurz davor gefragt, »wo wir doch die ganze Bibel haben?« Nein, hatte ich ihnen da schon gesagt. Wenn es das Tuch nicht gäbe oder wenn das Bild eine Fälschung oder Kopie ist, dann ist es überhaupt nicht wichtig – und keiner braucht es auch nur anzuschauen. »Wenn es dieses Bilddokument aber gibt, dann ist es extrem wichtig, besonders für unsere Zeit. Das Fleisch gewordene Wort! Ein Bild davon soll nicht wichtig sein? Wenn dieses Bild authentisch ist und aus dem leeren Grab in Jerusalem stammt, dann ist es, zusammen mit dem Grabtuch, in gewisser Weise die erste und älteste Seite aller vier Evangelien! Dann ist es nicht nur das Bild der Bilder, sondern auch der Text der Texte, das Wort der Worte – in einem einzigartigen semantischen Gesamtpaket!«

»Wieso ›semantisches Gesamtpaket‹? Was soll das heißen?«

»Das soll heißen: in dem, was dieses Bild insgesamt in all seinen Aussagen bedeutet. ›Ein Bild sagt mehr als tausend Worte‹, hat Kurt Tucholsky schon 1926 in Berlin notiert. Es ist eine Binsenweisheit geworden. Heute aber lässt sich das Ganze trotzdem noch viel genauer und nüchterner sagen.

Denn kein Instrument macht den Unterschied zwischen einem Bild und einem Schrifttext doch so deutlich wie ein Computer. Jeder Rechner macht ja grundsätzlich überhaupt keinen Unterschied mehr zwischen Texten und Bildern. Für den PC sind beides nur Datenmengen. Einen erheblichen Unterschied gibt es aber dennoch, weil jede Bilddatei normalerweise unendlich viel mehr Informationen speichert als jeder Text! Jedes moderne Digitalfoto hat im Durchschnitt rund viermal mehr Bytes als ein ganzes Buch. Rein technisch gesprochen, speichert es viermal mehr Informationen. Und jedes holografische Bild speichert noch viel mehr. – Das Bild von Manoppello ist aber weder ein Foto noch eine Holografie. Es ist ein Wunder!«

Wir ließen noch ein Fläschchen Reiswein kommen und steigerten uns bald gegenseitig in die schönsten Spekulationen hinein. Denn wäre der Lauf der Geschichte nicht ganz anders gegangen, wenn der menschliche Geist sich in den letzten vierhundert Jahren auch auf die Enträtselung dieses Bildes so hätte konzentrieren können wie auf die Entschlüsselung anderer Rätsel? Was hätten Geister und Theologen wie Albert Schweitzer, Dietrich Bonhoeffer, Karl Rahner oder Hans Urs von Balthasar zu diesem Bilddokument alles sagen und heraus finden können, wenn sie sich so darüber hätten beugen können wie über andere Texte? Oder was wäre erst aus der Welt geworden, wenn Martin Luther dieses Bild vom Fleisch gewordenen Wort so ernst genommen hätte wie andere Wörter (aus Druckerschwärze)? Es wäre eine andere Welt geworden, das ist gewiss. Eine andere Geschichte wäre über Europa hinweggegangen, weniger ideologisch, weniger vernarrt ins Wort, weniger entfremdet. Menschlicher. Bildhafter. Einfacher. Selbstverständlicher. Denn wir stellen uns doch keinen Brief, sondern ein Bild unserer Eltern auf unseren Schreibtisch – das ist doch überhaupt keine Frage. Oder ein Bild unserer Kinder, ein Bild der Frau, des Mannes, der Geliebten – ganz egal, welch wundervolle Briefe sie uns vielleicht geschrieben haben. Jetzt können wir deshalb nur erkennen, wohin die Theologie gegangen ist nach dem Verlust dieses Bildes: des ersten Textblatts der Evangelien. So ist die Christenheit zu einer Theologie ohne Gesicht gekommen – und schließlich zu einer Theologie ohne Gott. »Ja«, sagte ich schließlich, »wenn wir wirklich neu ernst nehmen wollen, dass Bilder und die Schrift im gleichen Maße als Texte zu verstehen sind, dann konnte es doch nur fatale Folgen haben, als dieses Bild als Objekt der Betrachtung und Deutung aus unseren Augen verschwand. Denn seit Luther ist die reformatorische Devise ›*Solo Scriptura!*‹ ja längst zum eigentlichen Wahlspruch der ganzen Christenheit geworden. Nur ›die Schrift allein‹ sollte noch Geltung haben. Als das Christusbild geraubt wurde, war es deshalb bald, als wäre ein Flügel weggebrochen, der uns zusammen mit den anderen Texten der Bibel zur ganzen Erkenntnis der Wirklichkeit in die Höhe hätte tragen können. Seitdem trudelt die Christenheit mit flatternden Bewegungen zu Boden. Wenn bei einem zweirädrigen Karren ein Rad blockiert, dreht sich die Sache danach fast zwangsläufig nur noch im Kreis. Und ist das nicht genau das, was wir jetzt schon so lange in der Theologie wie in der Philosophie beobachten können? Bohrt sich dieser Karren nicht langsam wie ein Korkenzieher immer tiefer in die Erde?«

Ellen schaute mich an, als flöge ich gerade selbst mit meinen Vergleichen aus der Kurve – hinter dem Karren mit dem blockierten linken Rad her. Es war aber jedenfalls klar, dass wir Kardinal Ratzinger, unseren Nachbarn, den ich oft unter meinem Fenster sah, die Entdeckung des Bildes von Manoppello nicht vorenthalten durften. Wer, wenn nicht er, musste sich diese »Schrift« noch einmal neu ansehen? War er nicht der größte Schriftgelehrte unserer Zeit? Das letzte Stichwort hatte er mir dazu vor Monaten in einem Streitgespräch über die Auferstehung Christi von den Toten gegeben, das ich beobachtet hatte. »Nach der Vorstellung des Großteils der modernen Wissenschaft gehört die Religion in den Bereich der Subjektivität: Da kann jeder empfinden und fühlen, was er mag«, hatte er da gesagt. »Aber die Welt der Materie – die objektive Welt, die gehorcht anderen Gesetzen, da hat Gott nichts zu suchen.« Ein solcher Gott sei jedoch kein Gott, sondern nur noch ein Element der Psychologie und der Vertröstung, warf er dagegen ein. Diesem Glauben müsse er deshalb radikal widersprechen. Dieser Irrlehre müsse er kraft seiner Einsicht wie kraft seines Amtes entgegenhalten: »Nein, die Materie ist Gottes; das ist gerade deswegen so zentral, weil unser subtiler Gnostizismus dies nicht mehr vertragen kann!«, rief Joseph Ratzinger und erläuterte die Streitfrage mit einer Episode aus der Geistesgeschichte der deutschen Theologie: »Als Harnack in der Berliner Fakultät versöhnlich zu seinem orthodoxen Gegenpartner Adolf Schlatter hin bemerkte, sie beide seien eigentlich ganz einig, es trenne sie nur eine Kleinigkeit, nämlich die Wunderfrage, rief Schlatter energisch dagegen: Nein, uns trennt die Gottesfrage, denn in der Wunderfrage geht es in der Tat darum, ob Gott Gott ist oder ob er nur dem Bereich der Subjektivität zugehört.«

Ich las das leidenschaftliche Plädoyer mehrmals. Es war ein leise flammendes *»J'accuse!«* gegen die Verirrungen einer Theologie ohne Gott oder auch von Vorstellungen moderner Theologen eines Gottes »der keine Hände hat (außer denen der Menschen)«. Wenn es nach der Lehre der Kirche, über die er wachte, aber wirklich so war – Wenn die Wunderfrage wirklich die Gottesfrage aufwarf! –, ging es dann nicht ganz besonders auch bei dem wunderbaren Bild von Manoppello zuerst und zuletzt um die Frage, dass

Gott Gott ist – und dass er eben wirklich Mensch geworden ist und sogar ein Zeugnis davon hinterlassen hat, das alle menschliche Schulweisheit nicht erträumen konnte? Muss dieses Bild – das offensichtlich nicht nur ein Wunder ist, sondern das sich auch nicht entzieht und betrachten und berühren lässt –, muss da dieses Bild nicht noch einmal zeichenhaft neu die Gottesfrage für unsere Zeit aufwerfen? Dass Wunder in großen Teilen der Kirche schon lange nicht mehr geglaubt werden, auch nicht von vielen Priestern und Bischöfen, auch nicht in Rom und auch nicht immer und von jedem im Vatikan, wusste ich. Dass Wunder als magisch denunziert oder technizistisch wegerklärt werden müssen, war mir seit langem nicht mehr fremd. Wunder zwingen nicht und zu nichts. Sie zwingen auch nicht zu glauben. Als Reporter zwangen sie mich aber, davon zu berichten.

Im Juni 2004, drei Monate vor meinem Brief an den Papst, brannte ich deshalb eine erste Bildauswahl meiner Fotos aus Manoppello auf eine CD, um sie bei meinem Nachbarn abzugeben, und ließ Kardinal Ratzinger ausführlich von der Entdeckung in Kenntnis setzen. Denn müsste dieses Bild nicht vor allem von den Päpsten wiederentdeckt werden, und nicht nur von Journalisten, ließ ich den engsten und wichtigsten Mitarbeiter Johannes Paul II. fragen. Er schaute sich die Bilder fasziniert an. Wie sanft und mild sein »*Dominus Jesus*« doch schaute, wie zurückhaltend! So voller Erbarmen hatte auch er sich wohl vom »König der Juden« noch nie ansehen lassen, dem er sein Leben verschrieben hat. Wie Kardinal Meisner in Köln las Wochen später auch Kardinal Ratzinger in Rom in der Zeitung meinen ersten Bericht zu dem Heiligen Gesicht in den Abruzzen. Wer hätte die Bedeutung der Entdeckung der Muschelseide verständnisvoller würdigen können? Daß dieser Brief, der uns heute in Manoppello aus der leeren

Grabkammer in Jerusalem erreicht, auf einem Material »geschrieben« worden ist, das sich weder bemalen noch beschreiben lässt! Wenige Tage später, als ich gerade zwei volle Mülltüten zu den Müllcontainern brachte, begegnete ich dem Kardinal unten in der Via del Mascherino, an einem sonnigen Herbstnachmittag. »Herr Badde«, sagte er schon von weitem mit seiner singend hohen Stimme. Er lächelte mich verlegen an und hielt mir die Hand hin, während ich die Hände noch voll hatte. Es war mir in aller Freude ein bisschen peinlich, obwohl er sich nur herzlich für meinen Bericht bedanken wollte. Ich stotterte ein wenig, wurde rot und habe ihm nach dieser Begegnung meinen vorerst letzten Brief geschickt.

Denn Chiara Vigo hatte mir ein Büschel roher ungekämmter Muschelseide geschenkt, der seitdem als kleiner Schatz in einer Schatulle auf meinem Schreibtisch lag: das Gold der Meere, weicher als Kaschmirwolle, feiner als Engelshaar, »heiliges Gewebe«, wie Chiara Vigo von ihrer Mutter und Großmutter gelernt hat. Jetzt holte ich es aus der Dose heraus, hielt es am Fenster noch einmal in die Sonne, wo es wieder leuchtete wie Kupfer, und steckte es dann in ein Couvert für Kardinal Ratzinger. Könne er es nicht dem Papst zeigen, ließ ich ihn diesmal fragen, als Trost in dessen schwerer Krankheit – und als letzten Anreiz, sich dieses Bild zu Lebzeiten vielleicht doch noch einmal selbst anzusehen? Vielleicht könne er dem kranken Heiligen Vater das heilige Gewebe ja auch nur in der Sonne vor die Augen halten, der sich doch zeit seines Lebens auf der Suche nach dem Gesicht Gottes verzehrt hatte: Stoff vom österlichen Gewand der »Braut des Lammes«.

Ob es dazu noch gekommen ist, weiß ich nicht. Bevor die Kardinäle ins Konklave gingen, musste ich natürlich daran denken, als der Kardinaldekan in seiner Predigt davon sprach, dass Christus uns »sein Gesicht, sein Herz« offenbart hat. Hinter dem kleinen Mann unter dem Baldachin in der Mitte des Petersdoms schaute ich derweil auf die riesige Marmorfigur Francesco Mochis aus dem Jahr 1646, die das Schleierbild mit dem Bild Christi über seinem Kopf in die Höhe hielt. Ich weiß nicht, ob Joseph Ratzinger mein letztes Geschenk noch an Johannes Paul II. weitergeben konnte. Seit er am 19. April zu Benedikt XVI. wurde, ist mein Büschel aus Muschelseide nun aber doch noch in die Hände des Heiligen Vaters geraten. Unter der Locke aus Engelshaar – den letzten Fäden des Goldenen Vlieses – hatten sich die Hände Kardinal Joseph Ratzingers in die Hände Benedikt XVI. verwandelt.

Das entwaffnete Gesicht

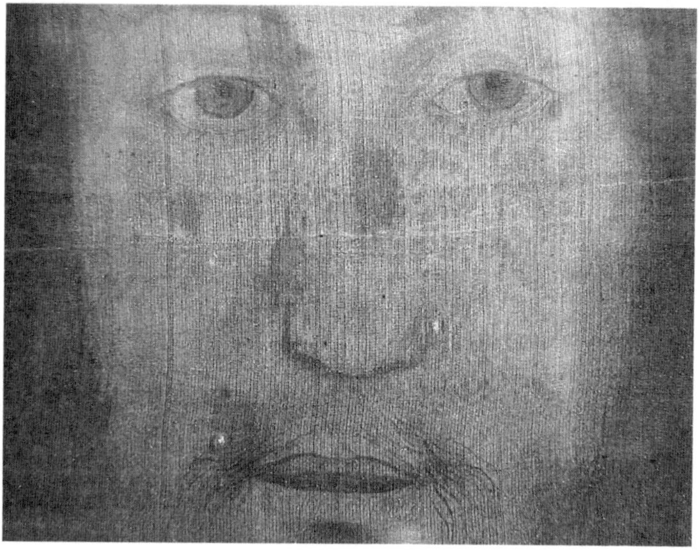

Detail des Schleierbildes von Manoppello

Am Morgen des gleichen Tages im Februar 2004, an dem ich vor dem Petersdom in der Straße der Versöhnung in den Vortrag Pater Pfeiffers über das »Heilige Antlitz« stolperte, hatte ich für einen Züricher Verleger einen Vertrag unterzeichnet, der die Neuausgabe eines Buches vorsah, das mich schon zehn Jahre lang um die Welt begleitet hatte. Es war das Gebet eines sterbenden Juden im brennenden Warschauer Ghetto, das Zvi Kolitz aus Litauen 1946 in einem Hotelzimmer in Buenos Aires in drei Nächten zu Papier gebracht hatte. Gott habe »sein Gesicht verhüllt«, hieß es auf dessen tiefstem Grund. Anders seien das Grauen und der Abgrund nicht zu erklären, in den die Menschheit das Volk der Juden und sich selbst gestürzt habe. Der gewaltige Zorn- und Trotzgesang endete jedoch in einem noch gewaltigeren prophetischen Liebeslied.

Diesen Schluss hätte er damals zuerst geschrieben, hatte Zvi Kolitz mir im Januar 1993 bei unserer ersten Begegnung in New York erzählt. Von dort aus habe er die ganze Geschichte rückwärts entrollt und von vorne beschrieben. Der Schluss aber, mit dem die Geschichte eigentlich anfing, geht so, auf Jiddisch: »*Gott vun Isroel, ich bin antlofen aher, kedej ich soll Dir kennen umgestert dienen.* – Gott Israels, ich bin hierher entlaufen, dass ich Dir ungestört dienen kann: um Deine Gebote zu tun und Deinen Namen zu heiligen. Du aber tust alles, dass ich an Dich nicht glauben soll. Wenn es Dir aber scheinen sollte, dass es Dir gelingen wird, mich mit diesen Drangsalen vom richtigen Weg abzubringen, meld' ich Dir, mein Gott und Gott meiner Eltern: dass es Dir alles nichts nützen wird. Ich werde Dich immer lieb haben, immer, Dich allein, Dir zum Trotz! Ich sterbe, wie ich gelebt hab', in felsenfestem Glauben an Dich. Gelobt soll sein auf ewig der Gott der Toten, der Gott der Vergeltung, der Gott der Wahrheit und des Gesetzes, der bald sein Gesicht wieder vor der Welt enthüllen wird und mit Seiner allmächtigen Stimme ihre Grundfesten erschüttert! ›Höre Israel! Der Herr ist unser Gott, der Herr ist Einer. – In Deine Hände, o Herr, empfehle ich meinen Geist!‹«

Ähnlich ist es nun auch mir ergangen. Auch ich hatte den Schluss des Buches – das allerletzte Wort – ganz zu Anfang gehört und gesehen, im Herbst 1999, als ich erstmals mit unserer Tochter Maria Magdalena vor dem Bild von Manoppello stand, ohne jede Vorahnung, was mich in den Jahren danach erwartete – erst recht ohne Vorahnung von diesem Buch und Bericht. Und jetzt ist es inzwischen schon drei Jahre her, dass Zvi Kolitz gestorben ist. Seine Stimme aber ist mir immer noch im Ohr. Erst recht, wenn ich diese Zeilen aus seinem Jahrhunderttext lese, dass Gott »bald sein Gesicht wieder vor der Welt enthüllen wird«. Und auch an jenem Abend, als ich den neuen Vertrag unterschrieben hatte, musste ich wieder an ihn und diese Zeilen denken. Um Himmels willen, dachte ich, während Pater Pfeiffer mit dem klackenden Projektor und der surrenden Kühlung erschütternde Details des »Heiligen Antlitzes« auf die Leinwand zauberte! Um Himmels willen, muss ich jetzt auch noch eine lange Geschichte darüber schreiben, dass Gott für Christen doch schon seit 2000 Jahren sein Gesicht enthüllt hat?

Geglaubt hatte ich natürlich daran, aber so, wie wohl die meisten Katholiken glauben, zuallererst die Theologen: Allzu wörtlich wird man das Credo nicht nehmen müssen. An diesem Abend und vor diesen Bildern schien dies kaum mehr möglich. Um Himmels willen, dachte ich, ich bin doch kein Bücherschreiber, ich habe hier in Rom andere Aufgaben und einen anderen Beruf und gar keine Kraft mehr für noch ein Buch: In diesem Sommer werde ich Großvater. Ich bin schon vier Jahre älter, als mein Vater jemals wurde, in geschenkter Zeit, und sollte schwimmen gehen oder mich sonst wie bewegen und mehr um meine Gesundheit kümmern und weniger vor dem Bildschirm sitzen. Endlich wollte ich einmal Urlaub machen können wie die anderen Kollegen, mit Wandern, Schwimmen, einer Reise nach Sizilien, nach Griechenland, was weiß ich. Oder einfach nur einmal gedankenlos den Tiber entlangspazieren. – Und doch, dachte ich weiter, muss ich nicht noch einmal – schon meinem Freund Zvi zuliebe – davon schreiben, dass Gott sein Gesicht eben doch enthüllt hat, wenn ich schon von dieser Geschichte erfahren habe? Allein schon aus Dankbarkeit? Er wird es jetzt ohnehin besser wissen, als wir beide es jemals klären konnten, dachte ich mir.

Als ich seine verschollene Geschichte entdeckte und erstmals neu veröffentlichte, starb gerade mein jüngster Bruder Klaus. Nun war drei Monate zuvor mein ältester Bruder Karl Joseph gestorben. Kaum hatte ich Blandina kennen gelernt, starb plötzlich mein zweitältester Bruder Wolfgang, der mich noch angerufen hatte, als ich bei ihr war. Die Frist lief ab. Immer mehr Tote umgaben mich. Musste ich nicht schnell noch aufschreiben, was ich erfahren hatte – und dass es ein Leben nach dem Tod gibt, mit einem milden Richter, der sein Gesicht schon gezeigt hat? Musste ich mir dann nicht wie Zvi Kolitz in einer großen Anstrengung noch einmal ausmalen, dass eines Tages vielleicht wirklich – auch wenn ich es hoffentlich nicht mehr erleben würde: wenn die Welt vor ihrem eigenen selbst geschaffenen Grauen gar nicht mehr ein noch aus weiß – dass dann, vielleicht, ein Papst noch einmal in höchster Not aufstehen und das wahre

Christusbild aus dem Glas herausnehmen und nach Turin tragen wird, um es auf das Antlitz vom Bild des Toten zu legen, behutsam wie Maria Magdalena – so wie Leo der Große zur Zeit der Völkerwanderung einmal mit dem Bildnis Christi den Hunnen vor den Toren Roms entgegengezogen ist und sie zur Umkehr bewegte? Dass also endlich die beiden nicht von Menschenhand geschaffenen Bilder noch einmal zusammen und übereinander gefügt werden, die schon auseinander sind, seit Johannes das »Schweißtuch« im leeren Grab nicht »bei den Leinenbinden, sondern zusammengebunden daneben an einer besonderen Stelle« liegen sah? Und dann? Wird dann einer mehr auf der Erde glauben, dass Gott sein Gesicht wahrhaftig enthüllt hat? Dass der Schöpfer des Himmels und der Erde Mensch – und von Menschen gekreuzigt – wurde und von den Toten auferstanden ist? Werden dann wirklich die Grundfesten der Erde erschüttert werden – dessen Donnern mein alter Freund Zvi schon 1946 hörte? Oder werden sie schon vorher erschüttert werden, wenn um die Heilige Stadt Jerusalem ein letzter fürchterlicher Krieg entbrennt? Ich hörte auf Latein wieder den Psalm: »*A fácie Dómini contremísce terra!* – Vor dem Antlitz des Herrn erzittert die Erde!« War es das Erdbeben, von dem Pater Pfeiffer sprach?

Ich zitterte nicht. Doch war ich vielleicht von der Größe der Entdeckung überreizt? Denn so wird es wohl nie eintreten, und warum auch. Er ist ja schon eingetreten. Er ist doch schon da. Das verlorene Gesicht ist nicht verloren. Das Urmeter der Christen ist nicht verschwunden. Es gibt auf der Welt kein zweites Bild, das sich neben diesen Schleier aus Perlmuttfäden stellen lässt: neben dieses Bild vom Fleisch gewordenen Wort. Zusammen mit dem Grabtuch älter als jede Abschrift des neuen Testaments, ohne jeden Übermittlungsfehler, feiner als der feinste Papyrus. Kostbarer als kostbarstes Pergament. Kein Bilddokument entspricht so sehr allen Quellen und Zeugnissen, die seit der Antike immer wieder von diesem rätselhaften »nicht von Menschenhand geschaffenen« wahren Bild Christi sprechen. Doch wie klein und durchsichtig es ist und wie ungelesen! Wie verletzlich und ungeschützt! Verglichen mit den Sicherungen in Genua. Verglichen mit dem Stahltresor in Turin. Verglichen mit der Schatzkammer des Veronika-Pfeilers in Rom. Nur drei tapfere Kapuziner bewachen es, Pater Carmine, Pater Emilio und Pater Lino, zusammen mit Oswaldo, dem Küster mit den quietschenden Turnschuhen, und dem Erzengel Michael.

»Die wahre Veronika«, sagte gleichwohl Pater Ignazio Scurti, der dieses Gesicht so glühend liebte, bevor er hochbetagt starb und von seinen Mitbrüdern auf dem Friedhof neben dem Konvent in Manoppello in eine Grabkammer geschoben wurde, »der wahre Schleier ist die eucharistische Hostie, und das wahre Gesicht Gottes findest du nur im Gesicht des Nächsten.« Jetzt flackert eine Kerze vor der schlichten Betonversiegelung seines Grabes auf dem Hof, neben einem Topf mit längst verblühten Alpenveilchen. Die kreisrunde, schneeweiße eucharistische Hostie aus hauchdünnen mehligen Oblaten sei auch »das genialste Bild«, das Menschen jemals für Gott einfallen konnte, hatte Heinrich Pfeiffer mir gesagt. Die Hostie sei der »Schleier des Brotes«, hinter dem Gott sich verberge, wie Thomas von Aquin, der große »Doctor Angelicus«, schon im Mittelalter sagte.

Ebendiese Hostie schauen wir uns in Rom jeden Freitagabend in unserer Pfarrei Sant' Anna an, seit Johannes Paul II. vom Oktober 2004 bis zum Oktober 2005 als letzte große Verfügung seiner Amtszeit ein »eucharistisches Jahr« ausgerufen hat. Wir setzen uns in eine der Bänke und schauen nur auf das weiße Stück Brot und schauen, wie es leuchtet: in einer goldenen alten Monstranz, zwei Leuchter mit angezündeten Öllampen links und rechts auf dem Altar.

Weihrauch im Kirchenraum. Viele sind es nicht, die zu dieser »Anbetung« in die Pfarrkirche des Vatikans kommen, um sich danach von dem Pfarrer mit diesem »Allerheiligsten« segnen zu lassen; mal ist es eine Hand voll Männer und Frauen, mal sind es zwei Hände voll. Vor zwei Wochen begann der Sakristan, zu den leuchtenden Blumenbouquets auf dem Hochaltar vor die Monstranz mit der geweihten Hostie als Schmuck auch noch ein schlichtes kleines Gesteck aus Ähren zu stellen. »Schau mal! Ein *manipulus*, ein Ährenbündel«, flüsterte Ellen letzten Freitag und stieß mich an, »das musst du aufschreiben. Das muss in das Buch!« Ich holte Notizblock und Kuli aus der Hemdtasche. Womit der Küster auf den Ursprung der Hostie aus vielen Weizenkörnern verweisen wollte, erinnerte wirklich enorm an das Wappen von Manoppello mit seinem stilisierten Ährenbündel.

Jetzt lehne ich meinen Kopf noch einmal gegen das Fenster des Heiligtums in den Abruzzen. Ich versuche nicht mehr, dieses Augenpaar fragend und suchend und prüfend anzuschauen. Jetzt blickt er mich an. Endlich kommt jetzt auch bei mir das summende »Wespennest im Kopf« zur Ruhe. Er schaut uns an, nicht wir ihn. Mein Handy klingelt kurz; ich habe vergessen, es auszuschalten. Blandina hat wieder eine SMS geschickt, sehe ich, als die Anzeige aufleuchtet: »Schöner als Wein sind seine Augen, weißer als Milch sind seine Zähne!« Es ist, als könnte ich sie lachen hören, als ich das Schriftbild weiter runterrolle: »Mit diesen Worten hat der Patriarch Jakob seinen Sohn Juda und dessen ganzen Stamm gesegnet, in der Genesis, dem ersten Buch der Bibel, in der Frühzeit der Heilsgeschichte. Darum sind seine milchweißen Zähne hier zu sehen! Sie müssen zu sehen sein, damit wir sehen können, dass es stimmt. Wem soll der Satz mehr gelten als IHM, wenn dieser Segen dem Stamm Juda gilt?« Ich schalte das

Handy aus und schaue wieder hoch, zu dem, der uns hier anschaut. Schaue auf die Zähne. Dass sie weißer als Milch sind, kann man nicht sagen. Aber es ist schön gesagt. Die Pupillen sind dunkel wie tiefschwarzer Wein. Das ja. Ich schaue auf die Nase, die Stirn, das kleine Haarbüschel mit den einzelnen Haaren. »Alles vergeht, außer dem Antlitz Gottes«, heißt es in der 28. Sure des Korans aus Mekka. »Ein entwaffnetes Gesicht«, sagte der jüdische Philosoph Emmanuel Lévinas einmal in Paris, »kann den anderen entwaffnen.« Hier vor mir ist beides: das lebendige Gesicht vom Gott der Lebenden, entwaffnet – sichtbar und unsichtbar. Der Herr der sichtbaren und unsichtbaren Welt, an den die Christen einmal glaubten. »Dein Gesicht ist unsere Heimat!«, schrieb Thérèse von Lisieux, die kleine große Heilige am Ende des 19. Jahrhunderts, obwohl sie dieses Tuch nie gesehen hat. »Es ist der Herr!«, sagte Johannes im Boot zu Petrus, als er dieses Gesicht schemenhaft im Morgengrauen am Ufer des Sees Genezareth bei einem Kohlefeuer aufleuchten sah. »Mein Herr und mein Gott!«, rief der zweifelnde Thomas, als Jesus knapp zehn Tage nach seiner Hinrichtung plötzlich vor ihm stand, leibhaftig, nicht als Gespenst, mit der immer noch offenen Lanzenwunde. Sie blutete nur nicht mehr. Die allermeisten haben ihn nach der Auferstehung nicht sofort erkannt. Seine Erscheinung war so zurückhaltend wie dieses Muschelseidentuch.

Ob das Tuch nun als »zweite Sindone« neben dem Grabtuch im Grab Christi lag, und mit dem Schweißtuch aus Oviedo und der Mütze aus Cahors, ich weiß es nicht. Es ist so wunderbar, dass auch dieses Wunder gut möglich ist, und es ist auch höchst wahrscheinlich. Das glaube ich, aber weiß es nicht. Keiner weiß es. Nicht einmal Suor Blandina Paschalis: die Nonne vor dem Heiligen Antlitz, die sich dem Schweigen verschworen hat und doch keine Neugikeit für sich behalten kann – erst recht nicht diese. Auch Pater Pfeiffer weiß es nicht, der davon überzeugt ist, dass »die Entdeckung dieses Bildes eine Revolution in der Geistesgeschichte auslösen wird«. Das ist gut möglich. Doch der Weg des Bildes durch die Jahrhunderte hierhin wird wohl immer voller Rätsel bleiben. Ob es 1608, oder schon 1527, in der »Sacco di Roma«, in Rom geraubt wurde, ist so einfach nicht mehr zu klären. Viele Daten sind nicht zur Deckung zu bringen. Wie es hierhin kam, kann keiner sagen, noch wann genau. Auf jeden Fall wird im Jahr 2006 in Manoppello der 500. Jahrestag der Ankunft des *Volto Santo* gefeiert. Gut so. Denn es ist auf jeden Fall auch ein Jahr, in dem es noch einmal in der ganzen Welt neu ankommen wird. Viele Widersprüche, die wir heute noch sehen, werden eines Tages in sich zusammenfallen. Viele Fragen werden neu gestellt werden müssen. Es gibt zwischen all diesen Fragen und Antworten nur eine alles überragende Evidenz: Das ist die Existenz dieses völlig rätselhaften Objekts hier in Manoppello.

Nicht mehr zweifelhaft ist, dass es das wohl kostbarste Stück Stoff der Erde ist. Es ruht nicht in Büchern oder Beweisführungen, sondern ganz in sich, ganz und gar unabhängig. Kein Buch wird es je ausschöpfen können. Die wichtigste Stimme im Gewirr der Diskussion um dieses Bild gehört darum auch keinem Seher, keiner Legende, keiner griechischen oder lateinischen Quelle, keinem Professor, keinem Artikel – es ist die leise Stimme dieses Mannes selbst. Er atmet aus, er haucht uns an – jeden Betrachter einzeln. Das ist die überwältigend sprechende Rede dieses Dokuments. Und klar ist vor dieser Stimme und diesem Anblick auch, dass es im Leben Jesu nur einen einzigen Zeitraum dieser Zeichnung des Gesichts gibt. Das war nicht beim Waschen des Gesichts für König Abgar. Das war nicht nach der Geißelung oder der Verklärung auf dem Berg Tabor, auch nicht beim Blutschwitzen im Garten Gethsemane oder auf dem Weg zum Kalvarienberg, wo ihm vielleicht eine Frau das Blut abgetupft hat. Dieses Gesicht hat viele Wunden erhalten – doch hier sind alle schon geheilt. Es ist kein »Haupt voll Blut und Wunden« mehr. Die Wunden sind frisch verheilt. Die gebrochene Nase wieder zurechtgerückt. Selbst die grässliche Augenverletzung, die das Grabtuch in Turin noch freigibt, ist weg. Es ist das geheilte Gesicht. Alles Blut abgewischt, alle Tränen. Wenn es eine Reliquie der Auferstehung gibt: Dann ist sie hier. Ein Gruß von der anderen Seite: aus dem Reich der Erlösung.

Alle alten Namen haben darum auch in die Irre geleitet: Es ist nicht die Veronika, jedenfalls nicht nur, nicht das Mandylion (nicht nur), nicht das Abgarbild, wie die Legende es beschreibt, und nicht das Sudarium oder Schweißtuch. Es ist kein Edessabild und nicht einmal die Kamuliana, von denen andere Legenden sprechen. Möglich, dass es einmal in Memphis in Ägypten war, wo der Pilger von Piacenza ein Tuchbild dieser Art beschrieben hat. Doch alle Namen, alle Legenden waren immer nur neue Erklärungsversuche, dieses eine unerklärliche Objekt zu erfassen. Der Schleier aus Muschelseide ist überhaupt kein Bild. Es ist die kostbarste Perle aus der Tiefe der Meere. Doch selbst, wenn es nur einfaches Leinen wäre, wenn es grob wäre wie ein Kartoffelsack und nicht fein wie Spinngewebe und Schmetterlingsflügel: Es ist ein Wort, das in der Sonne leuchtet. Ein Wort, das sich nicht verdrehen lässt. Hier ruht es zwischen allen Begriffen und allem Streit. Es ist der Schein des Messias: des Heiligen Israels. Das Tuch aus Muschelseide ist ein Werk des Heiligen Geistes. Es spricht zu jedem in seiner Sprache. Der Geist macht hier den Menschensohn so sichtbar, wie der Sohn den Vater gezeigt hat. Seine Augen sind schon Teil der Ewigkeit. Gerade schlägt er sie auf. Gerade öffnet er die Lippen, zu seinem ersten neuen Wort – in seiner Muttersprache: »*Abba!* Vater!«

Anhang

Ausgewählte Literatur

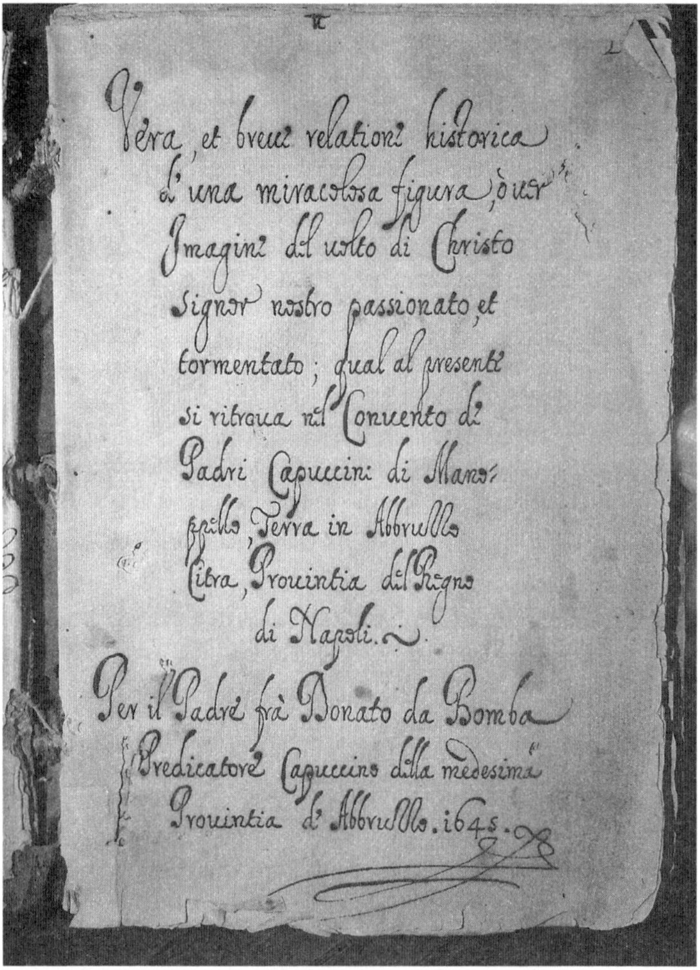
Vera, et breue relatione historica
d'una miracolosa figura, ò uer
Imagine del uolto di Christo
Signor nostro passionato, et
tormentato; qual al presente
si ritroua nel Convento de
Padri Capuccini di Mano-
ppello, Terra in Abbruzzo
Citra, Prouintia del Regno
di Napoli.
Per il Padre frà Donato da Bomba
Predicatore Capuccino della medesima
Prouintia d'Abbruzzo. 1645.

Erste Seite der Relatione Historica von Donato da Bomba.
Manoppello 1645

Benutzte Bibelausgaben:

Biblia, Das ist: Die gantze Heilige Schrift, Alten und Neuen Testaments, Nach der Teutschen Übersetzung D. Martin Luthers, Erfurt 1735

Die Bibel. Einheitsübersetzung. Freiburg/Basel/Wien 1980

Jerusalemer Bibel, hg. von Diego Arenshoevel/Alfons Deissler/Anton Vögtle. Freiburg/Basel/Wien 1968

Almenar, Jorge-Manuel Rodríguez: *El Sudario de Oviedo*. Valencia 2000

Antonelli, Luciano: *Festa Santissimo Volto Santo di S. Anna*. Toronto 1987

Bacile, Rosario: *Il Volto Santo di Gesù e Fra Innocenzo. Storia, Tradizione, Devozione*. Chiusa Sclafani 1993

Belting, Hans: *Bild und Kult. Eine Geschichte des Bildes vor dem Zeitalter der Kunst*. München 1990

Bennett, Janice: *Sacred Blood, Sacred Image, The Sudarium of Oviedo*. Littleton (Colorado) 2001

Berger, Klaus: *Ist Gott Person?* Gütersloh 2004

Berger, Klaus: *Jesus*. München 2004

Bini, Antonio & Ruscitti, Giovanna: *Il Volto Santo di Manoppello, Storia, Fede e Leggenda*. Pescara 2004 (unveröffentlicht)

Bisso Marino – Fili d'oro dal fondo del mare – Muschelseide – Goldene Fäden vom Meeresgrund. Katalog zur gleichnamigen Ausstellung – Herausgegeben von Felicitas Maeder,

Ambros Hänggi, Dominik Wunderlin im Naturhistorischen Museum Basel, Hamburg 2004

Bomba, Donato da: *Vera, et breve relatione historica d'una miracolosa figura, o vero Immagine del volto di Cristo signor nostro passionato, et tormentato; qual al presenti si ritrova nel Convento di Padri Cappuccini di Manoppello, Terra in Abbruzzo Citra, Provincia del Regno di Napoli. Per il Padre fra Donato da Bomba Predicatore Capuccino della medesima Provincia d'Abbruzzo.* Manoppello 1645

Bulst, Werner/Pfeiffer, Heinrich: *Das Turiner Grabtuch und das Christusbild.* 2 Bände, Frankfurt am Main 1987 und 1991

Corsignani, Pietro Antonio: Reggia Marsican ovvero *Memorie Topografiche storiche di varie colonie e siti antichi e moderni delle province dei Marsi e di Valeria.* Napoli 1738

Cozzi, Luigi: *Un Fiore della Marsica – Padre Domenico da Cese.* Pescara 2005

Dante Alighieri: *La Divina Commedia – Die Göttliche Komödie.* Übertragen und erläutert von August Vezin, Basel Rom 1989

Dobschütz, Ernst von: *Christusbilder. Untersuchungen zur christlichen Legende (Die Gruppe des Bildes von Kamuliana);* in: von Gebhardt, Oscar und Harnack, Adolf: Texte und Untersuchungen zur Geschichte der Altchristlichen Literatur, Neue Folge, Dritter Band, Leipzig 1899

Emmerick, Anna Katherina: *Der Gotteskreis.* Aufgezeichnet von Clemens Brentano, München 1966

Felmy, Karl Heinz: *Das Buch der Christus-Ikonen.* Freiburg Basel Wien 2004

Fernández, Enrique López: *El Santo Sudario de Oviedo.* Granda-Siero 2004

Le Fort, Gertrud von: *Das Schweißtuch der Veronika, Teil I: Der römische Brunnen.* München 1948 (Copyright 1928, München)

Frugoni Arsenio: *Pellegrini a Roma nel 1300 – Cronache del primo Giubileo.* Casale Monferrato 1999

Gaeta, Saverio: *Il Volto del Risorto.* Rom Mailand Bergamo 2005

Gerster, Georg: *Kirchen im Fels – Entdeckungen in Äthiopien.* Zürich 1968

Le Goff, Jacques: *Der Gott des Mittelalters.* Freiburg Basel Wien, 2005

Guardini, Romano: *Der Herr.* Mainz, Paderborn 1964 (1. Auflage 1937)

Henrich, Matthias: *Rede des Erzdiakons Gregorios zur Übertragung des Abdruckbildes Christi von Edessa nach Konstantinopel im 10. Jahrhundert.* Übersetzt, zusammengetragen und bearbeitet aus dem Cod. Vat. Graec. 511, fol. 143-150V, X. Jahrhundert; Frühjahr 1999, Privatdruck in Kopien in Ringbuchheftung ohne Ortsangabe

Hesemann, Michael: *Die stummen Zeugen von Golgatha.* Die faszinierende Geschichte der Passionsreliquien Christi, München 2000

Hinz, Paulus: *DEUS HOMO – Das Christusbild von seinen Ursprüngen bis zur Gegenwart.* 2 Bände, Berlin 1973 und 1981

Janvier, Abbé: *Die Verehrung des heiligen Antlitzes zu St. Peter im Vatikan und an anderen berühmten Orten.* Tours 1889

Jan Paweł II: *Tryptyk rzymski.* Kraków 2003 (in einer persönlichen Nachdichtung auf Deutsch von Gerhard Gnauck, Warschau 2005)

Johannes Paul II: *Novo Millenio Ineunte, Apostolisches Schreiben zum Abschluss des großen Jubiläumsjahres 2000.* Vatikanstadt 2001

Kemper, Max Eugen: *Das Mandylion von Edessa.* Vatikanstadt 2000

Kolitz, Zvi: *Jossel Rakovers Wendung zu Gott.* Zürich 2004

Link, Dorothea: *Ein Mysterium enthüllt sein wahres Antlitz –*

Der Schleier von Manoppello (Volto Santo), Teil I und II, Privatdruck. Enkirch 2005

Luther, Martin: *Wider das Papstthum zu Rom vom Teufel gestiftet, 1545*. In: Luthers Werke, Weimar 1928

Da Manoppello, P. Eugenio: *Preziosa Memoria, Narrativa della Venuta del Volto Santo in Manoppello*. Manoppello 1865

Martini, Carlo Maria: *La trasformazione di Cristo e del cristiano alla luce del Tabor*. Mailand 2004

Morello, Giovanni, & Wolf, Gerhard (Hg.): *Il Volto di Cristo* (Katalog zur Ausstellung im Palazzo delle Esposizioni der Biblioteca Apostolica Vaticana). Rom, Mailand 2000

Da Montichhio, Bernhardino Lucantonio: *Monografia Della Prodigiosa Immagine Del Volto Santo Di N.S.G.C.*, Manoppello 1910

Müller, Manfred: *Die biblischen Heiligtümer von Kornelimünster*, (Privatdruck), Kornelimünster 1986

Persili, Antonio: *Sulle Tracce del Cristo Risorto (con Pietro e Giovanni Testimoni oculari)*. Tivoli 1988

Placentinus, Anonymus: *Itinera Hieroslymitana*. CSEL 39, nec Paulus Geyer, Wien 1898

Rezza, Dario: *Segnor mio Jesù Cristo, Dio verace, or fu sì fatta la sembianza vostra?* In: »30 Giorni«, Anno XVIII – Nr. 3, Rom 2000

Ratzinger, Joseph: *Jungfrauengeburt und leeres Grab*. In: »Deutsche Tagespost« vom 11. November 2004, Würzburg

Ratzinger, Joseph: *Via Crucis*. Vatikanstadt 2005

Resch, Andreas: *Das Antlitz Christi*. Innsbruck 2005

Sammaciccia, Bruno: *Il Volto Santo di Gesù a Manoppello*. Pescara 1978

Sammaciccia, Bruno: *P. Domenico Del Volto Santo Cappuccino*. Pescara 1979

Scannerini, Silvano, und Savarino, Piero (Hg.): *The Turin*

Shroud – past, present and future. International Scientific Symposium, Torino 2. – 5. March, Turin 2000
Schlömer, Blandina Paschalis O.C.S.O.: *Der Schleier von Manoppello und das Grabtuch von Turin.* Innsbruck 1999
Schmidt, Josef: *Das Gewand der Engel.* Bonn 1999
Serramonacesca Da, Antonio: *Il Volto Santo di Manoppello e Il Santuario.* Pescara 1966
Tussio Da, P. Fr. Filippo: *Del Volto Santo – Memorie Storiche Raccolte Intorno Alla Prodigiosa Immagine del Passionato Volto di Gesù Cristo Signor Nostro che si venera nella Chiesa de PP. Cappuccini di Manoppello negli Abruzzi in Diocesi di Chieti.* Aquila 1875
Valtorta, Maria: *L'Evangelo come mi è stato rivelato.* Vol. X, Isola del Liri 1998
Weber, Francis J.: *The Veil of Veronica – A personal Memoir.* Mission Hills, California 2004
Wilson, Ian: *Holy Faces, Secret Places.* London 1991
Wolf, Gerhard: *Schleier und Spiegel.* Traditionen des Christusbildes und die Bildkonzepte der Renaissance, München 2002

Bildnachweis

Seite 2: Stephanus Plannck (zugeschrieben), Mirabilia Urbis Romae, circa 1486, Città del Vaticano, Biblioteca Apostolica Vaticana, Inc. VI; Seiten 12, 22, 36, 50, 60, 66, 124, 136, 148, 170, 180, 200, 230, 245, 272, 284: Fotos: Paul Badde; Seite 78: Mit freundlicher Genehmigung des Kapitels von Sankt Peter, Vatikanstadt; Seite 86: Mit freundlicher Genehmigung der Erzdiözese Turin; Seite 98: Foto: Stefan Meier, Rom; Seite 192: Foto: Georg Gerster, Zürich 1968; Seite 212: Abbildung aus »El Santo Sudario de Oviedo«, Ediciones Madù, Granda, Asturias; Seite 262: Abbildung aus: *Biblia, Das ist: Die gantze Heilige Schrift, Alten und Neuen Testaments*, Nach der Teutschen Übersetzung D. Martin Luthers, Erfurt 1735; Seite 294: Abbildung aus Jacopo Grimaldis Opusculum in einem Manuskript von 1620 aus der Biblioteca Nazionale Florenz; Seite 296: Foto: Raphaela Pallin, Wien

Farbbildteil

Seiten 1, 2: Paul Badde; Seite 3: Stefan Meier, Rom; Seite 4: Dorothea Link, Enkirch; Seite 5: Paul Badde; Seite 6: Mit freundlicher Genehmigung der Sakristei der Sixtinischen Kapelle; Seite 7: Paul Badde (Bartholomäuskirche in Genua); Seite 8: Paul Badde (Cäcilia-Kirche in Rom, Städel-Museum in Frankfurt am Main); Seite 9: Paul Badde (Louvre, Paris, Alte Pinakothek, München); Seite 10: Beide Fotos mit freundlicher Genehmigung P. Carmine Cucinellis von der »Revista del Santuario del Volto Santo« in Manoppello; Seiten 11, 12, 13: Paul Badde; Seite 14: Paul Badde (oben); AP (unten); Seiten 15, 16: Paul Badde

Viele weitere Fotos finden sich unter http://www.voltosanto.com

DANKSAGUNG

Tiefen Dank schulde ich P. Carmine Cucinelli O.F.M. Cap., P. Germano Franco di Pietro O.F.M. Cap., P. Emilio Cucchiella O.F.M. Cap., P. Lino Pupatti O.F.M.Cap., S. Blandina Paschalis Schlömer O.C.S.O., zusammen mit ihren Schwestern, P. Heinrich Pfeiffer S.J., P. Herbert Douteil CSSp., Don Antonio Tedesco, Karlheinz Dietz, Chiara Vigo, Antonio Bini, Dorothea Link, Josefine »Jo« Schiffer-Tibus, Raphaela Pallin, Stefan Meier, Cornelia Schrader, Gerald Goesche, Gerhard Gnauck, Bernhard und Martin Müller, meinem Bruder Hans-Peter und vielen anderen, auf deren Schultern ich für dieses Buch immer wieder steigen musste, um es in übervoller Zeit schreiben zu können – mit der Bitte um Verzeihung für die Bürde, die ich ihnen damit manchmal bereitet haben muss. Ganz besonders danke ich diesmal jedoch Ellen, der Frau, Gefährtin und Freude meiner alten Augen, die zum Glück meines Lebens geworden ist – Gott sei Dank.

Manoppello, 16. August 2005